OS JAPONESES

COLEÇÃO POVOS & CIVILIZAÇÕES

OS AMERICANOS *Antonio Pedro Tota*
OS ARGENTINOS *Ariel Palacios*
OS CHINESES *Cláudia Trevisan*
OS ESPANHÓIS *Josep M. Buades*
OS FRANCESES *Ricardo Corrêa Coelho*
OS INDIANOS *Florência Costa*
OS IRANIANOS *Samy Adghirni*
OS ITALIANOS *João Fábio Bertonha*
O MUNDO MUÇULMANO *Peter Demant*
OS PORTUGUESES *Ana Silvia Scott*
OS RUSSOS *Angelo Segrillo*

Proibida a reprodução total ou parcial em qualquer mídia sem a autorização escrita da editora. Os infratores estão sujeitos às penas da lei.

A Editora não é responsável pelo conteúdo da Obra, com o qual não necessariamente concorda. A Autora conhece os fatos narrados, pelos quais é responsável, assim como se responsabiliza pelos juízos emitidos.

Consulte nosso catálogo completo e últimos lançamentos em **www.editoracontexto.com.br**

Célia Sakurai

OS JAPONESES

Copyright © 2007 Célia Sakurai

Todos os direitos desta edição reservados à
Editora Contexto (Editora Pinsky Ltda.)

Imagem de capa
© Hulton Archive/Getty Images

Montagem de capa e *diagramação*
Gustavo S. Vilas Boas

Consultoria histórica e coordenação de textos
Carla Bassanezi Pinsky

Preparação de textos
Lilian Aquino

Revisão
Daniela Marini Iwamoto

Dados Internacionais de Catalogação na Publicação (CIP)
(Câmara Brasileira do Livro, SP, Brasil)

Sakurai, Célia
 Os japoneses / Célia Sakurai. – 2. ed., 10ª reimpressão. –
São Paulo : Contexto, 2025.

 Bibliografia.
 ISBN 978-85-7244-378-4

 1. Cultura – Japão 2. Geografia – Japão 3. Japão – História
4. Japão – Usos e costumes 5. Japoneses 6. Mitologia japonesa
7. População – Japão I. Título.

07-7088   CDD-952

Índice para catálogo sistemático:
1. Japão : Civilização   952

2025

EDITORA CONTEXTO
Diretor editorial: *Jaime Pinsky*

Rua Dr. José Elias, 520 – Alto da Lapa
05083-030 – São Paulo – SP
PABX: (11) 3832 5838
contato@editoracontexto.com.br
www.editoracontexto.com.br

SUMÁRIO

APRESENTAÇÃO	9
FLORES DE CEREJEIRA, POVO DO SOL NASCENTE	11
Relação com a natureza	11
Geografia	22
População e ocupação dos espaços	38
O CAMINHO DOS DEUSES E DOS HOMENS	47
O que diz a mitologia?	49
O que dizem os cientistas	55
Mito e história se entrelaçam	61
O reino de Yamato	61
JAPÃO MEDIEVAL	67
Contatos culturais, mudanças internas (552-710)	67
Em trilhas próprias (710-794)	74
As bases do feudalismo japonês (794-1185)	76
A ascensão dos xoguns (1185-1333)	82
Dois imperadores (1334-1392)	90
Tempo de guerras (1392-1573)	92
UNIFICAÇÃO DO JAPÃO	99
Primeiro ato: Oda Nobunaga	99
Segundo ato: Toyotomi Hideyoshi	101
Terceiro ato: Ieyasu Tokugawa	109

O XOGUNATO TOKUGAWA (1603-1867)	111
Uma sociedade hierarquizada	111
Opção pelo isolamento	122
NOVA ORDEM E REENCONTRO COM O OCIDENTE	125
Novas forças produtivas	125
Pressões internacionais	128
O fim do xogunato	130
A volta do poder imperial	132
RUMO À MODERNIZAÇÃO: A ERA MEIJI (1868-1912)	133
Reformas econômicas	134
Reformas sociais	139
Identidade nacional	146
Mais abertura ao estrangeiro	151
Divergências	154
Política, ação e reação	156
Novos hábitos	159
AMBIÇÕES TERRITORIAIS E O JAPÃO GUERREIRO	163
Coreia e China	163
Rússia	164
Ocupação de territórios	166
Um peso maior na balança	168
GRANDE GUERRA, EXPANSÃO E CRISE: A ERA TAISHO (1912-1926)	169
Problemas internos	170
Movimentos políticos	172
Turbulência e vitória dos ultranacionalistas	174
Contra os chineses e os russos novamente	180
Trunfos, inimigos e aliados	181
SEGUNDA GUERRA MUNDIAL	185
Nacionalismo exacerbado	186
A Grande Esfera da Coprosperidade da Ásia Oriental	188
O início do fim	190
Desfecho	193

PÓS-GUERRA	197
Sob as forças de ocupação	198
O início da recuperação econômica	203
A caminho do Japão contemporâneo	203
MADE IN JAPAN: DOS ANOS 1950 AO SÉCULO XXI	205
Seguindo adiante de cabeça erguida	209
"Milagre japonês"	217
A década perdida e os sinais de recuperação	223
Capital humano e cultural	224
A questão da mão de obra	228
Retrato atual, prognósticos e desafios	230
JAPONESES NO MUNDO	235
No Havaí e na América do Norte	238
Na América Latina	242
No Brasil	244
TIPICAMENTE JAPONÊS?	261
Língua	261
Regionalismos	269
Por que os japoneses andam em grupo?	283
ESTRUTURA FAMILIAR	293
Passado antigo e medieval	293
Período Meiji	300
A consolidação da família nuclear	302
VIDA PRIVADA	305
O fogo doméstico no Japão pré-moderno	305
Feminilidade e casamento: da era Meiji à Segunda Guerra	308
Os lares do pós-guerra ao século XXI	310
Crianças	323
SAMURAIS	327
A ética samurai	331
A espada	333
Judô	335

JAPÃO *POP*	339
Pokémons, Godzilla e Hello Kitty	339
Sushi e sashimi	349
Estilo *zen*	351
CRONOLOGIA	355
BIBLIOGRAFIA	359
ICONOGRAFIA	363
A AUTORA	365
AGRADECIMENTOS	367

APRESENTAÇÃO

É grande a tentação de ficar nos estereótipos quando se trata de japoneses. São disciplinados e limpos para uns, silenciosos e desconfiados para outros. Os amantes de lutas marciais lembram dos xoguns e dos samurais, os executivos se recordam do modo japonês de administrar. As mulheres seriam gueixas submissas ou, antes, mulheres modernas que desejam maridos com salário e estatura elevados, de preferência muito ocupados para lhes propiciar mais liberdade?

De algum tempo para cá, os japoneses passaram a nos dar uma impressão de grande familiaridade. Em alguns estados brasileiros a presença de seus descendentes é bastante expressiva, principalmente em algumas atividades. Todos temos eletroeletrônicos japoneses em casa, muitos possuem carros japoneses nas garagens, alguns possuem *niseis* e *sanseis* em suas famílias. A comida japonesa perdeu há muito o *status* de exotismo (há mais restaurantes japoneses em São Paulo do que churrascarias) e é motivo de orgulho de gastrônomos saber o nome dos peixes em japonês.

Contudo, a familiaridade não tem sido suficiente para destruir os estereótipos. O objetivo deste livro é exatamente o de mostrar quem são os japoneses, a partir de um olhar sobre a sua história, assim como das práticas culturais que desenvolveram ao longo de séculos. Caminharemos dos mitos de origem, que ainda povoam o imaginário japonês, até o momento em que a Toyota superou as montadoras americanas e se tornou a maior fabricante de automóveis do mundo, espiando temerosa as concorrentes vizinhas da Coreia e da China. Veremos como os japoneses respeitam e cultuam a natureza em seu país e como podem ser predadores no exterior.

Aqui poderemos ler como se formou o feudalismo japonês, com a criação das milícias em que o samurai começa a se tornar importante. Veremos como aparece o xogum, formalmente submisso ao imperador, mas muitas vezes mais poderoso do que este. Entenderemos a base histórica do espírito de grupo japonês, criada durante a consolidação das comunidades, período em que o coletivo importava mais do que os indivíduos. Passaremos pela Restauração Meiji, o período de ocidentalização acelerada do país, quando se liquida o último samurai e se estabelecem as bases de um país moderno, sem prejuízo de sua cultura milenar e de seus valores. "Educação pode conviver com tradição", diziam e provaram os japoneses no primeiro exercício de "antropofagia" (ingestão e deglutição) que se repetiria depois no pós-guerra.

O final do século XIX encontra um Japão nacionalista. Confinados numa ilha superpovoada e com poucos recursos naturais, os japoneses inflam sua autoimagem e começam sua fase de expansão atrás de espaços que consideravam vitais. A humilhante derrota final, depois de festejadas vitórias iniciais, iria abalar profundamente a crença dos japoneses na propalada divindade do imperador e predispor o povo a um período de desarmamento e paz. As bombas atômicas, despejadas em duas de suas cidades, ajudaram a convencer os relutantes.

O pós-guerra é um período difícil. Sobreviver era necessário e para isso foi preciso recorrer à proverbial capacidade de organização do povo. Alguns fatores ajudaram os japoneses, como a Guerra Fria (que rapidamente transformou ex-aliados em inimigos e ex-inimigos em aliados), assim como as guerras da Coreia e do Vietnã. Embora seja impossível adivinhar o que teria acontecido caso os americanos não tivessem esquecido rapidamente todo o ódio que desenvolveram pelos japoneses durante a guerra, é inegável que os sacrifícios, o desprendimento pessoal e a enorme capacidade de absorver a tecnologia e adaptá-la às necessidades da sociedade e do mercado foram os fatores que propiciaram as bases do "milagre japonês". Em poucos anos os sinais da guerra desapareceram, grandes metrópoles foram reconstruídas e um novo Japão começou a mostrar a sua cara.

Mas não só de Hondas e Toyotas se fez o Japão. Ao lado de produtos e mercadorias, os japoneses exportaram seus mitos, seus samurais, seus monstros. Não há criança que não conheça os *power rangers* da vida, os assustadores e divertidos Godzillas, os *pokémons*. De receptores culturais, os japoneses, agora ricos e poderosos, tornaram-se exportadores de bens culturais num universo globalizado e *pop*.

Não falta neste livro, é claro, um capítulo especial sobre os japoneses fora do Japão, particularmente no Brasil, a maior colônia do mundo. Afinal, Célia Sakurai, historiadora e antropóloga brasileira, a quem encomendamos esta obra, é, ela mesma, de origem japonesa.

O editor

FLORES DE CEREJEIRA, POVO DO SOL NASCENTE

RELAÇÃO COM A NATUREZA

Eles já foram chamados de cúmplices por um observador arguto. Assim, nada melhor do que começar a conhecer os japoneses por sua relação tão próxima com a natureza que os cerca.

De fato, a natureza tem um espaço muito particular entre os japoneses. Suas marcas são muito evidentes, mesmo num tempo de grandes metrópoles de concreto, asfalto e *néon*, em inúmeras dimensões de suas vidas: na forma como exploram economicamente as terras ou preservam suas florestas, na religião, na arte, na literatura, na concepção de lazer. Em suma, o desejo de uma ligação próxima com a natureza faz parte do modo de ser japonês.

Os ensinamentos confucionistas entendem a relação íntima com o mundo natural como parte da busca pela harmonia do universo. Elementos da natureza estão também presentes no xintoísmo desde o mito da criação das ilhas pela deusa do sol.[1]

A bandeira japonesa tem ao centro uma esfera vermelha sobre um fundo branco. É uma bandeira fácil de reconhecer e mesmo de desenhar. A esfera representa o sol nascente, tradução em imagem de *Nihon* (pode-se usar também *Nippon,* "Japão"), pois os dois ideogramas que compõem a palavra *Nihon* significam sol e origem, isto é, Oriente, onde o sol nasce. Para os japoneses, ver o sol nascendo sobre o oceano, espalhando os seus raios sobre a água, é algo muito prazeroso.

A bandeira nacional foi concebida em 1871 exatamente como a conhecemos hoje. Durante a Segunda Guerra Mundial, ela ganhou raios, como um sol que espalha sua luz para diversas direções: era a mensagem do Japão expansionista. Ao final do conflito, retomou sua forma original, ainda motivo de orgulho e sinal de reconhecimento de uma ligação particular com a natureza e o passado do país.

O sol é um símbolo forte para os japoneses. Na bandeira oficial ele aparece soberano, sozinho. Na bandeira usada durante a Segunda Guerra Mundial os raios parecem querer mostrar o projeto de expansão do Japão.

Flores de cerejeira, povo do sol nascente | 13

Acima, o monte Fuji, majestoso. Seu formato e a neve no seu topo parecem atrair a inspiração de artistas e poetas. É adorado pelos japoneses, mas nem todos se lembram que é também um vulcão. As cerejeiras no lado direito da foto complementam o cenário de sonhos. A figura inferior mostra ruas bem estreitas, onde as bicicletas têm de brigar pelo seu espaço com os pedestres.

Vários outros símbolos que representam o país remetem à natureza. A casa imperial japonesa, por exemplo, é simbolizada por um crisântemo. O Japão é também conhecido como a terra das cerejeiras e seu cartão postal mais popular é o monte Fuji, em forma de cone, com o topo coberto de neve. O monte Fuji, aliás, foi e continua sendo retratado em seus diversos ângulos, sob luzes diferentes, por um número enorme de artistas japoneses, com o objetivo de mostrar como é rica a natureza de sua terra.

Quando, na segunda metade do século XIX, as famílias foram obrigadas a adotar um sobrenome (o que não ocorria antes), optaram por alusões à natureza. Há muitos sobrenomes repetidos no Japão, como os que começam ou terminam com *yama* (montanha), *mizu* (água), *kawa* (rio), *hayashi* (bosque), além de nomes de árvores como *matsu* (pinheiro), *take* (bambu), *sakura* (cerejeira). Entre os sobrenomes mais comuns, há também os que se referem à natureza modificada pelo homem. Assim, há os que são variações em torno do ideograma *da*, que significa "campo plantado", normalmente associado a plantações de arroz. A imagem gráfica desse ideograma é um quadrado subdividido em quatro partes mostrando a intervenção do trabalho do homem. O sufixo *da* se faz presente em nomes como *Hamada* (campo plantado na praia), *Ikeda* (campo plantado próximo ao lago), *Yamada* (campo plantado na montanha).

A ligação afetiva intensa dos japoneses com a natureza revela-se no cotidiano, nas situações mais corriqueiras. Num país onde o metro quadrado para construção é o mais caro do mundo, há um contraste muito vivo entre as construções nas grandes cidades, que crescem em ritmo acelerado, e a manutenção de áreas verdes que parecem verdadeiros oásis nessas mesmas cidades, ocupando espaços valiosíssimos em termos imobiliários. Árvores centenárias preservadas em parques convivem com enormes edifícios. Ruelas estreitas, em que mal passam dois automóveis, são caminhos para templos e santuários que mantêm jardins impecavelmente limpos e bem cuidados por trabalhadores uniformizados, de luvas brancas, que varrem constantemente as folhas caídas e arrumam os pedregulhos, dando a impressão ao visitante de que ele é o primeiro a chegar ao lugar. Para manter tais espaços de sonho, os japoneses acostumaram-se a pagar entradas (exceto nos parques públicos), mesmo nos templos e santuários, e a gastar em lojas de lembranças, quiosques de alimentos e máquinas de refrigerantes.

Grandes metrópoles japonesas como Tóquio se ressentem com a falta de grandes áreas verdes como muitas outras cidades do mesmo tipo no mundo. A especulação imobiliária, impulsionada pelo grande número de habitantes que vivem e trabalham nos centros urbanos, certamente compete com a vontade de convívio com espaços naturais preservados, parques e jardins. Entretanto, essa vontade persiste entre os japoneses que procuram respeitar e usufruir ao máximo, na medida do possível, o que têm a seu alcance.

Flores de cerejeira, povo do sol nascente | 15

No meio dos arranha-céus, os japoneses conseguiram guardar espaços para enormes áreas como as do parque acima, em pleno centro de Tóquio.
Na figura abaixo é possível observar que os jardins japoneses são miniaturas da natureza, compostos de plantas, água e pedras.

Os elaborados jardins japoneses, com sua arquitetura peculiar, são uma homenagem do homem à natureza. São réplicas reduzidas da paisagem natural, cenários ornados com árvores, arbustos, pedras, peixes (como as populares carpas coloridas), em desenhos que reproduzem a percepção artística das ondulações do relevo, dos elementos vegetais, animais, minerais, que mudam de cores conforme as estações do ano. O objetivo dos paisagistas é "tomar a paisagem emprestada". Nos jardins japoneses, o homem não é esquecido: há sempre espaços para se sentar e apreciar a vista.

O conceito não é novo. Os senhores feudais e os monges dos templos mais antigos compreendiam seus jardins como um "pedacinho do paraíso". Construíam laguinhos para lembrar o mar, com pequenas pontes arqueadas ligando uma margem à outra. Mais adiante, água caindo em cascata entre as pedras de uma colina artificial coberta de arbustos e relva. Muito dessa tradição é mantida e valorizada até hoje.

Alguns jardins são simplesmente uma combinação de areia e pedra, como o Ryoanji, criado em 1450, na cidade de Kyoto, cuja areia é varrida diariamente, formando desenhos ondulados para lembrar as ondas do mar.

As plantas mais próximas do dia a dia dos japoneses são o bambu (*take*), a ameixeira (*ume*), a cerejeira (*sakura*) e o pinheiro (*matsu*). O bambu é utilizado na alimentação (os brotos são comidos, as folhas servem para cobrir outros alimentos), na confecção de inúmeros objetos utilitários e de decoração e, no passado, servia como material de construção. Da ameixa se faz o *umeboshi*, acompanhamento em quase todas as refeições: a bolinha de cor vermelha decora o arroz branco, reproduzindo as cores e formas da bandeira nacional. O pinheiro está em todos os jardins tradicionais e é uma das plantas preferidas para ser miniaturizada em vasos que decoram o interior das casas.

As cerejeiras são o centro das atenções em um ritual bastante popular no Japão que consiste em contemplar suas flores, no início da primavera. Esse costume tem o singelo nome de *hana mi*, "olhar as flores". Todos os anos, no mês de abril, os japoneses deixam suas atividades de lado e se aglomeram nos parques, como o Ueno, em Tóquio, simplesmente para ver as árvores floridas. Multidões de pessoas de todas as idades se espremem em filas ordenadas como procissões em direção a esses locais. Muitos chegam a pernoitar para garantir um posto privilegiado. Trens e metrôs ficam lotados de passageiros que se dirigem aos parques. Vendedores aproveitam a ocasião para faturar, oferecendo à população em festa mercadorias de todos os tipos, especialmente alimentos. Muitas famílias fazem piqueniques. Fotografias são tiradas em profusão para marcar a visita às flores. Jornais e emissoras de televisão documentam com entusiasmo o acontecimento. Não há data fixa para começar o ritual, mas o início da floração é fartamente divulgado para que as pessoas se preparem adequadamente para o evento.

Flores de cerejeira, povo do sol nascente | 17

Algumas árvores ganham "vestidos" cuidadosamente elaborados
para proteger do frio e da neve no inverno. *Ikebana* e *bonsai*:
formas japonesas de levar a natureza para junto de si.

Na cidade de Kyoto, o ritual de visitar as flores do monte Yoshino, coberto por mil pés de cerejeiras, repete-se anualmente desde o século VIII. Em regiões de muita neve, as árvores chegam a ser protegidas no inverno por uma espécie de capa em forma de cone feita de palha para evitar que os galhos se quebrem com o peso da neve. Também são colocadas escoras de madeira na base das árvores para que não cedam com a neve ou a força dos ventos. As escoras são mais largas junto ao chão e abraçam o tronco formando um conjunto de "árvores vestidas".

Para "ter um pouco da natureza dentro de casa", os japoneses desenvolveram as artes do *ikebana* e do *bonsai*. O *ikebana* consiste em procurar reproduzir "a harmonia entre o céu, a terra e o homem" dentro de um vaso. Assim, flores e galhos cuidadosamente escolhidos são fincados numa base com pregos de pontas voltadas para cima. Procura-se respeitar a forma original dos elementos, cortando-se uma ou outra folha para que o conjunto seja harmonioso ao combinar cores, altura, largura de cada elemento, assim como o formato e o tom do vaso. Essa arte existe desde o século XVI e, com o tempo, foram desenvolvidas cerca de três mil escolas, ou melhor, três mil concepções diferentes do que seria a harmonia do universo retratada no *ikebana*. Nas últimas décadas, materiais não naturais como o plástico ou mesmo flores artificiais também têm sido usados.

O *bonsai* é a arte das árvores anãs cultivadas dentro de um vaso a fim de preservar, por décadas ou até séculos, "a energia vital da planta", possibilitando que se admire suas mudanças através do tempo. Essa arte, originalmente chinesa, chegou ao Japão no século VIII, onde adquiriu novas características. O *bonsai* exige de quem o cultiva muita dedicação, pois necessita de transplante todos os anos, quando se poda parte das raízes, a terra fertilizada é renovada e o vaso, mudado. A luminosidade, que varia em cada estação do ano, é fundamental, de modo que o vaso precisa ser mudado constantemente de lugar. Em troca de todos esses cuidados, o *bonsai* retribui com o prazer de ter "um pedaço da natureza" próximo à família.

Nos dias atuais, com as pessoas obrigadas a viver em espaços domésticos exíguos num país muito populoso e com os habitantes concentrados em grandes centros urbanos, as tradições do *bonsai* e *ikebana* não só permanecem populares como talvez abracem um novo significado: uma compensação pela distância, imposta pelo estilo de vida, com relação às paisagens naturais e uma forma de poder manter, com alguns objetos que não ocupam muito espaço, "a natureza dentro de casa".

Na decoração dos utensílios domésticos, na estampa dos quimonos, nos biombos, nas tigelas para comer arroz, nos pratinhos de todo tipo, elementos como flores, folhas, galhos, árvores ajudam a colorir e a enfeitar. É muito comum procurar combinar a cor do alimento com o utensílio para servi-lo, a fim de que o ato de comer seja também uma manifestação de harmonia e um prazer estético.

Os japoneses acreditam que dobrar mil *tsuru* dá sorte e vida longa. Na foto, homenagem das crianças japonesas para a menina Sadako, vítima da bomba atômica de Hiroshima, que pretendia confeccionar os *tsuru*, mas que faleceu de leucemia antes de terminar.

O mesmo ocorre com o vestuário tradicional, o quimono. Embora os motivos geométricos sejam comuns, principalmente para os homens, essas roupas destacam a flor como a estampa preferida para as mulheres.

O *tsuru* (grou), uma ave-símbolo do país, aparece de inúmeras formas nas estampas de tecidos e nas pinturas artísticas. É ele também o símbolo da paz conhecido por todos: a menina Sadako Sasaki, vítima de leucemia causada pela bomba atômica de Hiroshima, quis seguir a tradição secular de dobrar mil *tsuru* em papel para dar sorte, mas não viveu tempo suficiente para concluir a tarefa. Seus colegas de escola terminaram por ela.

Ao lado do *tsuru*, o *tanuki* (texugo), o macaco japonês e o corvo são os animais mais queridos dos japoneses.

Nas artes visuais como o *ukiyo-e* (xilogravura), a natureza japonesa foi retratada por artistas talentosos e respeitados como Hiroshigue (1797-1858) e Hokusai (1790-1849).

O *sumi-e*, pintura que migrou da China para o Japão no século VII, propõe-se a "capturar a essência de um objeto, pessoa, ou paisagem" e tem como temas preferidos a orquídea (que remete à primavera), o bambu (verão), flor de pessegueiro (outono) e crisântemo (inverno). Essa forma de manifestação artística está muito presente nas casas japonesas, adicionando ao convívio de todos mais um elemento que remete à natureza.

A cultura japonesa demonstra que o homem desenvolveu inúmeras formas de contemplar e a aprender com a natureza, retirando lições que se imortalizaram em poesia e pinturas, além de utilizar-se dos seus recursos para sobreviver e se reproduzir.

O hábitat natural dos *tsuru*, por exemplo, se estende por uma vasta área da ilha de Hokkaido; macacos chegam a dividir o espaço das piscinas de águas térmicas (*onsen*) com os turistas na ilha de Honshu. Os templos e santuários com seus grandes jardins ocupam enormes áreas ainda hoje; o santuário xintoísta nos arredores de Nikko, na ilha de Honshu, não muito distante de Tóquio, ocupa uma área de 47 km de comprimento. Um levantamento sobre o uso da terra no Japão, feito no ano de 2002, aponta que 67% de todo o território japonês é coberto por florestas e campos, ao passo que as terras agricultáveis só ocupam 12,8% e as áreas urbanas, 4,8%. Os japoneses optaram por buscar preencher as suas necessidades internas de abastecimento de alimentos, fontes de energia, matérias-primas para as suas indústrias comprando ou obtendo os recursos fora de suas ilhas, seja a que custo for. Assim, as árvores das florestas japonesas dificilmente são cortadas, mas florestas da Nova Guiné, do sudeste asiático e mesmo da Nova Zelândia sofreram danos irreversíveis por conta das vendas de madeira para o Japão. Não existem estatísticas, mas sabe-se que árvores da Amazônia brasileira também foram cortadas para fornecer matéria-prima para as indústrias de eletrônicos.

Uso da terra

(Unidade: 10.000 ha)

Agricultura
484 – 12,8%

Florestas e campos
2,536 – 67,1%

Total 3.779

Água (rios, lagos)
135 – 3,6%

Estradas
130 – 3,4%

Áreas urbanas
181 – 4,8%

Outros
313 – 8,3%

Distribuição do uso da terra no Japão (2002).

Enquanto isso, as florestas japonesas são preservadas até com toques de fervor religioso, oferecendo paisagens de cartão-postal e servindo de exemplo para as outras nações. Assim, ao mesmo tempo em que dentro de seu território existe um cuidado, às vezes até incompreensível para os ocidentais, de preservar flora e fauna, no exterior os japoneses são predadores.

De fato, são acusados pela opinião pública internacional de praticar atos que vão de encontro à sua filosofia de respeito à natureza. Os barcos baleeiros japoneses, por exemplo, cruzaram os mares durante décadas caçando baleias até que algumas espécies começaram a ser extintas. A partir da ação dos movimentos ecológicos, a caça começou a entrar em decadência. Entretanto, ainda no ano 2000, 82% da caça mundial de baleias estava nas mãos de japoneses.

GEOGRAFIA

>Olho para as flores,
>Olho e as flores espalham-se
>Olho e as flores...
>
>Crescem as flores
>Crescem e depois caem,
>Caem e depois...

Esse belo poema *Flores de cerejeira*, de Onitsura (1660-1738),[2] ajuda a mostrar como os japoneses pensam sua geografia. O texto fala da contínua renovação das flores, que sempre crescem e depois caem, diante do homem que as contempla e talvez nada possa fazer para mudar o curso da natureza.

Com relação às forças naturais, reverência e temor, respeito e assimilação são posturas que os japoneses foram incorporando no decorrer de sua história, pois a natureza no Japão oferece uma face que, lado a lado com a beleza e a generosidade, tem aspectos difíceis e até cruéis, como terríveis vulcões e terremotos.

Arquipélago

A população japonesa ocupa um território situado no extremo da Ásia que soma no total 377.815 km², pouco menor que o estado do Mato Grosso do Sul, 23 vezes menor que o Brasil. O Japão é um arquipélago que forma um arco localizado no noroeste do oceano Pacífico a 36º N e 138º L.

Flores de cerejeira, povo do sol nascente | 23

Mapa político do Japão.

Os *tsuru* no seu hábitat natural em Hokkaido.

As ilhas maiores, consideradas as principais, são: Hokkaido, Honshu, Shikoku e Kyushu. Honshu é a mais populosa.

Se fosse traçada uma linha imaginária cortando o território do extremo norte (em Hokkaido) até o extremo sul (em Okinawa), ela somaria 2.400 km de comprimento e não mais de 300 km de largura. As quatro ilhas maiores correspondem a 97% de todo o território japonês. Além delas, o arquipélago é formado por outras 3.400 ilhas, algumas muito pequenas. E, por isso, o litoral é bastante extenso, somando 29.751 km.

Hokkaido (83.000 km²) é, das principais, a ilha mais ao norte. Sua capital, Sapporo, foi projetada por engenheiros norte-americanos na segunda metade do século XIX e é hoje a quinta cidade mais populosa do país. O acesso à ilha por via férrea se dá por um túnel de 25 km que liga o norte de Honshu a Hokkaido.

Até meados do século XIX, a ilha estava fora do circuito histórico e econômico do Japão. Seu povoamento de fato ocorreu a partir de 1868 com o movimento de colonização incentivado pelo governo Meiji. A partir de então, a ilha passou a desenvolver atividades econômicas como extensas plantações de arroz, pesca comercial, mineração de ferro e criação de gado. O laticínio e a cerveja de Sapporo também são famosos em todo o Japão. A população concentra-se nas partes meridionais, enquanto o norte é muito menos povoado.

Hokkaido é a ilha japonesa em que a natureza, com florestas e vulcões, está mais preservada e tem seis parques nacionais, um dos quais, o Taisetsuan, é o maior em área de todo o país, abrangendo 226.764 ha, bastante vasta para os padrões nacionais. As altas latitudes tornam os invernos rigorosos e os verões frescos com pouca precipitação de chuvas. O clima frio favorece a prática de esportes na neve atraindo inúmeros turistas no inverno.

Honshu (228.000 km²) (*honshu* significa "a maior") é o centro nervoso do país. Além de ser a ilha mais importante pelo tamanho (corresponde a 60% da área total do território japonês), é onde se desenrola a maior parte da história japonesa. Essa ilha tem a forma de um arco, com 1.300 km de comprimento, mas não mais que 230 km de largura. É em Honshu que se localiza a capital do país, Tóquio, e cidades importantes, como Osaka, cidade industrial, e Nara e Kyoto, cidades históricas. É a sétima maior ilha do mundo e a segunda em concentração populacional, perdendo apenas para Java. É dividida em cinco regiões: Chugoku (oeste), Kansai (sul de Chugoku), Chûbu (central), Kanto (leste) e Tohoku (norte).

A maior planície da ilha e do país é a de Kanto, onde se localiza a cidade de Tóquio, com 13.000 km² de extensão. Outras planícies importantes são: Nobi (ao redor da cidade de Nagoya), Kinki (onde se localizam Osaka e Kyoto) e Sendai, no nordeste de Honshu. Todas tiveram um papel importante ao longo da história japonesa por serem áreas cultiváveis e, portanto, largamente disputadas.

A ilha é cortada pelos Alpes japoneses, onde se localiza o monte Fuji. Ao norte vigora o clima temperado e ao sul, subtropical.

Shikoku (18.000 km²) fica a leste de Honshu, separada desta pelo mar Interior. É a menor e a menos populosa das quatro ilhas principais. Na parte norte, plantam-se arroz, trigo, cevada e frutas. Ao sul, as florestas fornecem matéria-prima para a indústria de papel e celulose. Até 1988, quando finalmente foi inaugurada uma ponte que a ligava à ilha de Honshu, Shikoku só podia ser alcançada por via marítima. A partir dessa data, a facilidade de comunicação com a ilha principal dinamizou enormemente a economia e o turismo de Shikoku.

Kyushu (36.000 km²) é a ilha mais meridional e ocidental das quatro. A pequena distância a separá-la do continente asiático fez de Kyushu historicamente uma ponte de ligação do Japão com o exterior. Episódios importantes da história japonesa também se desenrolaram nessa ilha, onde se localiza a cidade de Nagasaki, alvo de uma das bombas atômicas de 1945. É formada por sete províncias. Produz arroz, chá, tabaco, soja, seda, porcelana e abriga indústrias siderúrgicas.

Há que se destacar ainda as ilhas de Okinawa, com área de 2.271 km², que somam 161 ilhotas, das quais 117 são inabitadas. Elas ficam a sudoeste das ilhas principais, a meio caminho entre o restante do território japonês e Taiwan, na costa asiática. É o "Havaí dos japoneses" pelo clima subtropical e suas águas repletas de recifes de coral. Produz cana-de-açúcar, abacaxi e outras frutas tropicais. Okinawa, antes um reino independente, só foi incorporada ao Japão, na condição de província, em 1879. Sua cultura e língua são fortemente influenciadas pelo continente asiático. Depois da Segunda Guerra Mundial, o arquipélago – território militarmente estratégico – ficou sob jurisdição norte-americana, retornando ao Japão apenas em 1972.

Mares

"O Japão, em verdade, é uma montanha", afirmou o geógrafo francês Max Derruau, referindo-se ao relevo praticamente pontuado de montanhas e com poucas planícies. Mas não se pode pensar o Japão só pela terra. O arquipélago japonês tem muito de sua história girando em torno das atividades dos mares que o rodeiam.

Os japoneses tiram vantagem do litoral inteiramente recortado em que vivem. A pesca é abundante, principalmente no mar do Japão. Por séculos, os japoneses extraem do mar a base para a sua alimentação. A dieta japonesa inclui invariavelmente algum produto marinho em cada refeição desde o café da manhã, seja peixe, algum fruto do mar ou os mais variados tipos de alga, ou todos ao mesmo tempo. Os peixes consumidos pelos japoneses são muito variados, como também o modo de prepará-los: cru, grelhado ou cozido. Aspecto que sempre os preocupou é sua conservação, pois a pesca é sazonal. Assim, no passado, peixes e frutos do mar eram salgados e secos ao sol. Hoje, mesmo com refrigeração adequada, o peixe seco é parte importante na dieta japonesa. Por exemplo, o peixe bonito, salgado, é cortado em lascas muito finas e usado como base de molhos ou acabamento de diversos pratos; a lula, seca, é um ingrediente tradicional da refeição do Ano Novo. As algas marinhas também não podem faltar na dieta diária japonesa. As mais utilizadas são o *kombu*, o *wakame*, o *hidiki*, cada um com aparência, sabores e usos culinários diferentes, entre outros o de substituir os caldos de origem animal para o preparo de pratos.

Flores de cerejeira, povo do sol nascente | 27

O peixe é um dos alimentos básicos dos japoneses, preparados crus, grelhados, cozidos. Na foto inferior, detalhes de um mercado de peixes.

O Japão é dos países que mais consomem produtos marinhos no mundo: o valor atual *per capita* chega a 200 gramas diários. Isso significa que, em um ano, o país todo consome mais de 11 mil toneladas. Destas, quase 7 mil toneladas são importadas, o que torna o país o maior importador de pescados do planeta.

A necessidade da pesca estimulou fortemente a navegação na região desde os tempos pré-históricos. A busca de alimentos do mar, junto com a agricultura, contribuiu para garantir a sobrevivência dos habitantes ao longo dos séculos.

O alto consumo de peixes entre os japoneses leva os pescadores a buscá-los em águas mais distantes. Com a instituição da lei internacional, em dezembro de 1982, das duzentas milhas marítimas como parte dos territórios nacionais, a pesca dos japoneses em outros litorais foi prejudicada. A partir de então, a pesca em alto mar foi estimulada, ainda que sofra restrições internacionais como a proibição da pesca do salmão.

No passado, a caça às baleias foi uma atividade largamente desenvolvida pelos japoneses, sobretudo na Oceania. Por conta da ação do homem, elas praticamente desapareceram das águas da Nova Zelândia desde o fim do século XIX. Com as restrições internacionais à sua pesca, com a organização da Comissão Internacional das Baleias (International Whaling Commission) em 1946, essa atividade sofreu quedas consideráveis. Apesar disso, os japoneses continuam caçando baleias para fins científicos ou mesmo para a alimentação. Em 2007, a imprensa japonesa noticiou o incentivo ao consumo de carne de baleia nas escolas por conta do custo da chamada proteína barata. Os defensores da volta à popularização da baleia para uso culinário no Japão argumentam que até pouco tempo a carne do cetáceo foi importante fonte alimentar nos difíceis anos após a derrota na Segunda Guerra Mundial. Lembram também da tradição de regiões, como a província de Wakayama, que há séculos utilizam a carne de baleia em pratos populares. Tudo isso mostra que a questão da preservação das baleias e de certos pescados está longe de ser assunto resolvido para os japoneses. Entretanto, para atenuar o problema, os japoneses desenvolvem há algum tempo fazendas de criação de peixes, pérolas, ostras e algas.

Toda essa afinidade com as coisas do mar fica mais clara se observarmos o mapa japonês. A menor distância entre o Japão e o ponto mais próximo do continente asiático, na península coreana, é de apenas 200 km. O mapa a seguir aponta as distâncias de Tóquio com algumas cidades do mundo, mostrando que, em relação à capital japonesa são bastante grandes.

Na direção de norte a oeste, o Japão é separado do continente asiático pelo mar do Japão de cerca de 978.000 km². Ao norte faz fronteira com a Rússia e as ilhas Sakalinas (estas ainda hoje disputadas por ambos os países); a oeste, com a Coreia

Flores de cerejeira, povo do sol nascente | 29

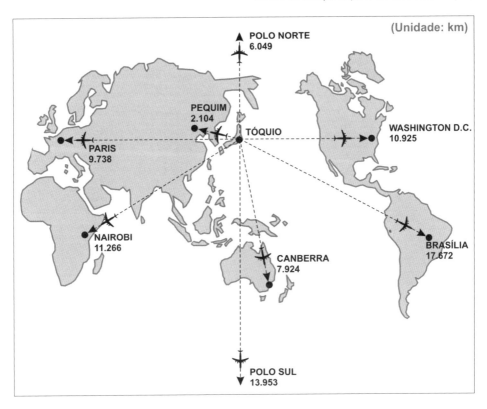

Distância de Tóquio até outras capitais do mundo.

do Norte e a Coreia do Sul e, a leste, o mar do Japão bordeia as ilhas de Hokkaido, Honshu e Kyushu.

O mar Interior poderia ser chamado de "mar Mediterrâneo japonês" por sua localização e significado histórico. É a mais importante comunicação entre as ilhas de Honshu, Shikoku e Kyushu e o caminho de ligação entre o mar do Japão e o oceano Pacífico a leste. Grandes cidades como Osaka, desenvolvidas industrial e comercialmente, concentram-se no litoral.

Rios, lagos e águas termais

O Japão tem abundância de águas que descem das montanhas para as planícies antes de desembocar no oceano. Não há de fato rios de grandes extensões, mas cursos d'água estreitos e velozes. O maior é o rio Shinanogawa, com 367 km de extensão,

Os japoneses adoram se banhar nas águas quentes que brotam das rochas.
É um prazer usufruído pelas famílias nos feriados e nas férias
para relaxar da corrida vida diária.

que corta as províncias de Nagano e Niigata no noroeste da ilha de Honshu, seguido do Tonegawa nas províncias de Gunma e Chiba com 322 km.

Os lagos japoneses são de altitude e refletem os contornos das montanhas. O lago Biwa, o segundo maior do país com uma área de 670 km², tem imponentes construções históricas, como santuários e castelos, ao seu redor. O turismo lacustre atrai milhares de pessoas e é uma atividade largamente explorada no Japão.

Os japoneses apreciam tanto os lagos que se esmeraram em construir lagoas artificiais nos seus jardins: as áreas abertas, ao ar livre, de templos e santuários sempre têm plantas, pedras e água. Em sua cultura, a água é tida como fundamental para dar equilíbrio à paisagem e trazer paz e harmonia às pessoas.

Banhar-se na água quente que brota das rochas vulcânicas é uma das formas preferidas dos japoneses para relaxar. No encontro entre águas termais (*onsen*) e montanhas, o banho ao ar livre, costume bastante concorrido no Japão, é coletivo. Atualmente, os dois sexos não se misturam nesses banhos coletivos. Porém, no passado, homens e mulheres se banhavam juntos sem qualquer restrição, colocando em destaque a importância cultural do banho em si.

O banho diário coletivo, doméstico ou público, dos japoneses costumava chocar os ocidentais. O *ofurô* (tina de madeira cheia de água quente) pode ser compartilhado por homens e mulheres, embora, tradicionalmente, respeite-se uma hierarquia: primeiro banham-se os homens chefes de família, depois os mais velhos e, por último, mulheres e crianças, na mesma água já utilizada pelas outras pessoas.

Estações

Os japoneses convivem com estações do ano bem definidas. A cada nova estação mudam as cores, variam significativamente as temperaturas e modificam-se as atividades do dia a dia.

O território japonês encontra-se na mesma latitude que a Espanha, localizado na zona temperada; o clima é moderado, marcado por verões quentes e muito úmidos, e, no inverno, as temperaturas mais baixas variam de acordo com a região. Para o lado do Pacífico, os invernos são suaves, secos e ensolarados, como em Tóquio, enquanto nas regiões voltadas para o mar do Japão o céu fica nublado, com temperaturas baixas em decorrência dos ventos que vêm da Ásia continental. O noroeste de Honshu é uma das regiões onde mais neva em todo o mundo (cerca de 4 a 5 m de altura em média no inverno) pela presença de uma cadeia de montanhas que impede a dissipação dos ventos que chegam da Sibéria.

Embora o país seja relativamente pequeno, as variações de temperatura são bastante significativas: em Sapporo, capital da ilha de Hokkaido, localizada na zona subpolar, a temperatura média no inverno é de -1º C, mas em Naha, capital da ilha de Okinawa, já na zona subtropical, é de 19º C.

No inverno, as precipitações de chuva são mais intensas e se equivalem tanto em Hokkaido como em Okinawa, ao passo que na região de Tóquio os invernos são mais secos (49 mm). Por outro lado, no verão, as temperaturas variam pouco de um extremo ao outro do país, ficando entre 25ºC e 31ºC em Sapporo e Naha respectivamente. Em Tóquio, a temperatura média é alta (29ºC), e com alto índice pluviométrico. Calor e umidade são característicos do verão japonês – *baiu* – que se estende de junho a meados de julho.

Inúmeras ilhotas ao lado de um imenso continente

Ao olharmos o mapa da Ásia oriental, uma pergunta se impõe: como explicar a existência de um arquipélago formado por inúmeras ilhotas separado do compacto continente asiático?

Todas as teorias convergem para a ideia de que as ilhas japonesas são fruto dos movimentos tectônicos do planeta. Uma delas diz que erupções vulcânicas, cujas lavas foram submergindo do oceano desde o período Secundário, deram origem ao que é hoje o território japonês. Os movimentos da terra teriam começado a configurar a atual formação do território apenas a partir do período Mioceno, no período Terciário (há 25 milhões de anos), como resultado das erupções vulcânicas das profundas fossas submarinas, como a chamada Fossa Magna que corta transversalmente o norte da ilha de Shikoku e o sul da de Honshu. O movimento vulcânico teria continuado no período posterior, o Quaternário, de modo a dotar o Japão de formações montanhosas mais antigas e mais recentes, como o monte Fuji, que é um vulcão do período Quaternário.

Tanto a localização como as altitudes das montanhas japonesas ajudam a reforçar essa teoria. As montanhas ficam no centro das ilhas maiores, formando um desenho que se assemelha à coluna vertebral dos seres humanos, percorrendo o território de norte a sul e praticamente dividindo essas ilhas em duas partes. Junto a elas se encontram os planaltos, seguidos pelas planícies que se estendem em direção aos oceanos. A altitude das montanhas é também uma indicação das diferentes eras em que foram formadas; variam de 1.000 a 3.776 metros (do monte Fuji).

Uma segunda hipótese é a de que, há um bilhão de anos, o território que hoje corresponde ao Japão ainda estaria ligado à Ásia. Foram encontrados no Japão fósseis de animais asiáticos como o elefante Nauman, ancestral do elefante indiano, o carneiro de chifres longos, entre outros, o que reforçaria a teoria da antiga ligação. Os contínuos movimentos da Terra teriam criado uma fissura no continente asiático, formando um lago com águas originárias do oceano Pacífico há cem milhões de anos. Esse lago, que seria atualmente o mar do Japão, teria se expandido meio milhão de anos depois. Há um milhão de anos, segundo os adeptos dessa hipótese, o território que hoje conhecemos já estava basicamente configurado.

Qualquer que seja a teoria defendida, é fato que os movimentos no interior da Terra ainda não cessaram. Eles representam um dos maiores pesadelos japoneses na atualidade pela capacidade que têm de provocar terríveis catástrofes.

Tsunamis, vulcões e terremotos

Os movimentos no interior da Terra agitam as águas do mar de tal forma que, não raro, formam-se ondas gigantescas que atingem até 30 m de altura: os tsunamis. Eles assolam as regiões litorâneas, sobretudo a ilha Honshu. Em 1983, por exemplo, um tsunami atingiu o noroeste dessa ilha depois de um terremoto de 7,7 pontos na escala Richter, matando mais de uma centena de pessoas, entre as quais 13 estudantes que faziam piquenique na praia. Muito antes disso, em 1495, um tsunami catastrófico destruiu o templo que abrigava o grande Buda de Kamakura (cidade localizada próxima à região metropolitana de Tóquio).

A ameaça constante que representam os vulcões provocou, ao longo dos séculos, uma relação ambígua de temor e admiração por parte dos japoneses diante dessa força da natureza. A atividade vulcânica mudou algumas vezes o mapa do país, criando ou modificando paisagens e, por conseguinte, afetando a vida das populações. Na história japonesa, são incalculáveis as mortes e destruições provocadas pelas erupções capazes de arrasar povoados inteiros.

O mais conhecido dos vulcões japoneses, o monte Fuji, era considerado, no passado, a "residência dos deuses". A sua última erupção ocorreu entre novembro de 1707 e o final de janeiro de 1708, sem, entretanto, causar danos significativos. Desde então, permanece inativo e não muito assustador.

Outros vulcões deixaram rastros de destruição e mortes mais recentes, marcando com lava quente a memória do povo japonês. O monte Aso, considerado um dos vulcões mais explosivos do mundo, é um deles. Localizado na ilha de Kyushu, possui cinco cones separados que formam a maior cratera da Terra, com 24 km de comprimento e 16 km de largura. Dos seus cinco cones, somente um deles permanece ativo, o Naka-dake, cuja primeira erupção documentada ocorreu em 553. A partir dessa data, entrou em atividade 167 vezes, sendo a última em 1993.

O Buda em Kamakura antes estava dentro de um templo que foi destruído por um tsunami. Hoje ele fica ao ar livre.

O monte Sakurajima, na ilha de Kyushu, fica a apenas 10 km de Kagoshima, cidade com cerca de meio milhão de habitantes. Em 1914, transformou a então ilha de Sakurajima numa península, ao expulsar lavas que fecharam o canal que a separava de Kyushu. Desde 708, temos registro de suas erupções. Em maio de 1995, explodiu violentamente, soltando no ar uma cortina de cinzas de 2.500 m de altura.

O monte Unzen, com 1.359 m de altitude, localiza-se a leste da cidade de Nagasaki. Esse vulcão teve apenas cinco erupções registradas a partir de 860; poucas, mas terríveis. Em 1792, por exemplo, a erupção provocou uma avalanche seguida de um *tsunami* que matou mais de 14 mil pessoas. Depois disso, ficou dormente por 198 anos até acordar furioso em 1991, quando 12 mil pessoas tiveram que ser evacuadas para longe do seu alcance. No final de 1993, nova erupção, com destruição de casas e necessidade de nova evacuação de milhares de habitantes.

A erupção do vulcão Bandai, na ilha de Honshu, em 1888, provocou uma explosão que fez saltar todo o cume da montanha, deixando exposta uma caldeira de 2.000 m de diâmetro. Esse movimento destruiu vilas inteiras, cobriu os vales com grandes blocos de pedra e adicionou três grandes lagos à paisagem da região.

Entre dezembro de 1943 e setembro de 1945, durante a Segunda Guerra Mundial, foi formado o vulcão Showa-Shinzan, cujo nome significa "a nova montanha do reino do imperador Hiroito", na ilha de Hokkaido. Foram seis meses de tremores de terra e quatro meses de explosões.

Antigamente, os japoneses explicavam os terremotos para as crianças dizendo que eram causados por um enorme peixe que vive embaixo da terra. A insensatez e a crueldade dos seres humanos provocam nele uma fúria tal que ele se agita, levanta as suas costas e, consequentemente, abala a superfície em que as pessoas habitam.

A crer na lenda, o tal peixe tem pavio curto. São cerca de 1.500 abalos sísmicos a cada ano e pelo menos um por dia. Calcula-se que, de todos os abalos sísmicos que ocorrem anualmente em todo o mundo, 10% atingem o Japão.

O arquipélago japonês está localizado numa área de intensa turbulência tectônica, no chamado "anel de fogo do Pacífico", o que provoca abalos sísmicos de diferentes graus de intensidade, assim como erupções vulcânicas e movimentos também no mar, que afetam especialmente os habitantes que vivem nas regiões litorâneas. As turbulências no interior da Terra podem provocar, no Japão, desde um simples susto a dramáticas cenas de destruição e morte.

O grande terremoto de 1923 é inesquecível. Esse fenômeno de 7,9 pontos na escala Richter aconteceu na região de Tóquio em 1º de setembro, ao meio-dia. Fazia calor, mesmo com o vento forte. Os tremores afetaram com maior intensidade a região

Arranha-céu construído para resistir a terremotos em Yokohama.

central da cidade de Tóquio, mas mesmo os lugares em que as edificações ficaram em pé foram tomados por incêndios que se alastraram por conta do vento. As casas de madeira e os braseiros de carvão acesos para o almoço alimentaram ainda mais o fogo. A fuga desesperada das pessoas para áreas consideradas mais seguras, como o rio Sumida, provocou mortes por afogamento ou pisoteamento. A cidade vizinha de Yokohama foi totalmente destruída por desabamentos ou por incêndios. Metade da cidade de Tóquio desapareceu. Estima-se que 130 mil pessoas morreram nesse terremoto. Tóquio, que no início da década de 1920 vivia um processo de remodelação urbana com nítida tendência à construção de edifícios no estilo ocidental em alvenaria, teve que ser praticamente reconstruída depois do terremoto.

Após a tragédia de 1923, a questão da segurança da população diante de catástrofes tem sido uma preocupação constante. Logo em 1926 foi criado o primeiro código de edificações voltado para construções mais seguras. Desde então, inovações foram introduzidas paulatinamente com o avanço dos estudos de estrutura de construções. O último código data de 1981; prescreve o uso do concreto reforçado e de colunas de aço para todas as novas construções. Edifícios com mais de 60 m de altura precisam de autorização do Ministério das Construções, que verifica as condições de segurança. Mesmo com todos esses cuidados, um grande terremoto (7,2 pontos na escala Richter) devastou a cidade de Kobe em 1995, causando 5.500 mortes e ferindo mais de 26 mil pessoas. Com os abalos, a via expressa chamada Hanshim partiu-se ao meio. O porto de Kobe e seus arredores ficaram muito danificados, calculando-se um prejuízo de 20 bilhões de dólares. As construções mais afetadas foram as que seguiam o estilo tradicional japonês, com os alicerces de pedra ou concreto, paredes de madeira ou barro e o telhado de barro ou telhas pesadas. Esse tipo de telhado é eficaz para enfrentar furacões, mas, por ocasião do terremoto, fizeram as casas desabarem com seu peso.

Além dos vulcões e terremotos, há tufões que varrem anualmente todo o litoral e que já são esperados com temor pelos japoneses entre o final de agosto e todo o mês de setembro. Havia um antigo ditado que dizia: "a criança japonesa tem mais medo de terremotos, relâmpagos e incêndios que de seu próprio pai". Num tempo em que ter receio do pai era considerado necessário e positivo socialmente, temer os efeitos cruéis de forças da natureza mais do que o chefe da família significava de fato muito medo.

Mas os japoneses não se acomodaram em uma postura fatalista. Aprenderam a observar os sinais e procurar precaver-se para evitar maiores danos. A experiência e os treinos condicionaram os japoneses a interromper suas atividades diante dos alertas de algum desses problemas. O Japão foi se equipando para sofrer o menos possível suas consequências. Há por toda parte instruções de como agir em caso de terremotos e incêndios. Extintores são presença obrigatória nas casas e nos automóveis.

Escolas orientam os estudantes sobre como proceder diante das eventualidades de efeitos catastróficos. Famílias mantêm em casa *kits* de sobrevivência que contêm água mineral, alimentos para dois ou três dias, material de primeiros socorros, lanterna, rádio portátil e baterias extras. A região de Tóquio vive em permanente estado de alerta para poder agir rapidamente no caso de um novo grande terremoto, que pode ocorrer a qualquer momento.

Talvez o fato de os japoneses conviverem frequentemente com tais riscos ajude a explicar sua cultura de valorização de uma harmonia com a natureza. A presença da ameaça sofrida por forças naturais como tufões, abalos sísmicos e erupções vulcânicas regula a maneira como o japonês vive o seu dia a dia e enxerga o mundo, mesmo com todos os avanços tecnológicos que hoje minimizam seus efeitos, mas não as anulam.

Os japoneses aproveitam os avanços tecnológicos que desenvolveram diante dessas ameaças, vendendo seu *know-how* a outros povos que vivem situações semelhantes. O reconhecimento da necessidade de preservar o patrimônio humano e material do país fez do setor de pesquisas tecnológicas, tanto público como privado, algo bastante sólido e prestigiado. A engenharia de construção e a previsão meteorológica são exemplos de áreas de pesquisa bastante incentivadas e em constante desenvolvimento no Japão.

POPULAÇÃO E OCUPAÇÃO DOS ESPAÇOS

A exiguidade do território habitável leva os japoneses a respeitar cada pedaço de chão, sem desperdícios. No Japão, os terrenos custam caro. Por exemplo, o metro quadrado no distrito de Ginza, em Tóquio, chega a valer entre 31.500 a 165.000 dólares. O crescimento populacional e urbano introduz a necessidade de racionalização dos espaços, e por isso os edifícios, em detrimento das casas, para moradia e negócios foram se multiplicando. Tóquio tem quase seis mil habitantes por quilômetro quadrado!

O tamanho médio das residências japonesas é de 91,3 m² e em Tóquio é de 63 m². As casas japonesas são medidas também pelo número de tatames que podem conter – o tatame é um tipo de tapete fabricado de palha de arroz com a estrutura de madeira e mede cerca de 1,5 m². Os apartamentos "de um dormitório" típicos medem cerca de "seis tatames" além da cozinha e do banheiro. O espaço dos tatames serve de sala durante o dia e de dormitório à noite. Para dormir, os poucos móveis são encostados junto às paredes e se estende o *futon* (acolchoado para deitar-se em cima), que durante o dia fica guardado em armários. Numa mistura entre o passado

Os pequenos espaços da casa têm que ser aproveitados para caber tudo o que a família necessita. E para os japoneses não é pouco...

e o presente, para dormir usa-se o modo tradicional, enquanto para passar o dia os moradores de hoje usam mobílias como mesas e cadeiras para as refeições e toda a sorte de aparelhos elétricos, inclusive na cozinha, em que todos os espaços disponíveis são ocupados com um número cada vez maior de equipamentos. A máquina de lavar roupas divide espaço com a pia, e o vaso sanitário, a banheira e o chuveiro ficam em compartimentos separados.

Certamente, o tamanho das casas interfere na sociabilidade dos japoneses. O tamanho pequeno das residências contribui para que os espaços públicos sejam muito utilizados pelas pessoas. As ruas e os transportes públicos ficam sempre lotados de gente indo e vindo, contribuindo para dar muita visibilidade à alta densidade demográfica dos centros urbanos. Em algumas calçadas, respeitam-se regras de mão e contramão para pedestres. Normas para atravessar a rua ou dar preferência de entrada e saída nos transportes públicos também são levadas muito a sério no Japão. Perturbar as organizadíssimas filas japonesas é algo muito malvisto e dificilmente ocorre por lá.

As pessoas passam pouco tempo em casa. As atividades de trabalho e estudo tomam-lhes a maior parte do dia. Mesmo os idosos e as mulheres fora do mercado de trabalho preenchem boa parte das suas horas livres passeando pelas ruas ou nos parques.

É muitíssimo raro entre os japoneses o costume de receber visitas em casa. Mesmo reuniões de amigos ou parentes ocorrem em restaurantes ou algum lugar público. O espaço da casa é estritamente da família. As pessoas aprendem desde cedo a ser organizadas para que a convivência seja mais fácil. As crianças sabem que têm que guardar seus brinquedos espalhados pelo chão antes de dormir. Os casais não esperam muita privacidade. E os jovens adolescentes escutam seu som num volume que não incomode os outros.

O fato de os japoneses passarem a maior parte do dia fora de casa coloca em pauta a necessidade da organização de políticas de transporte, lazer e consumo cada vez mais variadas e sempre em renovação.

Em certas cidades, enormes complexos de edifícios de linhas arrojadas ocupam terrenos que muitas vezes avançam pelo mar, acolhendo residências, lojas e escritórios. A face do Japão moderno é nítida quando se observa o contorno das cidades mais importantes do país com seus edifícios similares aos grandes centros urbanos espalhados pelo mundo, avenidas largas que cruzam racionalmente a cidade, estações de trem e de metrô e a concorrência permanente para preencher espaços tão preciosos. Essa face convive, lado a lado, com lembranças do velho estilo de vida que imperava no passado, às vezes num contraste que choca. Torres envidraçadas azuis[3] dividem o espaço com antigos templos de madeira, e inúmeros becos, com casas antigas. Chama atenção a presença do Palácio Imperial encravado no centro de Tóquio, rodeado de edifícios, que mantém uma enorme área verde e seus altos paredões. A moderna estação de trens da JR (Japan Railway) de Kyoto – construção recentemente reformada –, feita de aço e vidro, impressiona qualquer um que visite a cidade considerada a mais tradicional do Japão. A poucos quarteirões da estação que reflete o sol nas suas vidraças, fica ao templo budista Higashi Honganji, cujo salão é a maior estrutura de madeira do mundo. Por construções como essa, e a incontável presença da história do Japão em suas ruas, Kyoto escapou de ser bombardeada durante a Segunda Guerra Mundial.

A miscelânea entre o antigo e o moderno de muitas das cidades japonesas evidencia a tensão dos japoneses diante do problema de conciliar a necessidade de se expandir no mundo internacionalizado e o respeito àquilo que está ligado ao seu passado. Obviamente, é o poder do capital que parece estar vencendo a batalha pelo predomínio na paisagem urbana. Velhas construções, com exceção das consideradas patrimônio

Flores de cerejeira, povo do sol nascente | 41

As donas de casa têm que ser criativas para administrar as necessidades
da família e a falta de espaço, como na foto superior.
Na foto inferior, o Palácio Imperial, localizado no centro de Tóquio.

Casas de madeira são vestígios de um Japão que está desaparecendo. Em pouco tempo darão lugar a edifícios.

histórico, estão sendo demolidas. Para a memória do passado de Tóquio não se perder por completo, foi montado um museu para mostrar aos jovens a cidade que já é história, que abarca, inclusive, Tóquio do tempo de mocidade de seus pais.

Não é nenhum exagero afirmar que todo o espaço do Japão é disputado milimetricamente. É também comum se observar nas regiões agrícolas que, a poucos metros da soleira das portas das residências, já começam as plantações. Na ilha de Honshu, por exemplo, ao redor das regiões metropolitanas, são comuns os aterros que avançam no mar para dar lugar a mais áreas habitáveis. Porém, ao mesmo tempo, encostas inteiras de montanhas japonesas conservam sua vegetação natural graças à tradição de respeito à natureza do arquipélago.

Ocupação urbana ou preservação das paisagens naturais? Essa é uma das grandes dúvidas dos japoneses, provocada por uma tensão que se agravou com o desenvolvimento das atividades industriais, de comércio e serviços, sobretudo a partir do final da Segunda Guerra Mundial: a pressão por mais espaços urbanos aumentou consideravelmente.

É uma questão que tem repercussões importantes na vida dos japoneses, pois, de um lado, existe o problema do adensamento urbano, consequência do desenvolvimento tecnológico na agricultura que liberou mão de obra para as atividades urbanas; por outro lado, também há a necessidade de oferecer condições para que a população receba do poder público equipamentos urbanos, transporte, saúde e educação.

Desenvolvimento populacional

A história que poderíamos chamar de nacional, como veremos nos capítulos seguintes, desenvolveu-se a partir de alguns pontos do território japonês, tendo como centro as planícies da ilha de Honshu. Ao longo de mais de dois milênios, os movimentos de concentração populacional e as decisões de impacto partiram das regiões planas de Honshu, ao longo do mar Interior, sobretudo a partir da região conhecida como Kansai, em torno da atual cidade de Kyoto. Mais tarde, o centro das decisões concentrou-se mais a leste, na região de Kanto onde se localiza hoje a cidade de Tóquio. No início do século XIX, por exemplo, Edo (o nome antigo de Tóquio) contava com uma população de mais de um milhão de habitantes; Osaka, com 380 mil habitantes e Kyoto, 526 mil. O conjunto das três cidades formava uma considerável concentração urbana, se comparada, por exemplo, a Paris de meados do século XVIII, que tinha cerca de 600 mil habitantes.[4] No decorrer do século XX, a população japonesa continuou a crescer num ritmo regular.

Observando o desenvolvimento populacional japonês ao longo do tempo, ao comparar a população entre os anos 1959 e 1980 e, depois, entre 1980 e 2003, quando há uma estabilização, nota-se que o crescimento é quase o mesmo verificado nos primeiros anos do século XX.

A população japonesa é grande se comparada a de outros países, cujos territórios são bem maiores (em 2005, o Japão contava com uma população de 127 milhões enquanto, por exemplo, o Brasil tinha 186 milhões de habitantes). A utilização relativamente pequena de terras para a habitação dentro do território japonês afeta, obviamente, o modo de vida da população, que é grande: a densidade demográfica[5] no Japão é alta. Em 2005, o Japão ocupava o 4º lugar entre os países com maior densidade demográfica, com 343 habitantes por quilômetro quadrado, número ultrapassado por Bangladesh (985), Coreia (480), Países Baixos (393). O Brasil tinha apenas 22.

Poucas famílias têm espaços amplos para morar. A maioria vive em apartamentos longe do centro das cidades. Na foto, aspecto externo de um prédio de apartamentos. A falta de espaço para moradia é um dos grandes problemas do Japão contemporâneo.

A concentração populacional ocorre também dentro das cidades. Na área metropolitana de Tóquio, em 2004, a densidade demográfica era de 6 mil habitantes por km², chegando ao número de 13 mil na área central da cidade.

A província de maior concentração populacional urbana é Osaka (cuja densidade é de 4.568) e a de menor concentração é Hokkaido (72).[6] Em outros países, dir-se-ia que é um número alto, mas para os japoneses Hokkaido é considerado "selvagem", por ser a província menos tocada pela industrialização, permanecendo como o celeiro de produtos agrícolas e pecuários mais vasto do país.

O adensamento urbano provocou, entre outras coisas, a diminuição no tamanho das famílias, com a queda no número de filhos. Os pequenos espaços para morar e o alto custo de vida nas cidades fizeram com que os casais japoneses optassem por oferecer melhores condições de vida e educação para poucos filhos, numa média de 1,06 filho por casal em 2005.

O incremento geral na qualidade de vida com melhor alimentação, serviços de saúde e condições sanitárias depois da Segunda Guerra Mundial diminuiu a mortalidade geral da população. Com isso, verifica-se o aumento da expectativa de vida, especialmente das mulheres, uma das maiores do mundo.

Essa tendência pode ser observada em todas as partes do mundo desenvolvido, mas no Japão toma proporções que podem ser, paradoxalmente, preocupantes. Em 24 anos, de 1970 a 1994, o número de idosos dobrou de 7% para 14% do total da população. Em outros países, o tempo para alcançar a mesma porcentagem foi muito maior (61 anos na Itália, 85 na Suécia e 115 anos na França). O grande problema que o Japão terá que enfrentar durante o século XXI será o de buscar um equilíbrio entre o pequeno (e cada vez menor) número de nascimentos e o aumento da quantidade de idosos. A população economicamente ativa, isto é, os que são aptos para trabalhar e contribuir para a previdência, tende a diminuir ao passo que cresce o número de dependentes. Para administrar desde já o impacto demográfico sobre o mercado de trabalho, o Japão abriu suas portas nas décadas finais do século XX para a mão de obra estrangeira, que tem nos imigrantes brasileiros um dos maiores contingentes.

A população rural que se dedica à agricultura diminuiu drasticamente a partir do final da Segunda Guerra Mundial. De 1960 a 2002, caiu de 26,8 milhões para 4,1 milhões. A diminuição da atividade agrícola tem consequências como a queda na contribuição da agricultura para o produto interno bruto (em 1960, correspondia a 9% e caiu para 1% em 2002). Isso só não foi tão sério porque o Japão pratica uma agricultura intensiva desde que o país começou a se industrializar no século XIX. A partir do final da Segunda Guerra, o país segue a tendência mundial de obter maior produtividade da terra com o uso de maquinários, fertilizantes, pesticidas, ou seja, uma modernização que libera mão de obra para as atividades urbanas e aponta para o esvaziamento do campo. Os jovens migram para as cidades e os mais idosos, acima dos 65 anos, permanecem no campo. Assim, eles correspondem hoje a quase metade da população rural. O "Japão antigo" sobrevive nas áreas rurais onde ainda as famílias são mais numerosas e há grupos familiares de três gerações convivendo sob o mesmo teto, mantendo as tradições do passado.

O país é praticamente autossuficiente na produção do arroz, o produto agrícola que os japoneses mais valorizam. Houve uma enorme polêmica quando o governo aventou a possibilidade de importar arroz do sudeste asiático. A opinião pública se colocou contra com amplas campanhas para que a população não comesse arroz que viesse de fora e houve debates divulgados na mídia. A produção interna teve, então, que ser incrementada.

Os vegetais, ovos e batatas dependem muito pouco da importação. Quase todos os outros itens, no entanto, vêm de fora, especialmente trigo, carne bovina, frutas, frango, laticínios e os produtos marinhos (peixes e frutos do mar).

A produção japonesa de alimentos é relativamente pequena se comparada a países que têm excedentes como os Estados Unidos (que chegam a 122%), a França (121%), a Austrália (265%). O Japão só produz 40% dos alimentos que consome, ou seja, mais da metade dos alimentos consumidos pelos japoneses são importados.

A falta de espaço no país é ainda agravada pela expansão industrial, que começou acelerada nos meados do século XIX, foi crescendo, atingiu um pico na década de 1930, com as indústrias voltadas para a guerra, e o auge da taxa de crescimento na década de 1960.

Os japoneses do início do século XXI têm diante de si um quadro de perspectivas que destaca os problemas decorrentes da disputa por espaços para o desenvolvimento econômico e demográfico do país. Desde o início de sua história, a utilização e o domínio dos espaços foram problemáticos. Assim, a geografia teve um papel preponderante no desenrolar da história japonesa. Ela explica muito os processos de ocupação do território e as lutas contínuas pelo domínio das melhores terras, como se verá nos capítulos a seguir.

NOTAS

[1] O xintoísmo é considerado a religião oficial do Japão por remeter seu culto aos ancestrais míticos. Com o budismo, agrega o maior número de adeptos. No seu dia a dia, os japoneses mesclam os cultos de ambas as religiões, que, ao longo da história japonesa, foram interpretadas e praticadas de acordo com várias correntes. O confucionismo não é uma religião, mas um código de valores e de conduta importado da China.

[2] Ana Mafalda Leite e José Manoel Lopes, Cem Haiku: antologia, Lisboa, Vega, 1984, p. 70.

[3] Os maiores edifícios em altura em 2004 eram o Yokohama Landmark Tower (296 m), em Yokohama, região metropolitana de Tóquio, e em Osaka, o Osaka World Trade Center Cosmo Tower (256 m) e o Rinku Gate Tower Building (256 m).

[4] Frances Moulder, Japan, China and the Modern World Economy: toward a reinterpretation of east asian development. ca. 1600 to ca. 1918, Cambridge, Cambridge University Press, 1979, p. 82.

[5] Densidade demográfica é o número de habitantes dividido pelo tamanho do território nacional.

[6] The Asahi Shimbun, Japan Almanac, 2005, pp. 54-5.

O CAMINHO DOS DEUSES E DOS HOMENS

Desenvolver pesquisas arqueológicas e estudos de pré-história no Japão é algo historicamente muito mais complicado que em outros países com cientistas de capacidade equivalente. Além dos inúmeros problemas inerentes às dificuldades com o trabalho de campo e as interpretações científicas, os pesquisadores têm que se defrontar com questões políticas e ideológicas profundamente arraigadas na maneira como os japoneses se autoidentificam e tradicionalmente explicam seu passado. Consequentemente, em muitos círculos suas descobertas encontram fortes resistências por trazerem explicações distintas da visão oficial sobre as origens do povo japonês.

Antes da popularização do resultado dessas pesquisas (a partir dos anos 1960), as crianças japonesas aprendiam, por gerações e gerações seguidas, que eram descendentes de Amaterasu, a deusa do sol. Ela, a deusa-mãe, teria dado origem a toda a linhagem do povo japonês que descende diretamente desse tronco divino. A mensagem embutida nessa mitologia é a de que os japoneses são diferentes de todo o resto do mundo pela sua origem divina e, mais ainda, que são homogêneos do ponto de vista racial e cultural. Assim, perante si e diante dos outros, todos os japoneses se percebiam como totalmente diferentes, marcados por características peculiares ou, no termo em inglês, pela sua *uniqueness*. Para os dias de hoje, essas premissas parecem bastante questionáveis, mas até um passado recente elas tiveram grande força entre os japoneses.

A Segunda Guerra Mundial teve um grande impacto no sentido de minar essa crença. A derrota japonesa em 1945 marca o fim de um ciclo na história do Japão que tivera início em meados do século XIX, com as reformas Meiji, quando o país começou a mudar de posição no cenário internacional, entrando no jogo das relações de poder e de decisão globais. Esse ciclo fez com que os japoneses saíssem de seu isolamento e, no contato com outros povos, repensassem não só sua posição no mundo, como também sua autoimagem. A partir do fim da guerra, o imperador passou a ser apenas um representante do país perante os japoneses e o mundo, e não mais uma representação divina. Essa redefinição do poder real, que em países ocidentais ocorrera há pelo menos dois séculos, no Japão só aconteceu de fato em meados do século xx, como veremos com mais detalhes adiante. O pós-guerra para o Japão, além de ficar marcado pela reconstrução material do país, significou uma revisão completa dos primeiros séculos da história do território japonês e seus habitantes.

Na verdade, algumas pesquisas da arqueologia japonesa foram feitas mesmo antes do final da guerra. Sabia-se já da presença do homem no arquipélago desde o Paleolítico, depois do quinto milênio a.e.c.. Entretanto, muitas das evidências desses achados arqueológicos haviam sido ocultadas, a fim de permitir, entre outras coisas, que a antiga ideia da homogeneidade e exclusividade do povo japonês permanecesse.

Com o fim da guerra e a diminuição da censura ideológica, os trabalhos dos arqueólogos no Japão puderam se intensificar, sendo realizados não só por cientistas japoneses, mas também por especialistas de outras partes do mundo. E, de fato, nos anos 1950 e 1960, começaram a aparecer novas luzes sobre o passado humano remoto no arquipélago japonês. Nesse momento, houve um movimento de valorização desse passado pré-histórico, inclusive com a promulgação da Lei de Preservação de Ambientes Históricos em Antigas Capitais, de janeiro de 1966. Auxiliada pela mídia, a arqueologia se popularizou, com os jornais e as televisões fazendo reportagens e matérias sobre o assunto, em linguagem acessível a um público mais amplo. As descobertas passaram a despertar muito interesse entre os japoneses. Os três jornais de maior circulação no país – *Asahi, Mainichi, Yomiuri* – publicaram, em meados da década de 1980, cerca de dois mil artigos relativos aos novos achados. A rede de televisão NHK, só em março de 1985, fez 21 referências em seu jornal matutino sobre as novidades no assunto.[1]

Parques foram criados em torno de sítios arqueológicos não apenas para levar o passado mais perto do público escolar, mas também como atrativo para turistas em geral. Sítios arqueológicos tornaram-se tão populares quanto parques de diversão temáticos como a Tokyo Disney (em Tóquio) e a Universal Studios Japan (em Osaka). Os japoneses aprendiam agora uma nova e bastante distinta versão de sua história e demonstravam grande interesse por ela.

Mas como a história pode prestar-se a usos políticos, algumas vezes bélicos e perigosos, houve quem criticasse esse interesse do público que levou o Japão a viver um verdadeiro movimento de valorização do passado remoto. Para os críticos, ele poderia significar não uma vontade saudável de compreender as origens históricas, mas, sim, uma forma de reforçar o nacionalismo japonês: numa espécie de revanche, os nacionalistas derrotados pela guerra estariam tentando usar determinadas evidências científicas para imprimir sua ideologia sobre o passado do Japão. A divulgação na mídia e a criação de parques com toda a infraestrutura turística em torno dos sítios arqueológicos seriam, segundo os críticos, uma forma de fazer o público se vangloriar e se orgulhar do passado do seu país, o que poderia levar a um arriscado chauvinismo.

Paranoias à parte, de fato os japoneses não estão acostumados a pôr em xeque as versões oficiais da história do Japão que lhes são transmitidas por dirigentes políticos e intelectuais que as constroem. Existe muito pouca contestação, pois não são afeitos a criticar o que é de cunho oficial e as críticas que surgem são, com frequência, prontamente abafadas ou permanecem restritas a pequenos círculos. Inegavelmente, porém, os achados arqueológicos contribuíram de forma contundente para enterrar o mito da divindade do imperador e da homogeneidade étnica do povo japonês.

O QUE DIZ A MITOLOGIA?

Até o fim do ciclo que se fecha em 1945 (iniciado em 1868), os japoneses foram insistentemente socializados na crença da divindade do imperador como a figura máxima da nação japonesa. Sua condição divina remontaria à época da criação das ilhas japonesas, quando também teria sido criado o povo japonês, constituído por deuses, ainda que não tão importantes quanto os da família imperial.

O relato dessa criação mitológica está compilado no documento intitulado *Registros dos assuntos antigos*, datado de 712.

O mito não explica apenas a origem dos japoneses e seu território, mas esclarece muitas outras questões – por exemplo, a hierarquia entre os sexos como base da ordem social, a dependência humana dos frutos da terra, a separação entre vivos e mortos, o motivo de haver tantas mortes seguidas de tantos nascimentos, o relevo do país, os astros, os desastres naturais, a vaidade das mulheres –, como podemos ver pelo relato que se segue.

A criação

Conta a lenda que, antes de tudo, havia um céu muito azul salpicado de nuvens brancas onde viviam os deuses. Estes se pareciam com os homens, embora fossem mais poderosos, maiores, mais fortes, mais ligeiros e mais bonitos. Locomoviam-se como pássaros, voando sem a necessidade de colocar os pés no chão.

Sobre o mar, não havia qualquer ilha e a terra propriamente dita ainda não existia. Num dia qualquer, os deuses tomaram a decisão de criar o mundo, confiando a execução da tarefa a dois jovens deuses: Izanagi e Izanami.

Nas pinturas japonesas, Izanagi é retratado como um homem jovem e forte, de barbas e cabelos longos, vestido com um manto de cor escura. Izanami é uma linda deusa de feições orientais, cabelos até os ombros, vestida de branco. "Casem-se e seus descendentes serão os mais belos de todas as criaturas", teriam dito os deuses aos jovens que, então, partiram felizes.

Ao chegar a um lugar muito bonito em forma de um imenso semicírculo – o arco-íris – pararam na parte mais alta. Izanami levava consigo uma espada de ouro e com ela começou a remexer a água do mar imenso logo abaixo deles. E eis que ocorre um milagre: quando retira a espada do mar, a espuma que havia se grudado nela escorreu, voltando ao mar, solidificando-se ao atingir a água, formando então a terra. As duas divindades desceram para lá e, felizes, resolveram ficar.

Eram só eles dois na primeira terra que havia no mundo. Esqueceram-se por algum tempo dos deuses dos quais descendiam e aproveitaram cada minuto da companhia um do outro. "Vamos nos casar?", propõe a deusa. E Izanagi e Izanami tornam-se marido e mulher, esperando pelos belos filhos prometidos pelos deuses do céu. Porém, o primeiro filho que nasce é um monstro, uma espécie de sanguessuga, e o segundo se parece com uma medusa. Os pais rejeitam os filhos e, desorientados, procuram saber junto aos deuses o porquê dessa descendência que não se encaixa nas promessas feitas. A resposta é que a iniciativa do casamento não deveria ter partido de Izanami, mas de Izanagi. "É o homem que deve pedir a mulher em casamento. Essa é a vontade dos céus, eis por que vocês não têm os belos filhos prometidos. Vocês devem manter as regras da antiga moral." Ambos entenderam o que lhes foi dito e retornam para a terra. Na volta, Izanami se mantém calada e cabisbaixa até que Izanagi lhe pergunta se ela não quer ser a sua esposa. Ela aceita sorrindo, e o prêmio pela obediência às regras é a descendência com as crianças mais belas vistas até então. Entre os filhos do casal estão as ilhas japonesas com seu solo, rochas, montanhas, rios, pinheiros, cerejeiras e seus habitantes, animais e seres humanos. Mas o último dos filhos gerado, o deus do fogo, queima tão gravemente a mãe ao nascer que ela acaba morrendo (os deuses japoneses podem morrer).

Izanagi se desespera com a morte da esposa a ponto de ir procurar por ela no reino das trevas, onde estão os mortos. Ali consegue localizá-la, mas, depois de muitas aventuras, parte de lá sozinho. Consegue escapar dos seres das trevas que o perseguem graças a três pêssegos, aos quais agradece dizendo: "Assim como vocês me socorreram, socorram também aos homens quando eles estiverem em apuros: vocês serão chamados de *frutos divinos*".

Ao fugir e retornar ao mundo da luz, Izanagi fecha a entrada do reino das trevas com uma rocha que nem dez mil homens conseguiriam levantar. A partir daí, o mundo dos vivos e o dos mortos ficaram definitivamente separados. Grita então para Izanami, que permanecera entre os mortos: "Adeus! Está tudo terminado entre nós". Ela responde: "Não me abandone, meu augusto esposo. Eu me vingarei matando, num só dia, mil homens da terra". Ao que ele retruca: "E eu farei nascer, num só dia, mil e quinhentas crianças. Adeus, adeus..."

Para livrar-se das marcas do mundo dos mortos, Izanagi resolve banhar-se na ilha de Kyushu. Das gotas de água que caem do seu nariz nasce Susanoo, o deus da tempestade; da gota que cai do seu olho direito nasce Tsuki no Kami, o deus da lua, e da que escorre de seu olho esquerdo nasce Amaterasu, a deusa do sol. Ele toma esta última nos braços e diz: "Agora é a sua vez, pobre pequena". Amaterasu recebe de seu pai o domínio dos céus; Tsuki no Kami, o reino da noite; Susanoo, a planície do mar com as suas oitocentas mil ondas.

A história continua com essa nova geração, segundo as crônicas dos *Registros*, como sendo o período em que se consolida o papel de Amaterasu como aquela que detém os símbolos do Japão.

A legitimação do poder imperial

Na narrativa dos *Registros*, Amaterasu é uma linda jovem, de cujo corpo saem mil raios luminosos. Ao saber que seu irmão, deus da tempestade, estava se dirigindo rapidamente para o seu reino, desconfia de que ele planeje roubar-lhe as posses. Arma-se então com um imenso arco e mil flechas para esperar o irmão. Ele chega, agitando seus cabelos abundantes e soltando gritos, um macho impetuoso. "Por que você veio para cá?", pergunta ela. "Eu vim te ver, minha augusta irmã", responde Susanoo. "Por que os preparativos para a guerra? A paz não é melhor do que a guerra? Vamos nos prometer a paz e vamos nos amar fraternalmente", responde o irmão. Feito esse pacto de paz, Susanoo se torna hóspede no reino de Amaterasu. Mas que hóspede!

O deus da tempestade é bem recebido no reino da irmã, mas constantemente cria problemas. Estraga tudo por onde passa. Arrebenta as divisas das plantações de arroz irrigado, mata e esfola o potro malhado do céu, e insolentemente joga a sua pele no lugar onde a irmã fia e tece com as suas servas. A grosseria do irmão enche a deusa de tamanha cólera que ela resolve bani-lo do seu reino para, em seguida, refugiar-se numa caverna.

Com isso, o sol desaparece do mundo. O céu e a terra ficam na mais completa escuridão. É a noite eterna. Os deuses resolvem se reunir na planície branca como o leite. Vem um, depois dois, mais três, mais quatro. Já são dez. Depois cem, mil, cem mil, um milhão, oito milhões. Os oito milhões de deuses se reúnem para pensar como demover a decisão da deusa do sol. Taka-mi Musubi, o deus que acumula os pensamentos, sugere: "Talvez a deusa apareça como de costume quando escutar os galos cantando de manhã". Mas nem o canto dos galos fez a deusa mostrar o rosto.

Um outro plano mais complexo é arquitetado, contando com a curiosidade, a vaidade e a inveja femininas. Colocam um espelho decorado com lindas joias bem na entrada da caverna. Depois, uma prancha para que uma deusa possa dançar para todos. A sua dança é engraçada, cada vez mais engraçada, tanto que provoca risos entre os deuses. O som das risadas ecoa por toda a Via Láctea. Dentro da caverna, Amaterasu escuta as risadas que provocam tanto a sua curiosidade como a sua mágoa, pois achava que a sua luz faria falta a todos. Decide, então, abrir uma pequena fresta na entrada da caverna e grita: "Pensei que a minha partida os entristeceria, mas vocês estão contentes na minha ausência? O que os faz rir, ó oito milhões de deuses?" Respondem eles: "Por que estamos felizes? É porque existe entre nós uma nova divindade cuja beleza ultrapassa a sua!", respondem os deuses. "Uma deusa mais bela?", Amaterasu quer muito ver quem é a sua rival. Abre então a porta da caverna. E o que vê? Vê no espelho colocado bem na entrada da caverna uma imagem magnífica: a sua própria imagem. Um dos deuses a toma pela mão e a leva para longe da caverna. E, assim, a luz volta a brilhar sobre o mundo.

No seu retorno, Amaterasu é presenteada com uma joia. Depois, exige que os deuses expulsem seu irmão Susanoo do céu.

Na terra, esse deus aventureiro mata um gigantesco dragão, casa-se com uma princesa e tem uma porção de filhos. Para reconciliar-se com a irmã, presenteia-lhe com uma linda espada encontrada dentro da barriga do falecido dragão.

O espelho que teria refletido o rosto de Amaterasu, a espada que Susanoo teria oferecido a ela e a joia que a deusa do sol teria ganhado dos deuses são as insígnias da casa imperial japonesa, a ressaltar seu prestígio e poder derivado da intimidade com a deusa. Esses objetos estão guardados em locais separados. O espelho está num santuário localizado em Ise, na ilha de Honshu, dedicado a Amaterasu e considerado o local sagrado mais importante do Japão. O templo de Ise é demolido e reconstruído a cada vinte anos desde 690, pois se acredita que isso preserve sua pureza. O dia do solstício de inverno, 21 de dezembro, é comemorado no Japão como a saída de Amaterasu da caverna, quando restituiu a luz e o calor ao mundo. A espada sagrada fica no templo de Atsuta, nos arredores da cidade de Nagoya, também dedicado à deusa. E a joia encontra-se no Palácio Imperial de Tóquio. Os símbolos imperiais transmitem as virtudes do *valor* (espada), da *sabedoria* (espelho) e da *benevolência* (joia).

Essa simbologia em torno da casa imperial pretende reforçar a ideia de que a dinastia que governa o país remonta às divindades. Essa ideia foi passada de geração a geração e, desde o ano 690, os tesouros imperiais passaram a fazer parte dos rituais

O caminho dos deuses e dos homens | 53

Quimono *ainu* feito de algodão exposto no Museu Nacional de Tóquio. Os coreanos marcam a sua identidade exibindo a sua bandeira, como na loja em Nagoya.

de sucessão. É importante salientar que, apesar das inúmeras guerras pelo exercício do poder, de fato nunca houve tentativa de usurpação do trono imperial durante toda a história japonesa, o que demonstra a força dos símbolos e a utilidade da manutenção da casa imperial para o controle social qualquer que fosse a dinastia ou grupo politicamente dominante.

Outra ideia forte à custa de repetição e propaganda, que só se enfraqueceu com a derrota japonesa na Segunda Guerra Mundial, é a de que os japoneses são racialmente homogêneos. A lenda ajuda no argumento: imperador e povo descendem em linha direta dos primeiros habitantes das ilhas. Homogêneo racialmente significa ausência de miscigenação.

Em termos concretos, todas as pessoas que não se encaixavam dentro da concepção de "japonês", segundo os critérios da homogeneidade racial, eram consideradas inferiores e fortemente discriminadas, chegando a ser segregadas do convívio com os "japoneses puros". Era o caso dos *ainu*, coreanos, okinawanos e *burakumin*, que mesmo nascidos no Japão eram discriminados e não considerados japoneses puros: *ainu* e okinawanos, pelas tradições étnicas e culturais; os coreanos, por serem um povo conquistado; e os *burakumin*, pelas atividades que exercem.

Os *ainu* foram durante séculos considerados os autóctones das ilhas japonesas. Entretanto, estão longe do "padrão japonês" por serem brancos, hirsutos e com uma cultura própria. Os okinawanos sempre estiveram próximos dos japoneses, embora a posição geográfica do antigo reino Ryukyu favorecesse o intercâmbio cultural com a China e a Coreia, tornando a sua cultura um amálgama de todas essas tradições. A cultura que fugia aos padrões japoneses era motivo de discriminação. A anexação de Okinawa pelo Japão só ocorreu no século xx.[2]

Os coreanos em território japonês também eram tratados como minoria pelo fato de a Coreia ter sido anexada pelo Japão em 1910. Muitos coreanos migraram para o Japão, no período da anexação até o fim da Segunda Guerra Mundial, por necessidade de sobrevivência ou como trabalhadores forçados, como veremos mais para frente. Há cerca de setecentos mil de seus descendentes no Japão. Nunca receberam cidadania japonesa, porque a lei é baseada no *jus sanguinis* e não no *jus solis*, exceto quando se naturalizaram. Ou seja, japonês é quem tem ascendência japonesa e não quem nasce no Japão. Portanto, só os filhos dos casamentos com japonesas receberam a cidadania japonesa.

Os *burakumin* eram tratados como "párias" no Japão, porque "lidavam com animais de sangue quente" e o budismo coloca restrições quanto a isso. Eles trabalhavam em matadouros e curtumes e eram obrigados a viver segregados em determinados bairros. Agora a coisa mudou de feição, porque há, inclusive, um movimento relativamente forte entre eles, exigindo indenizações do governo pelos séculos de discriminação sofrida. Há indícios de que muitos deles tenham vindo para o Brasil como imigrantes. Entretanto, é impossível diferenciá-los dos demais japoneses pela aparência ou mesmo pelo sobrenome.

Os okinawanos têm hoje uma posição mais cômoda que no passado. Os japoneses os discriminaram por não considerá-los "japoneses verdadeiros" pela língua, religião, cultura com forte mistura chinesa e coreana.

O QUE DIZEM OS CIENTISTAS

Como no mito de criação, mas sem levá-lo ao pé da letra, há de fato indícios de que o arquipélago japonês tenha sido "criado", ou seja, para muitos pesquisadores, a origem das terras do Japão estaria na sua separação da Ásia continental (conforme foi visto no capítulo anterior). Havia um "céu", o território original, que poderíamos considerar a Ásia, e o Japão surge posteriormente. Os "filhos de Izanagi e Izanami", ou seja, os primeiros habitantes das ilhas, teriam migrado da Ásia e se estabelecido no que seria posteriormente o território japonês. Essa fase corresponderia ao final da era glacial, quando partes das ilhas japonesas ainda estariam ligadas ao continente asiático.

Não há unanimidade sobre as datas em que teriam ocorrido as migrações, mas o final do Paleolítico, por volta de 30.000 a.e.c. é considerado o período mais aceito pelos especialistas. As escavações ainda não esgotaram todas as possibilidades. Acreditava-se que a ocupação do território japonês fosse mais recente, e só nos últimos anos é que foram revelados sítios arqueológicos do período Paleolítico. Isso provocou um escândalo nos meios científicos, porque há possibilidade de haver fraudes nas descobertas recentes: um arqueólogo japonês foi flagrado por um jornal colocando objetos num local de escavações a fim de provar que humanoides teriam vivido no Japão há 70.000 anos.

Outra questão controversa na comunidade científica é a origem genética e linguística. Mais uma vez, a ideologia da *uniqueness* cultural japonesa barrou as pesquisas durante décadas e só recentemente elas puderam ser desenvolvidas com maior liberdade. No final do século XX, pesquisas genéticas lançaram a hipótese, bem aceita, de os japoneses serem, no mínimo, originários do continente asiático, portanto aparentados com inúmeros outros povos. Ampliando o argumento, como fazem alguns cientistas, raízes genéticas dos japoneses estariam na Ásia continental e também na Europa, já que as extensas planícies euro-asiáticas permitiram intensa comunicação e migração dos povos pré-históricos no final da era glacial. É por essa razão que muitos acreditam que os *ainu*, que são caucasoides, sejam os primeiros habitantes das ilhas.

A revisão dos trabalhos, que está sendo feita a partir da escavação das cinzas vulcânicas que cobriram as ilhas em períodos distintos – e que são datáveis – aponta que os primeiros habitantes que migraram para o Japão são os ancestrais das populações da atual China, Coreia e Vietnã. Todos seriam originários do mesmo tronco paleo-asiático, visível pelas características dos esqueletos e das arcadas dentárias.

Há ainda uma outra hipótese: a da ligação dos japoneses pré-históricos com os povos do chamado Círculo Pacífico Mongoloide, aparentando os japoneses com os aborígines da Oceania. Ela se reforça com os estudos dos sociolinguistas que chegam às mesmas conexões ao analisar a origem da língua japonesa. Estes veem muitas semelhanças com as línguas dos grupos presentes em tempos remotos no sudeste da Ásia, em ilhas do centro e sul do Pacífico, na Malásia, Indochina e em Taiwan.

Assim, as migrações para o território do atual Japão teriam ocorrido por duas rotas distintas e em épocas diferentes: uma corrente vinda do sul pela península coreana para Kyushu, quando essa ilha ainda estava ligada ao continente, explicando assim a influência das línguas das ilhas do sul do Pacífico; outra corrente vinda do noroeste da Ásia para a ilha de Hokkaido, com a língua altaica. A estrutura dessas línguas é parte do grande tronco altaico que compreende o turco, o mongol e o manchu. Há alguns linguistas que incluem, como parte do mesmo tronco altaico, as línguas dos Urais (húngaro, finlandês, estoniano). Para esses pesquisadores, a língua japonesa estaria mais ligada ao altaico.

A pré-história japonesa

Do período Paleolítico foram encontrados inúmeros objetos de pedra lascada que revelam ser os primeiros habitantes caçadores coletores, que se abrigavam em buracos cavados na terra ou em cavernas e que conheciam o fogo. Os séculos subsequentes estão mais documentados por pesquisas desenvolvidas já desde antes do final da Segunda Guerra Mundial.

A pré-história japonesa é oficialmente dividida nos períodos Jomon (13000 a.e.c. a 300 a.e.c., que corresponde ao Mesolítico), Yayoi (300 a.e.c. a 300 e.c., o Neolítico) e Kofun (300 a 538).

A primeira corrente migratória corresponde à da cultura jomon, palavra que significa "marca de corda" numa referência às marcas deixadas nos objetos de cerâmica utilitária (potes, vasos cilíndricos) feitos de barro não cozido e encontrados em maior número na ilha de Kyushu. No período Jomon, os esqueletos encontrados são de homens altos e robustos, que ocuparam o arquipélago em levas vindas do continente. Esses grupos de caçadores coletores experimentaram o cultivo de algumas plantas –

Pedras lascadas e artefatos de barro e bronze escavados no Japão atestam uma complexa cultura material dos homens que povoaram o arquipélago japonês. Os *haniwa* são estatuetas de barro do período Kofun.

como o inhame, a batata-doce – com a ajuda de machados pouco afiados de pedra polida que serviam basicamente para escavar a terra. Suas habitações semienterradas, com o piso de barro ou pedras, configuravam conjuntos de cinco ou seis dispostas em formato de ferradura, com um espaço no meio, o que significa a existência de vida comunitária. Entretanto, sabe-se pouco sobre sua organização social, política e espiritual, mas deduz-se que as figurinhas de barro com formas femininas enterradas junto aos cadáveres estão provavelmente ligadas a cultos mágicos de fertilidade. A cultura jomon se espalhou paulatinamente por todo o território japonês durante esse longo período, constatando-se ao final uma grande diversidade regional visível nas diversas formas de decoração da cerâmica encontrada pelos arqueólogos no arquipélago.

Uma segunda corrente migratória ocorreu no período seguinte, de grupos yayois (Yayoi é o nome de um sítio arqueológico na região de Tóquio), originária do norte da

China, quando a região que compreende o que é o atual deserto de Gobi começou a se tornar mais seca e a expulsar suas populações para locais mais propícios à sobrevivência. Primeiro, foram para terras da península coreana, e, de lá, os homens yayois se dirigiram para as ilhas japonesas. Penetraram pela ilha de Kyushu e foram se espalhando pela ilha de Honshu em direção nordeste em três levas sucessivas, alcançando a região de Tohoku no início da era cristã.

A cultura yayoi é diferente da jomon. Os homens yayois eram agricultores e introduziram o cultivo do arroz no que é hoje território japonês por volta do ano 350 a.e.c. Esse é um marco fundamental em toda a trajetória humana no Japão, pois é a disputa pelas terras propícias para o cultivo do arroz que move a história da ocupação das suas terras ao longo de dois mil anos.[3]

Os yayois produziam cerâmica de barro cozido (mais resistente), sabiam domesticar animais, conheciam a técnica de uso de metais, tanto o bronze como o ferro, tendo deixado espelhos, sinos, espadas. O mais importante é que o uso do metal lhes permitia confeccionar instrumentos para o cultivo do arroz mesmo em terreno seco.

Suas habitações, num primeiro momento, seguiam o modelo do período anterior, mas tinham cobertura de palha, formato das paredes quadrado ou retangular e cantos arredondados.

A agricultura implica a sedentarização: os povos agrícolas precisam instalar-se, em determinadas regiões, pelo menos por algum tempo, esperando pelo resultado de seu trabalho. Os grupos humanos que vivem da agricultura tendem a ser maiores que os que vivem da caça e coleta, pois, além de precisarem de mais braços para o trabalho, têm condições de alimentar mais bocas.

Aos poucos a cultura dos homens jomons foi superada pela cultura yayoi: um processo que demanda séculos para se consolidar. Os achados arqueológicos atestam que houve um período em que ambas conviveram. Maneiras de enterrar os mortos e a cerâmica encontrada em regiões diferentes e datadas da mesma época apontam que é o cultivo do arroz o fator central para explicar o domínio da cultura yayoi sobre a jomon. Com a introdução do arroz da Ásia no Japão, a variedade de fontes de alimento se reduz, isto é, o arroz começa a tomar um lugar privilegiado na dieta, substituindo outros alimentos. Seu cultivo, aliado ao uso do metal, permite a diminuição do fantasma da fome nos pequenos agrupamentos, verificando-se inclusive um aumento da população. Muda também a forma como os homens passam a se relacionar. São os primeiros passos de uma organização, social e de poder, mais complexa.

Surgimento dos clãs e reinos

Com a garantia de uma fonte segura de alimentos e com a possibilidade de formar estoques, os primeiros agrupamentos organizam a sua vida começando com o

O caminho dos deuses e dos homens | 59

Mapa do Japão primitivo com o território inicial do reino de Yamato,
na região de Nara.

estabelecimento de comunidades em vilarejos permanentes, com construções de pedra ou madeira. Dentro das comunidades, estabelece-se uma divisão básica de funções: há os que se dedicam ao cultivo da terra, outros se especializam na arte do metal, outros, em construções, além dos que se encarregam dos estoques e dos que se tornam líderes por mérito ou pela força.

Nesse processo em que as relações sociais e de trabalho ficam cada vez mais complexas, alguns conseguem acumular mais riquezas que outros, fazendo com que surja, aos poucos, uma divisão social e hierárquica na sociedade. Por sua capacidade de concentrar riqueza, a agricultura atrai a cobiça de vizinhos, tornando necessário também o desenvolvimento da atividade guerreira, para defesa e para a conquista de novas terras. O excedente agrícola e a especialização na fabricação de determinados produtos artesanais permitem o surgimento do comércio. Com o tempo, alguns vilarejos crescem, concentrando cada vez mais habitantes e dando origem à organização de cidades populosas.

As comunidades que se desenvolveram nesse período estruturaram-se em forma de clãs (*uji*).[4] Na hierarquia, os chefes tanto podiam ser homens como mulheres e somavam também funções religiosas. Cada clã cultua seus deuses (*kami*), que o protegem do inimigo e guardam as terras cultivadas. O culto a esses deuses locais e particulares a cada clã é a base da religião xintoísta, cujo alicerce está na veneração dos ancestrais. O xintoísmo primitivo é uma forma de culto animista que rende homenagens às forças da natureza, fazendo oferendas de alimentos ao deus do clã e aos ancestrais familiares. Obviamente também está ligado ao temor e ao respeito às forças naturais, como as erupções vulcânicas, aos terremotos e maremotos.

Os clãs variam conforme o número de seus membros, sua força guerreira e área de influência. Com o passar do tempo, os *uji* começam a buscar mais terras em decorrência do aumento da população e da evidência de que com terras mais férteis o estoque de alimentos ficava assegurado. A luta pelo domínio de terras propícias para a agricultura resulta em intensas migrações internas.

Os clãs se relacionam entre si tanto na guerra como na troca de produtos e, consequentemente, na dominação política de um grupo sobre o outro. As comunidades procuram se fortalecer das investidas de grupos de outras regiões criando alianças, guerreando em conjunto para se defender. Essas alianças entre comunidades são o passo inicial para a formação de pequenos reinos liderados pelos mais fortes.

Não há documentação escrita sobre o número de reinos formados a partir da reunião dos *uji*, a não ser uma fonte chinesa, o *História de Wei*, do século III, que fala sobre a existência de comunidades que praticavam a agricultura, a pesca e a tecelagem no "reino de Wa", reunindo mais de cem *uji* ao norte da ilha de Kyushu e na parte oriental da ilha de Honshu. O relato chinês fala também sobre o domínio que a rainha Himiko, "a filha do sol", teria exercido sobre uma confederação de mais de trinta reinos depois de muitas guerras. A rainha Himiko é apontada na história japonesa como personagem que está na origem histórica da genealogia da linhagem imperial. Mesmo sem comprovação histórica, podemos inferir que o território japonês foi palco de lutas contínuas até o predomínio de um reino – Wa, para os chineses – sobre os outros.

MITO E HISTÓRIA SE ENTRELAÇAM

É possível visualizar a trajetória de ocupação das ilhas retomando o mito de criação. Da história de Izanami e Izanagi para a de Amaterasu e Susanoo ocorre uma diferença na apresentação e no modo de viver das duas gerações dos deuses, assim como acontece na história do Paleolítico/Jomon e na do período Yayoi.

A primeira geração dos deuses cria o território, fixa-se nele e gera herdeiros. Estes têm uma existência cotidiana que parece mais próxima à vida em sociedade. Amaterasu fia e tece, tem a sua plantação de arroz irrigado, possui armas (arco e flechas) e servas. Seu irmão, aquele que cria problemas, é o que vem de fora (por coincidência, ele é a divindade ligada ao mar). A paz entre os irmãos é o acordo para a não destruição do que tinha sido organizado pela irmã. Teria o mito alguma relação com a história da convivência entre as culturas jomon e yayoi? Os pontos geográficos citados no mito coincidem com a migração que vem do sul, Kyushu, como o lugar onde nascem Amaterasu e seus irmãos. Disputas envolvem a mitologia assim como a história dos clãs que lutam entre si por mais e melhores terras e que poderiam muito bem se encarnar nos pêssegos de Izanagi.

O REINO DE YAMATO

Os achados arqueológicos permitem identificar mudanças sociais que caracterizariam um novo período, chamado Kofun, que começa por volta do século III, coincidindo com o documento chinês citado.

Nos primeiros séculos desse período, a cultura yayoi ainda sobrevive, visível pelas características dos objetos deixados nos túmulos. Entretanto, a cultura kofun evidencia uma organização social mais sofisticada além da continuação da tendência de formação de reinos que se espalham pelo território, acompanhando as terras férteis. Os primeiros

Estados, surgidos a partir da reunião das primeiras formações comunitárias do período yayoi, desembocam em reinos mais poderosos, capazes de comandar ou anexar reinos menores entre os séculos IV e V, liderados por uma aristocracia militar.

Os pesquisadores recorrem aos *Registros de assuntos antigos*, texto que narra as origens dos deuses e homens do Japão, em busca de outras pistas sobre esse período. O relato menciona migrações de Kyushu para regiões mais propícias para a agricultura, assim como assinala a existência de um grande reino, o reino de Yamato ("grandes reis"). Há quem estabeleça uma relação entre o reino de Wa (o estado unificado existente no território japonês), mencionado no documento chinês do século III, e o reino de Yamato, que aparece na fonte documental japonesa.

O reino de Yamato conquista a soberania na ilha principal Honshu, com a maior planície fértil do Japão, e se torna o maior e mais poderoso do arquipélago. O estabelecimento do reino de Yamato como o maior e mais poderoso é simbolicamente marcado pela vitória da lendária rainha Himiko, a "filha do sol", sugerindo a sua ancestralidade direta com Amaterasu. Dessa forma, "o Japão nasce" com a legitimação do poder, temporal e religioso, do reino que domina as terras férteis. Com isso, fica mais fácil justificar ideologicamente sua hegemonia e conquistar o respeito dos demais clãs e reinos. Na mistura entre mito e história, relata-se que, para celebrar a dominação política e religiosa do reino de Yamato, foi construído o santuário da deusa em Ise, localidade tradicionalmente mais importante do xintoísmo.

A preponderância de Yamato sobre as outras organizações políticas inaugura a história japonesa propriamente dita. As evidências históricas tendem a datar a consolidação do poder do reino de Yamato e a existência de um chefe supremo para o século III ou IV, embora os *Registros* apontem o ano de 660 como o início do reinado do que seria o primeiro imperador humano descendente de Amaterasu e o primeiro da linhagem da casa imperial, chamado Jimmu. Se existiu mesmo um imperador com esse nome, os historiadores ainda não conseguiram descobrir. Sabem, porém, que a classe dirigente japonesa nessa época era composta por grandes proprietários territoriais que dominavam os clãs e que gravitavam em torno de um imperador.

E o que os arqueólogos podem nos dizer sobre o estado de Yamato e a época de sua formação? Entre os objetos pessoais encontrados junto aos mortos em túmulos de cerca do ano 500, surgem novidades como selas e estribos, desconhecidas nos achados arqueológicos japoneses para períodos anteriores. Esses objetos indicam uma cultura equestre que vem de fora, provavelmente da Coreia, o que sugere uma nova onda migratória de cultura do continente asiático. Posteriormente, os japoneses, imitando os coreanos, teriam adotados os cavalos como aprimoramento da atividade guerreira.

O caminho dos deuses e dos homens | 63

A parte escura da foto aérea mostra
um túmulo do período Kofun (nos arredores de Nara).

Entretanto, o vestígio arqueológico mais marcante desse período são os túmulos semelhantes aos da Coreia e do nordeste da Ásia. Esses túmulos, os *kofun,* guardam os restos mortais de imperadores e aristocratas. São de grandes dimensões e ornamentados, como o do príncipe Nintoku, na região de Nara, que alcança 500 m de largura e 35 m de altura. Os *kofun* testemunham a riqueza e o poder dos dirigentes de Yamato.

Os arqueólogos encontraram também pequenos objetos confeccionados em barro representando homens com armaduras e espadas, casas, animais, especialmente os cavalos, uma forma de arte desse período chamada *haniwa.* Daí concluíram não só que os cultos animistas persistiam como também que existia um contato importante com a cultura coreana: a habilidade para confeccionar as peças *haniwa* teria sido aprendida com os coreanos.[5]

Com o tempo, o intercâmbio de Yamato com os reinos da Coreia e com a China se estreita. Os japoneses iniciam trocas com os vizinhos do continente, sobretudo com os coreanos. Incorporam as técnicas de tecelagem do brocado, da cerâmica e, através dos coreanos, começam a assimilar a escrita chinesa. Alguns nobres coreanos que haviam perdido espaço com as lutas internas em seu território foram recebidos na corte de Yamato, passando a fazer parte significativa das famílias da nobreza desse estado.[6]

A importação da cultura asiática, entre outras coisas, colabora com o grande desenvolvimento do reino Yamato no século v na agricultura, artes e metalurgia. Começam a surgir corporações de trabalhadores especializados – *be* – como a dos carroceiros, pescadores, administradores da caça e coletas nas montanhas, que muitas vezes rivalizam com os próprios chefes dos clãs, pois a sua atividade é hereditária. Alguns chefes de corporações ligadas às atividades militares foram levados para junto do imperador, tornando-se nobres.

Em direção a uma nova era

O arquipélago estivera isolado do continente asiático por muito tempo, com exceção dos períodos das ondas migratórias para as ilhas. Até o século v, viu-se emergir o sistema agrícola, a implantação do uso do ferro e o surgimento de governos regionais rudimentares. A religião xintoísta se desenvolvera, abarcando a adoração de espíritos da natureza em santuários locais e cerimônias presididas por sacerdotes. Mais especificamente no século III, os líderes japoneses estabeleceram contato com as realizações culturais chinesas. E, nos seguintes, as culturas coreana e chinesa passaram

O caminho dos deuses e dos homens | 65

O *torii* é o símbolo do xintoísmo. Fica sempre nas entradas dos santuários. Hoje, no Brasil, o *torii* identifica os lugares japoneses, como este (figura inferior) que fica no parque Massairo Okamura, em Cuiabá (MT).

a ter uma penetração ainda maior no Japão. O sistema de caracteres da escrita chinesa tornou-se conhecido na corte de Yamato já em 405; em meados do século V a linguagem silábica do Japão ganhou um alfabeto de cinquenta sons.

O século VI trará mudanças culturais ainda mais profundas ao território japonês. Além da introdução da escrita chinesa, chegam o confucionismo (em 513) e o budismo (em 552, através de Paekche e de lá para Yamato).

Elementos da cultura yayoi convivem com esses novos elementos, mas pouco a pouco são ofuscados pela cultura continental. A escrita, o confucionismo e o budismo formam a tríade que, adicionada à estrutura existente, ditará os rumos da história da sociedade japonesa dali para diante.

Mais tarde voltaremos a isso. Agora nos concentraremos em como tudo começou.

NOTAS

[1] Clare Fawcett, Archeology and Japanese Identity, in Donald Denoon et al.(eds.), Multicultural Japan: Paleolithic to Postmodern, Cambridge, Cambridge University Press, 2001, pp. 61-2.

[2] O livro de Yamashiro (Okinawa: uma ponte para o mundo, São Paulo, Cultura Editores Associados, 1983) faz uma boa síntese da história de Okinawa e está disponível em português.

[3] Emiko Ohnuki-Tierney, The Rice as Self: Japanese identity through time, Princeton, Princeton University Press, 1993.

[4] Clã é um grupo de indivíduos que acreditam estar ligados por um ancestral comum, real ou simbólico, humano ou divino. As pessoas de um clã não são necessariamente apenas parentes biológicos, pois podem estar unidas também por casamentos, adoções e supostos laços genealógicos. No caso específico dos clãs japoneses, os *uji*, sua identidade era dada por deuses locais dos quais o grupo se dizia descendente.

[5] W. Scott Morton, Japan, its History and Culture, New York, McGraw-Hill, 1984, p. 11.

[6] As relações com os reinos coreanos são motivo de controvérsia. Sabe-se que os japoneses empreenderam ataques ao litoral do então reino de Silla em 391. A busca por matéria-prima, possivelmente minério de ferro muito abundante no lugar, levou o reino de Yamato a conquistar a província de Mimana na parte sul da península coreana, o que se estendeu por 150 anos até 562.

# JAPÃO MEDIEVAL

Os primeiros séculos da história japonesa são marcados pelo processo de criação de um estado. O reino de Yamato era a região japonesa com contatos mais intensos com as culturas do continente asiático e por isso foi se desenvolvendo, alargando o seu domínio territorial e impondo-se sobre diversas áreas do arquipélago.

É a partir das tentativas de hegemonia política com uma centralização do poder (coisa aprendida dos chineses) por parte do reino de Yamato que podemos considerar o nascimento do Japão, ou melhor, é nesse momento que *reino de Yamato* e *Japão* (o país) passam a se confundir. A história do Japão começa com a construção do império de Yamato e o surgimento da ideia da ancestralidade mítica comum criada para dar legitimidade ao trono imperial e a uma aristocracia fundiária que ora começam a dirigir o país.

CONTATOS CULTURAIS, MUDANÇAS INTERNAS (552-710)

Os contatos ainda mais intensos que os japoneses passam a estabelecer com outras culturas, a partir do século VI, afetam seu modo de ver o mundo, transformando muito a maneira como se organizam social e politicamente, suas artes e suas crenças religiosas. As mudanças ocorridas entre os anos que vão de 552 a 710 são tão significativas e características que esse período ganhou o nome de período Asuka pelos historiadores.[1]

É bom lembrar que nessa mesma época em que não só o Japão, mas a civilização asiática em geral, vivia um momento de significativo desenvolvimento, com China e Índia à dianteira, o Ocidente cristão vivia fechado em si mesmo, praticamente estagnado em termos econômicos. No mundo asiático em franco progresso, o budismo desempenhou um importante papel.

De fato, a chegada do budismo ao território japonês foi um dos principais responsáveis pelas transformações, inclusive as políticas. Historicamente, determinadas

A figura de Buda transmite serenidade, mesmo
em estátuas enormes como esta em Nara, no templo Todaiji.

crenças e estruturas religiosas estabelecem relações diretas com o poder político, reforçando-se mutuamente, e o budismo no Japão não foi exceção.

O budismo levado aos japoneses é o de tipo chinês, já diferente do indiano. Essa crença os conduziu por um caminho até então desconhecido que é o do contato direto e estreito com a cultura chinesa. Sua introdução no território, nada pacífica, serviu como justificativa para disputas políticas de grupos poderosos com interesses conflitantes.

Em meados do século VI, já começa a se esboçar no arquipélago uma forma incipiente de organização política, o reino de Yamato, que tem à frente o imperador – como o grande chefe – e uma aristocracia formada pelos chefes dos clãs (*uji*) mais poderosos. Estes últimos eram uma elite possuidora de terras; gravitavam em torno da figura do imperador, disputando entre si o exercício do poder.

Essas disputas ficaram evidentes quando, em 552, o imperador japonês recebeu de presente do rei de Paikche (na atual Coreia) uma imagem de Buda. Na ocasião, ele teria expressado inquietação ao dizer: "A expressão deste Buda, que foi dado de presente pelo Estado do Oeste, é de uma dignidade extrema como nunca vimos antes. Ele deve ser venerado ou não?". Talvez previsse as dores de cabeça que teria com mais um motivo de conflito entre os poderosos do reino.

De fato, clãs rivais se manifestaram a favor ou contra não exatamente no que se refere ao budismo em si, mas como forma de medir suas forças e prestígio. Para tentar evitar conflitos, decidiu-se que os membros ligados à família Soga, simpatizantes do budismo, experimentariam a sua prática, enquanto as outras famílias continuariam cultuando os deuses ancestrais e as divindades locais, como mandava a tradição. Entretanto, quando uma peste assolou o país, os antibudistas a atribuem à vingança dos deuses nacionais e acirram sua oposição. A paz não é mais possível. Enfrentam-se antibudistas e pró-budistas, estes liderados pela poderosa família Soga. A contenda desemboca em guerra com a derrota dos oposicionistas ao budismo numa derradeira batalha em 587. O budismo é, então, declarado religião de Estado e adotado oficialmente no Japão.

Apesar da vitória, o budismo ficou restrito à aristocracia por muito tempo, enquanto os outros estratos da sociedade continuavam a venerar os seus deuses como antigamente. Com o passar do tempo, entretanto, o budismo começou a se impor. Entre os japoneses, os monges dos templos budistas não eram difusores apenas da religião, mas também da cultura chinesa, sobretudo da sua escrita de ideogramas, o *kanji*.

Inicialmente, a influência cultural chinesa chegava ao Japão na maioria das vezes por intermédio dos coreanos, como vimos. Essa influência era exercida principalmente por artistas, artesãos, arquitetos, escultores, pintores, copistas de sutra e outros técnicos que migravam para o Japão. Mais para frente, a influência chinesa passou a chegar diretamente: o Japão recebeu missionários e peregrinos enviados pelo próspero governo chinês com o propósito de difundir o budismo na Ásia oriental e aumentar sua zona de influência.

Ajudado também por seu caráter relativamente ecumênico, o budismo acaba atuando como "agente de ligação" entre povos distintos ao mesmo tempo em que sofre transformações por toda parte em que se estabelece, diferenciando-se em muitos aspectos de suas formas originais. Os primeiros mosteiros, para monges e monjas, e templos budistas construídos no Japão imitavam as construções chinesas, embora de madeira, um material frágil, alguns foram conservados com tanto cuidado que podem ser apreciados ainda hoje, muitos séculos depois. O templo Horyuji, da época do príncipe Shotoku, reconstruído em 708 depois de sua destruição por um incêndio, é a mais antiga construção em madeira do mundo. No Japão, o budismo "desabrocha" e com o tempo vai ganhar características próprias.

Muitos outros aspectos da cultura chinesa também provocam admiração no Japão. As elites japonesas, num primeiro momento, adotam de bom grado técnicas e modas da China – da escrita[2] à pintura na seda, da fabricação de papel à astronomia, da arquitetura e do planejamento urbano ao sistema de defesa das costas, do regime fiscal à adoção de moeda, de formas de administração ao cerimonial da corte, além de penteados, roupas e gestos. Dança e música chinesas também penetram na corte. Estilos poéticos são adaptados ao idioma japonês. No século VII, japoneses enviados à China para aprender ciências (especialmente Medicina) e artes chinesas voltam com fascinantes relatos dos sucessos da economia e da política do vizinho do continente. O governo japonês também trata de organizar trocas regulares, incluindo viagens comerciais anuais à China, e os empréstimos culturais e tecnológicos aumentam.

Com o tempo, os costumes chineses começarão a ser imitados mais seletivamente e o Japão passará a desenvolver práticas diferenciadas próprias que lhe conferirão maior individualidade.

O estilo de governo chinês, com o poder mais centralizado, também pareceu atraente aos poderosos do reino de Yamato no final do século V. Esse estilo foi considerado mais conveniente naquela etapa em que a autoridade imperial estava se impondo e se sobrepondo à dos clãs locais.

Porém, o modelo não pôde ser seguido à risca. É importante salientar que, a partir da primeira tentativa de centralização, o imperador passa a ser assessorado por membros de determinadas famílias aristocráticas que, na realidade, são os que verdadeiramente governam. Essas famílias adquirem prestígio e poder, unificando, pela força ou por alianças, os *uji* locais e, portanto, estendendo as suas áreas particulares de plantio e influência.

Num primeiro momento, é a família Soga que cumpre esse papel. O príncipe Shotoku (572-622), um jovem de 21 anos, filho da imperatriz Yomei, assume o posto de regente de sua mãe apoiado pelos Soga.

Leis para um novo Japão

No poder, a família Soga dá uma contribuição importante para a história do Japão com a chamada *Constituição dos 17 Artigos do Príncipe Regente Shotoku*, datada de 604. É o primeiro documento em língua japonesa e o esteio filosófico do governo japonês através de toda a sua história a partir de então.

Esse documento, na época, serviu de base para a instituição de um governo autoritário, mas não absoluto. Ele previa poder político e burocracia centralizados, além de exigir respeito pelos valores budistas e confucianos. Os *17 Artigos* não são

O templo Todaiji em Kyoto. No período em que foi construído, o templo abrigava objetos artesanais, hoje considerados tesouros nacionais.

propriamente uma Constituição, mas, sim, um guia para os governantes que inclui até aspectos éticos. Em termos teóricos, defende as virtudes da harmonia, da regularidade e do desenvolvimento moral dos governantes. Estes teriam o dever de garantir o bem estar de seus subordinados, porque sua autoridade advém do desejo do Céu, um dos três componentes do universo. Os outros componentes seriam os Homens e a Terra. O imperador é o elo entre essas três esferas. Por isso, *tenno*, em japonês, significa "imperador celeste". Seu poder é essencialmente hereditário e abarca as esferas temporal e espiritual (desde o reino de Yamato até o final da Segunda Guerra Mundial, a posição do imperador diante da sociedade japonesa não sofre mudanças quanto à questão de sua divindade).

"Num país não há dois senhores, o povo não tem dois mestres. O soberano é o mestre do povo de todo o país", diz o artigo 12 do documento, justificando

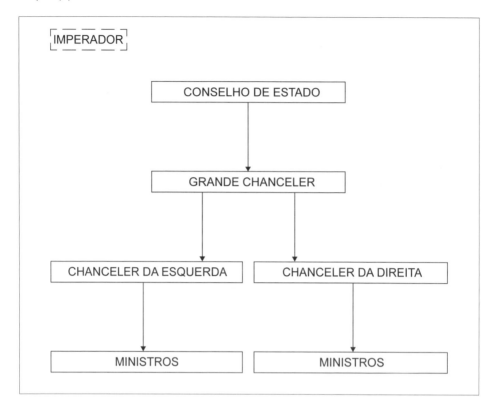

Esquema de administração do Japão sob a Reforma Taika.

a centralização de poder. O mesmo texto ainda permite, embora na prática isso nem sempre tenha ocorrido, que os governantes quebrem com os privilégios da hereditariedade até então vigentes e escolham os funcionários da burocracia e do exército com base no mérito.

Vinte e dois anos depois da morte do príncipe Shotoku, um outro documento complementa os *17 Artigos*. Foi produzido pelo príncipe regente Naka-no-Oye e por Nakatomi Kamatari, descendente de uma das famílias derrotadas pelos Soga no passado. Ambos, ex-colegas de estudos sobre o confucionismo, haviam executado o imperador Iruka Soga e o seu sucessor, inaugurando a fase em que a família Fujiwara detém a hegemonia política no país.

O documento institui a chamada Reforma Taika ou a Grande Mudança (645) e aumenta o poder imperial ao decretar que todas as terras do Japão pertencem oficialmente ao imperador. Os nobres, grandes proprietários, passam a ser considerados auxiliares de confiança e tem a função de zelar pelo patrimônio imperial. Para tanto, recebem o cargo de governadores provinciais ou alguma outra função burocrática no governo central. Os que continuam a viver em suas terras o fazem como deferência do imperador. A oferta de postos no governo é uma forma de manter as famílias aliadas ao poder central.

Em teoria, pela Reforma, a nobreza ficava espoliada de suas terras. Mas, antes de vigorar a lei, os chefes dos clãs mais importantes já haviam recebido enormes compensações. Além disso, passavam a fazer jus a elevados vencimentos (por conta dos postos elevados que ocupavam) e outros ganhos de vários tipos (até taxas pagas em arroz) e ainda ficavam isentos de impostos e do cumprimento do serviço militar.[3] Regalias e privilégios são oferecidos também às instituições religiosas, xintoístas e budistas.

A Reforma Taika previa ainda:

- divisão administrativa das "províncias internas" e das "províncias externas" ligadas entre si por um sistema de comunicações, estradas e pontes (quem dirigia de fato as províncias eram funcionários de escalões secundários nomeados por mérito);
- confecção de registros da população com o objetivo de, ao dividir as terras para o cultivo de arroz usando o critério do número de pessoas por família, estabelecer a cobrança proporcional de impostos;
- criação de um sistema de impostos também sobre a produção agrícola e têxtil;
- instituição de ainda um outro imposto, cobrado na forma de trabalho compulsório (como a corveia europeia);
- implementação do serviço militar obrigatório no qual o soldado vive às suas próprias expensas (o soldado deve fornecer seu equipamento e sua alimentação, continuar a pagar seus outros impostos e contribuir também para o equipamento geral).

Essas normas não foram totalmente obedecidas e nem se estenderam por todo o território sob o domínio do império (que nessa época era praticamente todo o Japão de hoje com exceção da ilha de Hokkaido e de Okinawa). Porém, seriam aperfeiçoadas, anos mais tarde, com o *Código Taiho* (702), que delineou formalmente os sistemas de governo e administração: criou os ministérios, sendo os mais importantes aquele ligado às questões religiosas e o Grande Conselho de Estado, a cúpula administrativa de uma pirâmide cuja base eram as instituições locais. O Ministério dos Assuntos Civis encarregava-se de promover os registros da população e as coletas de impostos, gerenciar celeiros que guardavam os tributos pagos em espécie, uniformizar pesos, medidas e preços, regulamentar indústrias artesanais (como a tecelagem e a laca) e manter estradas e pontes.

O código procurava regular também a vida na corte imperial: as relações de casamento, as formas de promoção, as sucessões, os rituais funerários, as manifestações musicais, o recebimento de delegações estrangeiras, a burocracia que controlava templos e monges.

A Reforma Taika e o *Código Taiho* são marcos importantes no campo político japonês, entre outras coisas, porque favorecem uma certa unidade nacional e apontam as diretrizes do sistema de poder que, na teoria, centraliza a autoridade imperial, mas, na prática, fortalece grupos da aristocracia que gravitam na corte em permanente luta por prestígio e poder. Mesmo querendo imitar os chineses, o poder central japonês ainda era fraco para impor toda sua vontade. Em um país agrário, cujas referências sobre poder e autoridade são produzidas em grande parte pelas relações locais, os interesses particulares eram reforçados, ainda, pela geografia recheada de ilhas e montanhas.

EM TRILHAS PRÓPRIAS (710-794)

Nara se tornou a primeira capital permanente em 710 e o primeiro centro urbano do Japão (que antes conhecia apenas tímidas aldeias). A fixação de normas para a corte implicou seu estabelecimento num único local, considerado a capital do país. Até então, a corte se movia quando o imperador falecia, porque o local passava a ser considerado impuro para o sucessor; a sede do trono girava em torno de Nara, Kyoto e Osaka.

Nara é projetada seguindo o estilo da capital da dinastia Tang chinesa, a cidade de Xian; são construídos palácios para abrigar a aristocracia e templos e santuários para os religiosos budistas e xintoístas mais graduados. A aristocracia que vive na capital tenta imitar os modos da corte Tang, da China, no fausto, na etiqueta, na pompa das cerimônias. A estética chinesa é também copiada na construção e decoração dos palácios e templos.

É nessa época que se introduz o costume, que perduraria por séculos, de as mulheres casadas pintarem os dentes de preto antes de aparecerem em público. O ideal de beleza é o da pele branca, que denota uma vida longe das intempéries, colocando em contraste, assim, a nobreza com o restante da população. Para isso, usam de artifícios como o pó de arroz.

Em Nara passam a se concentrar atividades ligadas a artes, escrita, filosofia chinesa, estudos do budismo. Os avanços artísticos e intelectuais japoneses, por inspiração chinesa e posterior desenvolvimento próprio, limitam-se nessa época ao usufruto das elites da capital.

O desenvolvimento da escrita japonesa permite a profusão de arquivos, registros, editos e ordens escritas, favorecendo a administração governamental. Também surgem as primeiras obras. São dessa época as "histórias nacionais": o já citado *Registro de assuntos antigos*, de 712, e as *Crônicas do Japão*, de 720.[4]

Mais tarde, em 780, é produzida a *Coleção de mil folhas*, uma compilação de cerca de 4.500 poemas japoneses de autoria de príncipes e nobres, mas também de camponeses, tratando de temas ligados ao amor e à natureza. O poema transcrito abaixo provavelmente foi escrito por uma mulher camponesa:

> Enquanto outros maridos cavalgam
> Ao longo da estrada Yamashiro,
> Você, meu marido, caminha a pé.
>
> Cada vez que eu o vejo ali eu choro
> Ao pensar nisso meu coração dói.[5]

Também nesse período, o culto budista crescia consideravelmente, aumentando o poder político dos monges. Em 622, setenta anos depois de sua introdução no Japão, havia 46 monastérios, e em 692 já eram 545. O budismo adquiriu tamanha força que, em 752, o templo Todaiji é consagrado e abriga uma grande imagem de Buda de quinhentas toneladas, além de tesouros de armas, pinturas, instrumentos musicais, cerâmica e objetos de metal (estes últimos vindos da China, Ásia Central e talvez da Pérsia, frutos do intercâmbio comercial da China com essas regiões) e os registros da população de origem japonesa.

Trabalhadores e proprietários

No período Nara, reforça-se o fosso entre a vida dos que habitavam a capital e a do restante da população, voltada para o trato da terra e o artesanato. As famílias nobres que vivem na capital usufruem uma condição privilegiada graças às brechas do sistema criado pelos dois códigos de regulamentação, sobretudo pela Reforma Taika, no que concerne à questão da propriedade exclusiva das terras pelo imperador. Na verdade, ordens religiosas budistas, funcionários graduados, cortesãos, enfim, todos os que gravitam em torno das famílias nobres, além das próprias, é claro, acabam recebendo terras, que exploram sem se subordinar ao sistema vigente e sem pagar, portanto, tributos à corte.

Um outro fator que mina o sistema de propriedade das terras previsto pelos códigos é a expansão das terras cultiváveis. O direito de cultivar as terras (concedido pelo imperador) é vitalício, mas não hereditário. Aos 6 anos, a pessoa recebe uma porção de terra para cultivar durante a sua vida. Essa porção corresponde a 2.428 m² para os homens e 1.985 m² para as mulheres. O imposto a pagar por isso é de 3% sobre a produção. Além disso, cada chefe de família (adulto do sexo masculino) tem também que pagar um imposto (cobrando também sob a forma de produtos de artesanato) por cada membro de sua família. Todo o transporte das mercadorias, do local da produção até a capital, por exemplo, é responsabilidade do produtor. O camponês tem ainda que prestar serviço militar e cumprir sua cota no trabalho compulsório em terras públicas ou templos durante sessenta dias por ano, sendo que, nesse período, deve garantir a própria subsistência.

Com o aumento da população a demandar mais alimentos, o governo imperial decreta, em 743, que todo aquele que desbravasse novas áreas para o cultivo do arroz poderia se tornar proprietário dessas áreas se pagasse determinados impostos. Essa brecha deu oportunidade para as camadas privilegiadas aumentarem ainda mais a extensão de suas terras, já que o sistema de arrecadação de impostos era extremamente desfavorável ao pequeno agricultor. Para as famílias que dependiam exclusivamente da agricultura para sobreviver, a busca de novas terras não era vantajosa. Os pequenos agricultores que conseguiam abrir novos campos para cultivar viam-se sem condições de arcar com todos os encargos decorrentes. Acabavam doando informalmente terras sob sua responsabilidade para proprietários maiores, mantendo uma área de cultivo para sua sobrevivência e pagando os tributos equivalentes à produção a esses grandes senhores de terras.

Um membro da família Fujiwara, por exemplo, tinha sob seu controle 20 dessas propriedades espalhadas em 19 províncias, assim como o templo Todaiji, de Nara, controlava propriedades em 23 províncias das 66 existentes na época.[6]

Verifica-se também o aumento do número de andarilhos e bandoleiros, pessoas que não encontraram condições de se encaixar no sistema vigente, ao passo que a aristocracia e os religiosos ascendem e crescem dentro do próprio sistema.

AS BASES DO FEUDALISMO JAPONÊS (794-1185)

Ao longo dos séculos IX ao XI, as propriedades privadas (*shoen*) formadas fora do sistema prescrito pela Reforma Taika (que dizia que todas as terras eram públicas) cresceram em número. Eram autônomas no sentido de se autossustentarem sem ter de pagar impostos. Essa autonomia, porém, necessitava da autorização dos funcionários mais altos da hierarquia burocrática que, por sua vez, dependiam dos grandes proprietários para a sua nomeação.

Isso ocorreu porque, com o decorrer do tempo, os cargos mais altos da burocracia, honoríficos, acabaram se tornando hereditários. Os funcionários que exercem funções de fato eram aqueles dos escalões inferiores que obtiveram suas nomeações das mãos dos mais graduados. Assim foi se criando um círculo estreito em que predominava um sistema de privilégios controlado pelos grandes senhores de terras que acabavam sendo os proprietários e os que verdadeiramente davam as cartas na política.

Os pequenos agricultores recebiam desses senhores a garantia de poder cultivar em suas terras e serem por eles protegidos em troca do pagamento de impostos. Acabavam permanecendo atrelados às terras por gerações seguidas, o que configurava uma quebra nas normas previstas na Reforma Taika. Por isso, o cultivo dos mesmos terrenos por membros de uma mesma família era também visto como uma deferência dos senhores mais poderosos, que afirmavam estar defendendo os pequenos agricultores das sanções legais, bem como suas áreas de cultivo.

Para manter seus domínios, defender-se dos rivais e ocupar terras públicas, não só de áreas cultiváveis conforme previsto legalmente, mas também de florestas e montanhas, os grandes senhores cercaram-se de milícias particulares. Os governadores provinciais, por sua vez, passaram a se armar para defender os interesses do Estado, embora esses governadores dependessem dos senhores mais poderosos para manter seu cargo.

Forma-se então uma rede complexa de relações de dependências entre interesses locais, regionais e da corte, com os membros da família Fujiwara no seu topo. A hegemonia dessa família perdura por três séculos, do VIII ao XI. Ela se mantém através da estratégia de casamentos com os membros da família imperial. As mulheres Fujiwara se tornam esposas ou concubinas dos imperadores de forma que os laços de casamento criam uma extensa rede de parentesco que assegura o fortalecimento de toda a estrutura hierarquizada e de dependências.

Em 794, a capital muda novamente. Dessa vez, vai para um local rodeado de montanhas, cortado por um rio na província de Yamashiro: Heian (que mais tarde vai se chamar Kyoto). Heian, cujo nome significa "cidade da eterna paz e tranquilidade", como Nara foi concebida segundo os padrões chineses da dinastia Tang (Heian permanecerá como capital do Japão até 1868).

Nos quatro séculos que dura o período Heian, a posição da família Fujiwara se consolida junto ao trono. Isso ocorre, entre outros motivos, graças à instituição do cargo de regente aberto a pessoas que não são membros diretos da família imperial. O regente (*sesshu*) permanece em suas funções mesmo depois da maioridade do imperador, o que significa que este não tem de fato o governo em suas mãos. É criado também o poderoso cargo de conselheiro-chefe (*kampaku*). Ambos os cargos são ocupados por gerações da família Fujiwara, que, assim, mantêm institucionalmente a sua hegemonia política na corte.

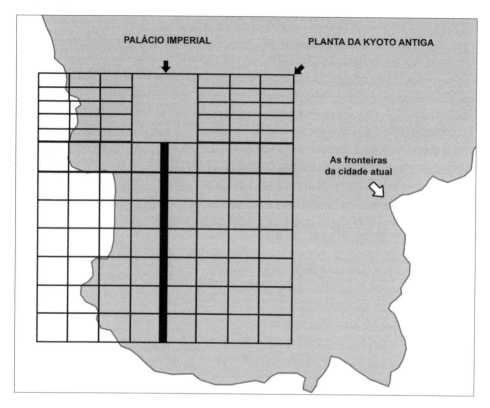

Planta comparativa da Kyoto antiga (Heian) e da Kyoto atual.

Poderes locais

A tendência de deterioração do controle central das províncias se acentua com o tempo. A incompleta centralização política e administrativa efetuada pelas codificações do século VIII começa a decair ainda mais e não apenas pelas brechas criadas pelo próprio sistema.

Os membros da aristocracia acomodada na corte ficam longos períodos ausentes das terras em que têm influência, delegando funções e cargos para as instâncias provinciais e regionais. Por sua vez, os funcionários nomeados, próximos às realidades locais, tornam-se mais poderosos. Assim, a corte em Kyoto usufrui uma vida de luxo às expensas dos tributos pagos pelo restante do país, enquanto nas províncias desenrolam-se intrincadas lutas por terras e poder fora da esfera cortesã.

Esse fenômeno possibilita que a administração, a defesa e a coleta de impostos sejam direcionadas para suprir os interesses locais, dando inclusive oportunidade para desvios de impostos para enriquecimento de certos administradores corruptos. Ou seja, estes burlam as leis, criam em torno de si poderes paralelos aos interesses centrais. Em consequência, multiplicam-se as rixas locais por poder e acesso a mais terras. Multiplicam-se também as milícias para ataque e defesa e controle sobre os lavradores.

Os samurais (*bushi*) têm sua origem nesse contexto. Seu trabalho é visto como eficaz e cada vez mais necessário para a manutenção dos poderes adquiridos, nem sempre conforme os antigos códigos legais. Governadores, burocratas das províncias, administradores das propriedades privadas e até os líderes dos mosteiros budistas[7] procuram ter suas próprias milícias. Assim, os samurais crescem em número e em importância.

Toda a gama de grupos que forma a elite japonesa se organiza a partir do século x com os samurais exercendo um papel preponderante para a manutenção dos interesses de seus chefes. A lealdade ao chefe é a marca dos guerreiros samurais ao longo de toda a história japonesa subsequente.

No início, são guerreiros rudes, mal armados e treinados, que auxiliam os senhores locais a manter as suas propriedades. Muitos deles são agricultores na maior parte de suas vidas. Com o passar do tempo, esses guerreiros sofisticam seus métodos de luta, os armamentos se aperfeiçoam e, mais do que isso, os samurais se tornam uma casta com seu código de valores próprios, o *bushido*.

Eles desdenham a vida na corte e se voltam para o campo, dedicando-se ao aperfeiçoamento da arte de lutar, da estratégia de batalhas, com o objetivo de defender territórios conquistados e agregar mais terras aos domínios dos chefes locais que os mantêm. A lealdade pessoal é fundamental.

Famílias guerreiras

No contexto das lutas pela predominância local e regional, dois clãs começam a se destacar: os Taira e os Minamoto.[8]

Os Taira eram descendentes de um dos filhos mais novos do imperador Kammu (morto em 816), governador de uma província do leste. Com o tempo, ampliaram sua influência nas partes central e oriental do país, controlando, sem suprimir, a pirataria no mar Interior. Os homens mais importantes dessa família eram Tadamori e Kiyomori.

Os Minamoto tornaram-se uma família independente a partir de 961, dominando as planícies de Kanto e a parte nordeste do Japão. Yorimitsu e Yorinobu eram os homens mais destacados dessa família, muito ligados à família Fujiwara, cuja influência ainda era predominante na corte. Os inimigos os chamavam de "cachorrinhos dos Fujiwara".

Esses dois clãs viveram por um longo período na corte, ocupando apenas cargos honoríficos. Paulatinamente, porém, tornaram-se *famílias guerreiras*, como várias outras depois delas. As famílias guerreiras eram aquelas constituídas por senhores de terra que tinham samurais a seu dispor ou por samurais que eram também senhores de terra e formavam seus próprios clãs.

Aos poucos, a forma de administração chinesa e a relevância dos títulos hereditários foram sendo substituídas por um sistema de poder exercido por líderes de clãs que alicerçavam sua hegemonia pelo uso da espada. Sem poder, as antigas instituições – o imperador, os nobres, os cargos honoríficos e a capital Kyoto – permaneceram, mas sem muito sentido.

A mudança de poder se explica pela distância entre a corte e o dia a dia nas terras. Sem o nobre controlando diretamente as terras, os camponeses e artesãos iam se desvinculando de suas obrigações para com seus antigos superiores nobres e se voltando em lealdade aos senhores guerreiros, capazes de os defender.

Ao mesmo tempo, aumentava a rivalidade entre os dois clãs mais importantes. Entre 1158-1185, as famílias Taira e Minamoto travaram uma guerra sangrenta.

Em 1159, depois de derrotar temporariamente os Minamoto e os Fujiwara, aliados naquele momento, o clã Taira chega ao poder. A ascensão deste é visível quando, oito anos depois, um membro da família se torna ministro-presidente, o primeiro samurai a ocupar um cargo antes restrito aos membros da família imperial ou aos nobres tradicionais. O poder dos Taira se consolida com a mesma estratégia dos Fujiwara de se misturar com a família imperial por alianças seladas através de casamentos. Por cerca de trinta anos, a família Taira se mantém hegemônica indicando seus membros para preencher cargos nas províncias onde seu poder era mais frágil. Promove melhorias na infraestrutura do país e volta a reatar relações com o exterior, sobretudo com a China. A fase dos Taira no poder é um período de transição em que a administração montada pelos Fujiwara convive com a ascensão da nova classe dos guerreiros.

Nesse período, os Taira se defrontam com clãs menores em disputas frequentes. Enquanto isso, os Minamoto aumentam a sua área de influência e as duas famílias se enfrentaram novamente. A disputa final entre as duas famílias japonesas mais poderosas do século XII é a batalha naval de Danno-ura, em 1185, perto do canal de Shimonoseki, entre as ilhas de Honshu e Shikoku, quando os Minamoto derrotam os Taira.

Desenvolvimento cultural

O período Heian é lembrado na história japonesa pelo seu esplendor cultural. Nessa época, a influência vinda da Coreia e da China vai perdendo força. E as lições aprendidas são reinterpretadas e modificadas pelos japoneses.[9] É o que acontece com a escrita chinesa: ela é simplificada e adaptada à fonética japonesa. As artes visuais e o artesanato também têm as suas matrizes na Coreia e China, mas os artistas e artesãos japoneses ensaiam o uso de novos materiais, desenvolvem técnicas e criam estilos que, com o passar do tempo, ganham características próprias.

A literatura merece um destaque especial pela obra *Histórias de Genji*, de Murasaki Shikibu, do ano 1000, romance escrito por uma mulher da família Fujiwara, cortesã em Kyoto, sobre os amores de Genji. Murasaki Shikibu aprendera a escrever observando as aulas que seu irmão tomava, pois na época em que viveu não se esperava que uma

O refinamento da aristocracia que vivia em Kyoto retratada no clássico *Histórias de Genji* aparece nesta pintura do século XVI.

mulher aprendesse a escrever; a escrita estava restrita aos homens nobres. Coincidência ou não, *Notas do meu travesseiro*, de Sei Shonagon, e o diário *Kagero Nikki* são também escritos por mulheres e tratam da vida na corte.

A ASCENSÃO DOS XOGUNS (1185-1333)

Yoritomo Minamoto é o novo senhor do Japão em 1185, depois da vitória sobre o clã dos Taira. O local de referência do clã Minamoto era a cidade de Kamakura, situada ao norte da atual cidade de Tóquio. Kamakura ficava na planície de Kanto, aquela com a maior área disponível para a agricultura. Longe, portanto, da capital Kyoto, onde a corte imperial permanecia tal como antes. A distância com relação ao centro da política imperial não é coincidência, pois foram nas regiões mais afastadas que os clãs guerreiros ganharam força enquanto o poder imperial se enfraquecia. Assim, o período em que os Minamoto ficam no poder é conhecido com o mesmo nome da cidade: Kamakura, um dos três grandes períodos em que vigora o xogunato japonês, ou o "governo dos generais".

Nesse sistema, o chefe militar, o xogum, não substitui o imperador, mas exerce o poder de fato, premiando os seus seguidores mais leais com propriedades alienadas dos inimigos e garantindo a eles uma renda. Enquanto isso, a corte vive tal como o estabelecido no Código Taika do século VII, com o imperador politicamente isolado, mas mantendo-se como poder nominal e circundado por uma aristocracia urbana agora decadente.

As famílias samurais Fujiwara e Taira perdem a força ao passo que os Minamoto controlam todo o Japão com a força de suas espadas. Com eles, o poder político se desloca para o leste e norte.[10] Desde os tempos do reino de Yamato, toda a história japonesa se desenrola em torno da região de Kansai, da capital Kyoto, e nas regiões sul e oeste. Os Minamoto abrem o leque e firmam a supremacia militar a partir de outra área, alargando o espectro da história nacional.

O xogum governa apoiado por um exército de guerreiros samurais. Inicialmente, esse governo encabeçado pelo xogum pretende dominar todo o Japão, unificando a nação pela força intimidadora das armas, das alianças com outros chefes samurais e da repressão aos rebeldes e rivais, contando também com o estabelecimento de uma hierarquia bélica e administrativa sólida e organizada, controlada a partir da cidade de Kamakura.

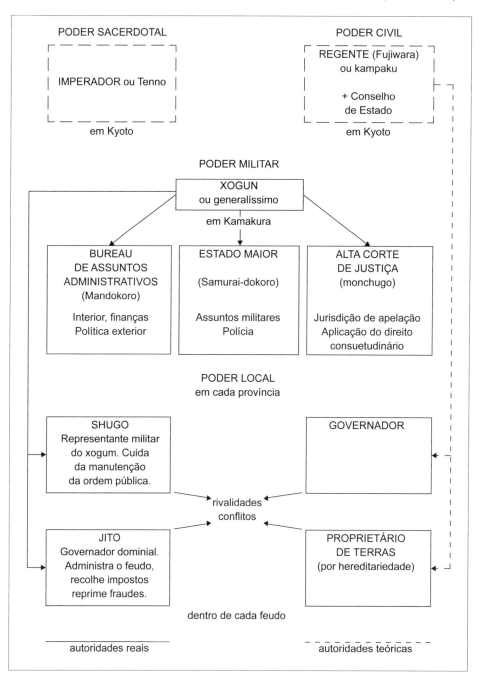

Esquema do governo na época do xogunato Minamoto.

Entretanto, com o tempo, esse próprio sistema fará com que se desenvolva no território japonês uma espécie de feudalismo, pulverizando o poder político no país. O Japão se transformará num aglomerado de tênues poderes locais sob a égide de algum chefe militar mais poderoso. Vejamos como.

Para se fortalecer e manter a hegemonia sobre os outros chefes militares, Yoritomo Minamoto colocou seus guerreiros mais leais nas áreas em que os Taira antes dominavam. Para consolidar ainda mais sua liderança, determinou que somente aqueles guerreiros que tivessem a sua aprovação poderiam ser considerados samurais. Estabeleceu, então, uma hierarquia dentro da classe guerreira. Os primeiros chefes de linhagens de samurais eram, portanto, os aliados de Yoritomo. Com o passar do tempo, outros, inclusive descendentes dos antigos inimigos Taira, se recuperaram incorporando-se a essa restrita "nobreza militar".

Cada um dos senhores mais poderosos com seu grupo de guerreiros sob o comando de um samurai tinha uma insígnia que o identificava gravada nas bandeiras levadas durante as batalhas. O samurai propriamente dito lutava sobre um cavalo, tinha a sua espada forjada especialmente para si por artesãos que se especializaram nessa tarefa, além de usar armaduras e elmos com as cores de seu senhor. Os guerreiros de condição inferior, subordinados aos samurais, lutavam a pé e com armaduras mais leves; alguns destes guerreiros podiam ascender na hierarquia caso sua bravura nas batalhas fosse reconhecida.

A administração no período Kamakura convive com a do passado, mas alguns cargos novos são criados para se adaptar à nova conjuntura e consolidar a posição do chefe supremo dos samurais. Começa com o reconhecimento do posto de xogum como o mais alto na hierarquia do país. Xogum significa "comandante-chefe", ou "generalíssimo", que governa a partir de seu *bakufu* (nome do local de onde se espraia o poder; na transcrição literal significa "posto militar"), dali comanda toda a rede dos seus subordinados.

Yoritomo Minamoto torna o título de xogum permanente e hereditário,[11] atribuindo-se o direito de governar o Japão em nome do imperador. Coloca em cada província um representante militar do xogum (*shugo*) para cuidar da manutenção da ordem e cria o cargo dos *jito*, arrecadadores de impostos monetários e em espécie que ficam com parte dos rendimentos das colheitas da área sob sua responsabilidade e os redistribuem a quem é de direito, inclusive ao proprietário da terra em que foi feita a colheita. Os *jito* são encarregados de enviar para Kamakura um imposto especial de 2% sobre todas as colheitas, de terras públicas e privadas, acabando com a antiga isenção de pagamento pelas regras imperiais. Ambos, *jito* e *shugo*, são uma combinação de autoridade civil e militar e seus cargos são estáveis e hereditários, tendendo a ser muito rentáveis a seus ocupantes.

Um novo órgão, o Conselho Político, dirigido pelo *shikken,* fica responsável pela administração dos assuntos ligados às grandes famílias poderosas, elaborando políticas públicas de interesse delas. A Suprema Corte Judicial de Apelação, outra novidade, além de ser uma forma de salvaguardar os interesses da família Minamoto no poder, torna-se a referência para todos os litígios, mesmo dos nobres que continuavam a viver na capital.[12] Justamente por envolver famílias nobres, torna-se uma instância que proporciona a aproximação entre a corte de Kyoto e o *bakufu* Kamakura, reduzindo o contraste entre o luxo dos cortesãos e o padrão austero e frugal dos guerreiros.

Depois da morte de Yoritomo em 1199, seguida de uma série de episódios de traições e assassinatos, os Minamoto são afastados da cúpula do poder, permanecendo apenas nominalmente à frente do xogunato. O poder passa a ser exercido pela família Hojo, cujo chefe se torna regente do xogum (o xogum então perde seus antigos poderes) e passa a controlar também o Conselho Político e a Suprema Corte.

Com a hegemonia política dos Hojo (1219-1333), o Japão vive um século de relativa paz, interrompida apenas por uma tentativa malsucedida de derrubar o xogunato por parte de nobres leais ao imperador. Estes foram derrotados, e a prisão, exílio ou execução dos líderes abriu o caminho para a consolidação dos novos detentores do poder.

O xogunato e o poder imperial

Momentos de tensão entre o poder imperial e o militar continuarão presentes na história posterior do Japão, pois, com o xogunato, ambos conviviam com as suas prerrogativas: o controle militar nas mãos do xogum e a chefia suprema simbólica do Japão exercida pelo imperador.

É importante ter em vista que, por oitocentos anos, enquanto durou o xogunato, parte do sistema administrativo dos períodos anteriores se manteve. O xogum mantém a sua posição graças ao controle sobre os poderes locais e a arrecadação de impostos para a manutenção do sistema.

Os chefes militares, samurais (eles mesmos proprietários ou a serviço de um senhor de terras), "protegem" as propriedades e seus moradores em troca de impostos, no caso do samurai com domínio próprio, ou de sustento, no caso do samurai que trabalha para alguém.

Os guerreiros locais mantêm uma rede de lealdades para com os seus chefes superiores, culminando com os samurais mais importantes no topo dessa hierarquia militar, garantindo, assim, a continuação do sistema. A função última dos guerreiros é garantir o interesse de seus domínios e do domínio de seus senhores.

Essa estrutura não exclui, porém, lutas intermitentes para o domínio, por exemplo, de terras que nominalmente continuam sendo dos nobres acastelados em Kyoto. Há também ocasiões em que surgem lideranças locais em busca de maior influência política, provocando, assim, alianças que, às vezes, atingem escalas maiores, chegando à própria corte imperial (nestes episódios não faltam negociações, traições, crimes, estes largamente explorados na literatura e no cinema). Enfim, interesses conflitantes envolvendo o controle de terras acabam frequentemente em lutas que mudam a geografia política nos diversos cantos do país.

Zen-budismo

No plano da religião, correntes do *zen*-budismo são introduzidas no Japão entre os séculos XII e XIII. Sua aceitação no meio samurai foi decisiva para a sua divulgação. Os samurais valorizavam a simplicidade, a frugalidade, e o *zen*-budismo ensinava exatamente esses valores. O contraste com as seitas budistas disseminadas até então entre os nobres da corte era visível. Ali, as cerimônias eram pomposas. Para o samurai, ao contrário, bastava um local silencioso para que pudesse praticar a sua religião.

Nessa época, o budismo se dividia em seitas: Jodo (Terra Pura), fundada em 1175, e Nichiren, surgida em 1253. Ambas ensinavam que para alcançar o Nirvana era preciso repetir o mantra *Namu Amida Butsu*. O *zen*-budismo era uma releitura que simplificava mais ainda a religião. A simplicidade foi decisiva para conquistar seguidores nas camadas populares e aumentar a competição permanente entre os templos budistas e entre estes e vários santuários xintoístas.

As versões japonesas do budismo ofereciam oportunidades espirituais e sociais para algumas mulheres. Certos líderes budistas destacaram a iluminação pessoal, ressaltando a capacidade das mulheres quanto a isso e determinando que elas também tivessem "oportunidade de salvação". O líder zen Dogen declarou: "Quando falamos de pessoas nobres, isso certamente inclui mulheres. Aprender a Lei de Buda e alcançar libertação da ilusão não tem nada com ser homem ou mulher [...]. Não perca seu tempo em discussões fúteis de superioridade de um sobre o outro".

No zen-budismo, cada pessoa interpreta o significado de jardins, como este, em Kyoto.

O clero budista empenhou-se em levar a religião para as mulheres, ainda que, contraditoriamente, alguns santuários budistas temessem que as mulheres pudessem trazer profanação. Em raras ocasiões, as mulheres alcançaram altas posições no budismo, chegando a mestres na escola japonesa zen e dirigindo redes de mosteiros. Uma dessas raras mulheres foi Mugai Nyodai, que, no século XIII, comandou mais de 15 templos e mosteiros zens. Isso obviamente não era regra, e mais tarde a ideia da impureza feminina seria reforçada, diminuindo ainda mais as suas oportunidades.[13]

As invasões mongóis e os ventos divinos

Até o século XIII, o arquipélago japonês não tinha sido ameaçado de invasão por nenhuma força estrangeira. Os intercâmbios comerciais com chineses e coreanos ocorriam de forma pacífica, o que favoreceu também a troca cultural e religiosa. Nunca houve necessidade de reunir as forças militares para impedir qualquer assédio do exterior. Porém, em 1274 e 1281, os japoneses tiveram que se defrontar com forças mongóis enviadas por Kublai Khan.

Pouco antes de se instalar em Pequim em 1279, Kublai Khan planejou aumentar os domínios do avô Gengis Khan e conquistar Japão e Java. Enviou primeiro emissários para exigir a capitulação do Japão. A fama da crueldade dos mongóis já tinha chegado ao país, de forma que os nobres japoneses estavam quase cedendo à pressão e capitulando quando representantes do *bakufu* Kamakura chegaram e cortaram as cabeças dos emissários de Kublai Khan, dando assim sua resposta curta e grossa ao chefe mongol.

A reação não tarda. Em 1274 os mongóis chegam à baía de Hakata, ao norte da ilha de Kyushu, com uma esquadra com quarenta embarcações coreanas e quarenta mil soldados. Entretanto, quando começam o desembarque, um forte tufão os obriga a recuar e retornar ao continente.

A segunda tentativa de invasão mongol ocorre em 1281, com 150 mil homens em navios de origem coreana e chinesa. Desembarcam, afinal, em Hakata. Desde a primeira invasão, entretanto, os chefes militares de Kamakura preparavam-se para uma inevitável segunda tentativa de ocupação. Com o intuito de dificultar a invasão, construíram ao longo da baia de Hakata e nas ilhas ao seu redor uma rede de muralhas. Soldados japoneses também estavam mobilizados para entrar em ação a qualquer momento.

Os mongóis tinham uma artilharia superior à dos japoneses e estavam acostumados a lutar nos vastos espaços das planícies do continente com a sua cavalaria avançando com rapidez. No Japão, os espaços eram estreitos e havia ainda o obstáculo das tais muralhas construídas. Apesar dessas dificuldades, estavam começando a superar a resistência japonesa quando um novo tufão varreu a região e desmantelou parte da frota invasora. Pela segunda vez, os mongóis tiveram que se retirar.

A força da natureza interferiu no curso da história japonesa de tal forma que impediu a extensão do império mongol ao Extremo Oriente. Os episódios foram tão marcantes que os japoneses passaram a chamar sua terra de "arquipélago dos deuses" depois da retirada definitiva dos mongóis. Afinal, havia sido o *kamikaze* (vento divino) que expulsou os invasores dessa terra inexpugnável. Esses episódios reforçaram a crença dos japoneses de que a sua terra é divina.

Revoltas internas

A tentativa de invasão dos mongóis, porém, tem repercussões internas, criando problemas aos dirigentes militares. Houve reações dos samurais que se empenharam na campanha e, ao final, não foram premiados pelo empenho no episódio mongol. Pelo código dos guerreiros, a vitória deveria ser sempre premiada com a concessão de terras ou privilégios aos chefes e aos soldados. Como não houve nem conquista territorial, nem mesmo batalhas de fato, os dirigentes simplesmente ignoraram a demanda. Essa indiferença alimentou um movimento de descrença perante o poder de Kamakura.

Mas antes mesmo dos mongóis já se percebem indícios de enfraquecimento do regime, que aumentam com o passar das gerações surgidas no início do período Kamakura. Como ao longo de toda a história japonesa, o domínio das terras cultiváveis continua sendo o ponto nevrálgico. As crises são geradas basicamente em função desse problema.

Desde o início do período Kamakura, há um espaço movediço entre os senhores locais – pulverizados por todo o território e ligados diretamente ao trato da terra – e os dois poderes centrais, o imperial e o militar. As autoridades centrais mantêm uma enorme escala de cargos administrativos que deveria representá-las além de exercer o controle sobre o território. No entanto, o exercício efetivo dessa estrutura se mostra frágil porque nem o poder militar é eficaz, já que são os regentes Hojo que o exercem. A lealdade inicial aos Minamoto tende a se dissipar quando os regentes vão se sucedendo. O poder imperial, por sua vez, também está nas mãos de regentes, os da família Fujiwara. Todo o poder central então é exercido por aqueles que se dizem seus representantes, os regentes. Assim, não há de fato nem um xogum forte, nem um imperador forte a quem temer e ser fiel.

Além do problema da distribuição de prêmios aos samurais, a crise estrutural se agrava com a questão da hereditariedade dos cargos. Toda a sucessão se organiza pela linhagem patrilinear, ou seja, legalmente é o primogênito que herda as terras e tem a responsabilidade maior sobre elas. Quando a família tem mais recursos, os outros filhos podem receber uma parte do patrimônio familiar (pedaços de terras, parte dos impostos sobre a produção agrícola e artesanal), formando seus próprios clãs. É preciso lembrar que nem todas as terras eram contíguas, muitas se encontravam em diversas províncias, frutos das lutas entre feudos. Dessa forma, era vantajoso que as famílias do mesmo tronco (ver no capítulo "Estrutura familiar" sobre as famílias-tronco) tivessem alguém para controlá-las, como a família Minamoto, por exemplo. Com o passar do tempo, porém, as terras disponíveis tornam-se escassas, de forma que os filhos mais novos e suas famílias ficam subordinados ao primogênito, vivendo apenas de parte da produção e dos impostos arrecadados dos camponeses. A manutenção de toda essa estrutura sobrecarrega os camponeses de impostos arrecadados sobre a produção das terras.

Os sinais da derrocada do *bakufu* Kamakura se concretizam com a ascensão ao trono do imperador Go Daigo. Em 1331, esse imperador reúne milícias para tentar restaurar o poder imperial e sobrepujar o poder militar. É logo derrotado e acaba exilado nos arredores da cidade de Nara, a antiga capital, mas consegue conservar sua posição de imperador.

Esse episódio tem desdobramentos que vão mudar novamente a história política do Japão: ele cria espaço para que forças que se opunham ao *bakufu* se rebelem. Os chefes de clãs se dividem entre aqueles que haviam lutado ao lado do imperador derrotado, e permanecem fiéis a ele, e outros que aproveitam a fragilidade do *bakufu* e se voltam contra o poder de Kamakura.

Os chefes samurais antes fiéis, agora descontentes com os Hojo depois das lutas contra os mongóis, acabam por derrotá-los. O último dos regentes da família Hojo e seus seguidores praticam o *harakiri* (suicídio), terminando com o poder militar de Kamakura depois de um século e meio à frente dos destinos do país.

DOIS IMPERADORES (1334-1392)

Com a queda do poder de Kamakura e o enfraquecimento momentâneo dos samurais desgastados pelas lutas, há uma reação a partir de Kyoto: o imperador Go Daigo se fortalece, reúne novamente aliados e, em 1334, organiza o seu governo em Kyoto com a participação daqueles que lhe foram fiéis. Mas errou ao se cercar apenas por nobres da aristocracia imperial e relegar os samurais a um segundo plano. Depois de séculos vivendo uma vida de ociosidade na corte imperial e à custa dos impostos recolhidos em suas terras, esses nobres não têm o fôlego necessário para tomar as rédeas do poder e da administração que os manteria no poder. Esse período, conhecido como a Restauração Kemmu, teve uma duração efêmera: apenas três anos.

A reação dos samurais parte de um dos chefes samurais que participara da derrubada da família regente Hojo em Kamakura. Seu nome é Takauji Ashikaga, do clã Minamoto, o mesmo que havia instalado o xogunato em Kamakura no final do século XI. Um século e meio depois, o representante da família Minamoto procura restabelecer o xogunato valendo-se da avaliação da fragilidade militar do governo montado em Kyoto. Confronta-se diretamente com as forças leais ao imperador e, ao final, entra vitorioso na capital. O imperador Go Daigo, no entanto, não abre mão de sua posição. Ele e seus aliados se afastam de Kyoto e tentam governar a partir de Yoshino, perto de Nara. Ashikaga não se intimida e, para legitimar a sua posição, escolhe um novo imperador.

Japão medieval | 91

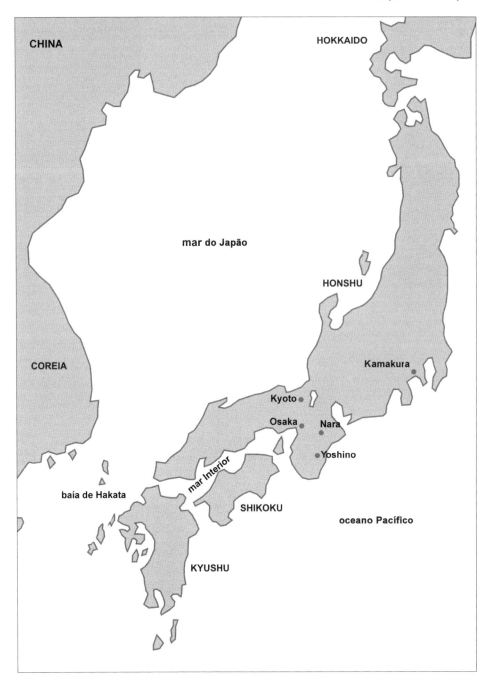

Cidades do Japão medieval.

Há dois imperadores no Japão entre os anos 1336 e 1392: o que vive em Yoshino, a corte do sul, e o outro em Kyoto, a corte do norte.

Em 1338, Takauji Ashikaga, fortalecido, assume o título de xogum. Durante mais de cinquenta anos, lutas se sucedem entre as duas cortes de imperadores que afinal eram da mesma família. Somente em 1392, o neto de Takauji Ashikaga recebe a rendição da corte do sul.

TEMPO DE GUERRAS (1392-1573)

Os Ashikaga se estabelecem num distrito de Kyoto chamado Muromachi, daí o nome dado a esse período de 235 anos da história japonesa.

O centro político e administrativo retorna ao local anterior, abandonando Kamakura. Do ponto de vista administrativo, não há mudanças substantivas em relação ao período anterior. O *bakufu* Muromachi mantém a estrutura do *bakufu*.

Os Ashikaga logo tiveram que lidar com as insatisfações e revoltas daqueles que os tinham ajudado na tomada do poder, porque o xogum não conseguia cumprir o acordo de premiá-los, conforme o costume. A fragilidade dos Ashikaga se manifestou também pela necessidade crescente de satisfazer o luxo dos seus familiares. Por exemplo, em 1397, constroem, em Kyoto, o Kinkakuji (Pavilhão de Ouro), recoberto de ouro, e, mais tarde, um outro, revestido em prata. Não é preciso assinalar que o custo de obras como essas foi coberto com os tributos cobrados dos camponeses.

Os camponeses mostraram-se descontentes com a taxação extra tanto sobre a produção como também sobre suas casas. Os comerciantes juntaram-se ao coro dos insatisfeitos quando foram obrigados a pagar imposto sobre a circulação de suas mercadorias, além dos pedágios instituídos nas estradas e portos.

A reação ocorre dos dois lados: os comerciantes ricos se furtam das taxações, subornando funcionários para diminuir o volume de impostos a pagar, e a população do campo recorre ao enfrentamento direto, promovendo saques e ataques às cidades, inclusive à capital.

A recorrência dos levantes da população pobre contra o governo dos Ashikaga é uma das marcas mais importantes desse período. É um círculo vicioso: os custos para sufocar essas manifestações de protesto, além das negociações para acabar com elas, aumentam a necessidade de arrecadação dos impostos; maiores impostos causam mais descontentamento. Daí os quase dois séculos e meio de intensas lutas internas.

No âmbito do poder, há demonstrações de dificuldades para controlar interesses divergentes entre as elites. Além dos levantes populares, há também as tentativas das

A luz do sol refletindo nas paredes folheadas a ouro dá
um efeito mágico ao Kinkakuji (*kin* significa "ouro") em Kyoto.

famílias poderosas de derrubar os xoguns que se sucedem. A fragilidade é tal que até a capital Kyoto se torna alvo das forças antagônicas ao xogum e ao imperador. Parte dela chega a ser destruída e o próprio palácio imperial é assaltado e saqueado durante a Guerra de Onin, iniciada em 1467 e que se prolonga por 11 anos.

Desde o início do xogunato Muromachi, com a família Ashikaga à frente, até 1573, quando esse xogunato cai, ocorre um declínio paulatino do controle dos xoguns sobre os senhores locais à frente de seus exércitos de samurais. A Guerra de Onin pode ser considerada o marco cronológico do início das mudanças radicais no perfil político e administrativo do Japão. Tais mudanças se dão num longo processo de lutas que estampa a inadequação do modelo político e administrativo do passado e a emergência de novos atores sociais que vivem fora da corte de Kyoto. Assim, o período Muromachi pode ser apontado como o da intensificação das forças locais em confronto constante com o sistema centralizado de poder. Esse período de extrema instabilidade política, grandes descontentamentos e inúmeros conflitos de interesses teve sua época de maior crise com as inúmeras lutas entre senhores locais ocorridas entre 1534 e 1615, período conhecido como *sengoku jidai* (tempo das guerras civis).

Nesse período, por conta de tais lutas, a geografia política sofre mudanças consideráveis com o declínio ou desaparecimento na cena política de famílias que se mantinham poderosas até então graças a privilégios legitimados há séculos.

A questão das terras

Na base de todos os conflitos estava a inadequação do sistema político e administrativo pouco modificado desde o século VII. Ou seja, o nó residia na forma como as terras eram administradas, a quem estavam legalmente subordinadas (se diretamente ao imperador ou a senhores independentes), no peso de quem as administrava e de que forma as mudanças de mando eram incorporadas pelas pessoas que viviam e trabalhavam nas terras. Enfim, eram necessários diversos movimentos paralelos para adequar o que prescreviam as leis antigas e a realidade que se mostrava muito distante da antiga ordem.

No início do xogunato Ashikaga, ainda existiam os *shoen*. Os *shoen* eram terras que não foram consideradas pertencentes ao domínio do imperador no século VIII por serem virgens e inexploradas e que, no decorrer dos séculos seguintes, foram sendo tomadas por nobres com recursos para transformá-las em produtivas e mantê-las. Por lei, os exploradores dessas terras estavam livres tanto da taxação devida ao poder imperial como também do seu controle, de forma que toda a renda obtida nas terras pertencia aos senhores, o que lhes trazia grandes vantagens.

Com relação às terras consideradas públicas, ou seja, pertencentes legalmente ao imperador e cujo direito de exploração era um desígnio deste em troca de lealdade, a lei do século VIII determinava que a outorga valia apenas durante a vida do favorecido. Entretanto, com o passar do tempo, esse direito foi se tornando hereditário.

Assim, graças ao que herdaram e acumularam, várias famílias tornaram-se poderosas. Conquistaram terras dos mais fracos e exploraram novos territórios. É claro que isso provocou uma disputa permanente pelo domínio das terras mais férteis, pois quanto mais terras férteis maior o prestígio.

A convivência de "terras autônomas" (*shoen*) com "terras imperiais" tornava o equilíbrio de forças muito instável, pois favorecia, a longo prazo, o aumento do poder dos que exploravam os *shoen*.

No período Muromachi, o problema se agravou por conta do descaso dos senhores das "terras imperiais" para com os seus domínios. Esses senhores não habitavam nas terras, mas viviam na corte, usufruindo apenas a renda delas advinda. A administração das terras estava a cargo de burocratas a serviço dos senhores ausentes. Sua função era recolher impostos e zelar pelo patrimônio do seu senhor. No entanto, o cargo desse burocrata também se torna hereditário. No decorrer do tempo, então, as famílias dos burocratas, sobretudo as dos chamados governadores provinciais, convertem-se nas verdadeiras chefias, controlando a vida local como se fossem de fato as senhoras das terras.

Assim, por se fazer mais presente, o poder local foi suplantando o dos senhores das famílias aristocráticas da corte. Os habitantes do campo e das aldeias passaram a estabelecer relações políticas e sociais baseadas em laços de lealdade diretamente aos chefes locais.

O xogunato Ashikaga se mantinha apenas nominalmente. Perdeu força para os poderes locais que acabaram se armando para defender as terras sob seu controle e que desrespeitavam a legislação, o que terminou por desestruturar definitivamente o sistema antigo de propriedade. As instituições de controle criadas pelos xoguns de Kamakura perderam sua função original: os arrecadadores de impostos e os chefes provinciais passaram a se apropriar dos tributos e exercer o seu poder como chefes locais desligando-se da autoridade por quem tinham sido investidos no cargo. O imperador e os nobres da corte, por sua vez, com tributos cada vez menores, empobreceram e ficaram enfraquecidos politicamente. Com imperador e xogum igualados na falta de autoridade, não havia mais centralização de poder. Era uma luta de todos contra todos em que o mais forte vencia para logo em seguida ser desafiado.

Os antigos detentores do poder sobre as terras se confrontavam com os chefes locais, de quem exigiam obediência, mas nem sempre eram bem-sucedidos. Esses chefes locais tinham interesses próprios com relação a manter ou aumentar o seu raio de dominação. Então, quando se mostrava conveniente, aliavam-se aos senhores das terras, quando não, buscavam seus objetivos sem respeitar a hierarquia tradicional.

O Japão vivia uma profunda instabilidade, com alianças pouco duradouras, modificadas ao sabor dos interesses imediatos. Não eram raras as traições, os assassinatos e, pela força das armas, a apropriação de terras de determinadas famílias por outras mais fortes.

Vítimas do embate dos superiores, os camponeses e os artesãos das aldeias não tinham como agir a não ser trocando o produto de seu trabalho pela proteção do senhor que controlava a terra em que viviam. Os senhores, por suas vez, eram mais poderosos quanto mais tivessem terras, vassalos e guerreiros a seu dispor.

As lutas não cessavam. À medida que se desenvolviam, ocorria também uma nítida mudança na atividade bélica, com os guerreiros deixando de lado o aparato dos antigos samurais (o cavalo e as pesadas armaduras), não mais compatíveis com a agilidade necessária aos combates dentro de cidades e em estradas. Entraram em cena os *ashigaru* (soldados a pé), camponeses que, nas emergências, tornavam-se soldados. Deixavam momentaneamente o trabalho na terra e lutavam para defender o senhor a quem eram subordinados. Com o passar do tempo, alguns desses camponeses abandonavam a atividade da terra para se tornarem exclusivamente soldados, samurais do escalão inferior.

Feudos japoneses e cidades comerciais

As guerras exigiam também um esforço de organização interna das propriedades que tomaram o aspecto de feudos, como entendemos pelo modelo europeu. Os senhores desses domínios (*han*) chamavam-se *daimio* e eram todo-poderosos em suas próprias terras. Procuravam manter a ordem exercendo a justiça dentro de seu território e implementando novidades para ampliar seus bens e ter condições materiais de enfrentar as ameaças.

A melhoria na agricultura foi uma contingência da instabilidade em que viviam. O aumento da produtividade com o emprego de animais de tração, duas a três colheitas anuais, a introdução da cultura do chá e principalmente do algodão no século xv criam condições para que os moradores tenham alimentos e vestuário assegurados para as eventualidades provocadas por guerras ou problemas climáticos. Logo, os *daimio*, sejam os antigos ou os novos, percebem que a construção de castelos-fortaleza lhes garante a permanência e o domínio sobre as terras ao seu redor. Os castelos, além de locais para defesa, tornam-se símbolo de poder.

Com o tempo, surgem também cidades cuja vida gira em torno dos castelos fortificados. Estas têm uma vida intensa que começa voltada para atender as necessidades locais. A demanda por artigos de luxo para servir aos senhores dos castelos e por armamentos e ferramentas para a agricultura dá um destaque especial aos artesãos.

Aos poucos, as atividades artesanais ultrapassam os limites das cidades-fortaleza e se expandem com a ajuda de comerciantes que cruzam as estradas levando mercadorias. Para responder à demanda, os artesãos das localidades organizam os *za*, instituições semelhantes às corporações de ofício da Europa medieval. A especialização regional de produtos surge a partir dessas organizações.

O comércio é outro setor que se expande com a formação de novas cidades. E junto com o desenvolvimento do comércio, há a necessidade de abertura de vias de transporte tanto terrestre como marítimo, de forma que são construídos novos portos. Cresce o número de armazéns nas mãos de comerciantes. Cidades como Osaka e

Kobe, ambas no mar Interior, ganham novos contornos. Começa a se formar uma nova categoria de guerreiros, os *ronin*, que não estão subordinados a nenhum senhor, mas trabalham exclusivamente para a defesa dessas cidades comerciais.

Contatos internacionais, avanços culturais

Ao mesmo tempo em que se desenrolam as guerras civis, começa a se configurar um *novo Japão*.

Nos séculos xv e xvi é retomado um intercâmbio mais estreito dos senhores de Kyushu com a China da dinastia Ming. Como em outros tempos, o Japão aprende e passa a incorporar os ensinamentos chineses, mas também exporta produtos para a China. As espadas japonesas são largamente apreciadas pelos chineses. Há notícia de que, em 1483, foram compradas 37 mil. Leques, objetos de laca e produtos primários como o cobre e o enxofre são vendidos para a China. Os japoneses aprendem novas técnicas agrícolas que aumentam a produtividade das terras, intercalando o plantio do arroz com o do trigo e da cevada. O algodão vem da Coreia no século xv e revoluciona o modo de vestir dos japoneses. O chá da China e frutas como a laranja e a uva têm também os seus nichos produtores, dando destaque a algumas regiões como ocorre com o artesanato.

A mineração e o comércio são impulsionados pelo uso da moeda que até então tinha um uso restrito. A partir do século xvi, ela se torna mais comum como elemento de troca. Para cunhar essas moedas, o Japão importa ferro da China.

Produtos chineses de luxo como seda, porcelana, pinturas, bordados, livros, são vendidos para a aristocracia. Nesse meio tempo, navegantes japoneses se dirigem para o continente asiático para estabelecer pontos de comércio. Até então eram piratas que se misturavam aos chineses e aos habitantes do reino de Ryukyu (mais tarde Okinawa). Costumavam saquear navios que faziam as rotas do sudeste do continente. Aos poucos, esses piratas tendem a se fixar nas localidades costeiras do continente e tem-se notícia de que, no século xvii, havia uma dinâmica comunidade japonesa em Manila (Filipinas), fundada por espanhóis em 1571.

A diversificação da economia traz mudanças no *status* social dos comerciantes que passam a cruzar o país com suas mercadorias. Junto à dinamização do comércio, cresce o número de casas de câmbio e de agiotas.

Os *za* deixam suas mercadorias nas mãos dos comerciantes, o que incrementa a produção artesanal. Armazéns e casas atacadistas especializadas em produtos como o arroz e o saquê (bebida fermentada de arroz) espalham-se nas cidades mais importantes.

Em meados do século XVI, ocorre pela primeira vez o contato dos japoneses com o Ocidente europeu, como veremos adiante.

Assim como o comércio, as artes no Japão já são capazes de alçar voos mais independentes. Na pintura em nanquim, tecnicamente ainda inspirada nos modelos chineses da dinastia Ming, a japonesa se diferencia da chinesa pelos temas desenvolvidos. Foi levada ao Japão pelo monge Sesshu no século XV, e logo encontrou seguidores que criaram o que se pode chamar de um estilo japonês de representar paisagens baseado nas quatro estações. Também se desenvolve o *emakimono*, que são pergaminhos pintados para contar a vida de pessoas ilustres e as batalhas importantes. A arte de pintar biombos também segue a mesma linha de reproduzir no papel cenas de homens sempre rodeados com motivos da natureza. Essas manifestações artísticas têm continuidade ao longo dos séculos seguintes e, embora englobem estilos diferentes, são comumente chamadas de *yamato-e*, um nome genérico dado para as criações visuais da estética japonesa que finalmente se desprende da chinesa.

NOTAS

[1] Foi assim batizado como uma referência à região de Asuka, localizada ao sul da atual cidade de Nara, onde se situaram temporariamente, durante esse período, numerosas capitais japonesas.

[2] A ideografia chinesa proporcionou a primeira forma de escrita.

[3] A nobreza logo tratou de tentar aumentar ainda mais estas rendas e vantagens por meio da acumulação de cargos e do poder de distribuir postos inferiores a seus protegidos, abrindo caminho para a corrupção que toma conta da administração do reino.

[4] Ambas ainda são escritas com caracteres chineses, sendo a primeira adaptada à fonética japonesa, o que tornou necessária uma "tradução" feita no século XVIII.

[5] Tradução livre. C.f. W. Scott Morton, Japan its History and Culture, New York, McGraw-Hill, 1984, p. 30.

[6] José Yamashiro, História dos samurais, São Paulo, Aliança Cultural Brasil-Japão/Massao Ohno Editores, 1987, p. 38.

[7] Os mosteiros mantêm monges guerreiros arregimentados entre os lavradores de suas terras, formando o contingente dos monges de categoria inferior.

[8] Ambas as famílias tinham ligação remota com a família imperial, mas, de acordo com o *Código Taiho*, aqueles descendentes depois da sexta geração não poderiam mais usar o título de príncipe. Esses descendentes eram frutos dos inúmeros arranjos matrimoniais das mulheres dessas famílias com a família do imperador. Quando a ligação se tornava distante, a norma dizia que as famílias deveriam iniciar uma nova linhagem e adotar um sobrenome próprio.

[9] Esta é uma questão que tem desdobramentos na discussão sobre se haveria uma "cultura japonesa", ou se ela é subsidiária da coreana e da chinesa. Esse é um problema que envolve discussões teóricas que não caberiam aqui. Entretanto, a minha posição a respeito é de que não existe nenhuma cultura que seja "pura".

[10] Onde no passado haviam se destacado na luta para apartar os *ainu*. Os *ainu* foram dominados e perseguidos durante todos esses séculos. Várias incursões foram empreendidas para tomar as terras dos *ezo*, como eram chamados; e no início do século XII estavam encurralados no norte da ilha de Honshu. Mais tarde são obrigados a se deslocar para a ilha de Hokkaido, onde se concentram até a atualidade.

[11] O título de xogum já existia no passado, mas era conferido, por um período limitado, pelo imperador apenas ao general que se destacara na luta específica contra os *ainu*.

[12] Todas as decisões da Corte de Apelação são conduzidas por comitês, com *experts* em questões legais chamados da corte de Kyoto. O direito consuetudinário é levado em consideração, tanto que é reunido no Código Joei, em 1232.

[13] Peter Stearns, História das relações de gênero, São Paulo, Contexto, 2007, p. 93.

UNIFICAÇÃO DO JAPÃO

O desgaste dos japoneses após décadas de guerras civis era evidente em todos os sentidos. Nos anos finais do século XVI, a autoridade do xogum praticamente inexistia. Os Ashikaga acabaram encastelados na capital sem conseguir fazer frente à situação que beirava o caos.

Cansados de guerras, senhores de terras e chefes militares se unem para acabar com a pulverização do poder. Em meados do século XVI, os portugueses chegam ao Japão e o contato com alguns países europeus e com a China, com seus governos estáveis e poderosos, abriu-lhes os olhos para a necessidade também de o país buscar um governo centralizado e com estabilidade.

A figura simbólica do imperador foi acionada para dar corpo ao movimento, que, na realidade foi posto em prática graças à liderança e à sensibilidade para traduzir as demandas de sua época de três chefes militares: Oda Nobunaga, Toyotomi Hideyoshi e Ieyasu Tokugawa.

A árdua tarefa de unificar o Japão, depois de dois séculos e meio de lutas internas contínuas, só pôde ser efetivada em um longo processo. Até a aceitação de um único chefe que comandaria o país, foram necessários anos de empenho e mais lutas. Para que fosse retomada uma autoridade central, foi preciso acabar com as querelas locais e impor uma nova hierarquia de poder, inaugurando, enfim, um período de estabilidade e paz interna que duraria mais de trezentos anos.

PRIMEIRO ATO: ODA NOBUNAGA

No decorrer das guerras, vários senhores haviam tentado expandir seus domínios anexando feudos vizinhos. O contato com os estrangeiros insuflou sua imaginação, fazendo-os sonhar mais alto.

Oda Nobunaga (1534-1582) foi um deles. Vinha de uma família proprietária de terras, embora não fosse das mais importantes, na província de Owari (parte da atual província de Aichi). Começou derrotando os seus vizinhos e ganhou o respeito de seus

Após anos de lutas, o processo de unificação começa com Oda Nobunaga.

adversários em 1560, ao vencer, com 3 mil homens durante um ataque surpresa em um desfiladeiro, um oponente que lutava com 25 mil. Seu objetivo final era tomar Kyoto e governar o Japão. Aliou-se a Ieyasu Tokugawa, outro senhor de terras, no combate aos senhores contrários às suas ambições e obteve diversas vitórias.

A corte de Kyoto o recebeu como a um protetor da linhagem imperial. Isso porque, ao afastar o último membro da família Ashikaga, o décimo quinto desde Takauji Ashikaga, não se preocupara nem em substituí-lo por outro membro da família Ashikaga, como também, num gesto de humildade, não tomara para si o título de xogum. A sua força era militar e com ela manteve a liderança em Kyoto. Para ganhar legitimidade advinda de uma aliança com a casa imperial, permitiu que o imperador voltasse a receber os tributos que antes ficavam com os Ashikaga.

Uma unificação só pode ser consolidada se a oposição ao projeto for mínima. Oda Nobunaga enfrentou contínuos problemas de chefes locais que se recusavam a aceitá-lo como chefe maior. Numa das batalhas contra esses inimigos, conhecida como Batalha de Nagashino, em 1575, Nobunaga empregou com enorme sucesso armas de fogo – novidade introduzida no Japão pelos europeus – contra espadas e lanças manejadas por uma cavalaria e uma infantaria tradicionais. Inaugurou assim uma nova era na história militar japonesa.

Nobunaga voltou-se também para assuntos civis: reparou pontes e estradas, construiu um castelo em Azuchi e tomou medidas para facilitar as transações comerciais, ganhando a simpatia dos comerciantes japoneses e ocidentais, especialmente portugueses e espanhóis. Procurou obter apoio dos europeus, inclusive de religiosos católicos, aos quais deu boa acolhida.

Oda Nobunaga morreu em Kyoto em 1582, quando o poder central ainda era frágil devido aos interesses particulares dos grandes senhores. Muitas das províncias do oeste não haviam reconhecido sua autoridade.

SEGUNDO ATO: TOYOTOMI HIDEYOSHI

A tarefa de reunir as províncias do oeste e tomar as rédeas do país foi assumida por Toyotomi Hideyoshi, nome relevante na hierarquia militar do período. Para tanto, empreendeu lutas contínuas contra os desafetos da unificação e da legitimação de seu nome como o comandante desse processo. Ao final de apenas um ano, tinha pelo menos trinta províncias sob o seu controle.

A figura de Toyotomi Hideyoshi é muito peculiar na história japonesa. Diferente de todos os outros nomes proeminentes que até então tinham ascendido ao poder, o dele

O imponente castelo de Osaka dominava toda a planície onde hoje fica a cidade de mesmo nome. Do alto de sua torre controlava-se o movimento das tropas inimigas. Mesmo assim, o filho de Hideyoshi foi derrotado por Tokugawa.

não fazia parte dos círculos aristocráticos das grandes famílias. Seu pai era camponês e *ashigaru* (samurai a pé, não possuía meio de locomoção, como um cavalo) na mesma província de origem de Oda Nobunaga. Aos 14 anos de idade colocou-se a serviço de Nobunaga como "samurai a pé". Ao salvar a vida de um samurai, tornou-se ele também um deles, mais graduado, destacando-se então como guerreiro hábil e leal.

Ao tornar-se poderoso, Hideyoshi escolheu Osaka como a sede de sua administração por sua localização estratégica, situada às margens do mar Interior. De seu castelo recém-construído procurou controlar o país, que, embora não estivesse totalmente unificado, apresentava apenas tênues focos de resistência.

As províncias mais distantes não ofereciam ameaça imediata. Alguns mosteiros budistas que exerciam enorme influência política e enfrentaram a sua autoridade laica acabaram destruídos.

Como Oda Nobunaga, Hideyoshi não se autoproclamou xogum, mas respondeu pelo título de *kampaku* (ministro do imperador), passando a ideia de que estava a serviço da casa imperial, com a tarefa de defendê-la. O título serviu como uma garantia para a consolidação do seu poder, pois qualquer ato contra a sua política seria interpretado como uma ameaça ao próprio imperador.

O novo chefe militar tomou medidas capazes de modificar a estrutura social do país. Apesar de sua origem humilde, exigiu a retirada de todas as armas das mãos dos camponeses. Há séculos, camponeses como o próprio Hideyoshi eram recrutados para lutas portando armas. Os *ashigaru* e vários outros "guerreiros provisórios" tornavam-se samurais pela bravura demonstrada nas batalhas. Com a proibição do uso das armas por parte dos camponeses, criou-se um novo estrato social composto pelos samurais, estabelecendo-se uma nítida linha divisória entre aqueles que deveriam se dedicar exclusivamente ao trato da terra e os que detinham o direito de manejar armas. Estes acabavam dedicando a vida exclusivamente para atividades que aprimorassem o corpo e a mente em função de habilitar-se para a guerra. Os camponeses, por sua vez, sem a permissão de usar armas, ficavam sem condições de promover levantes capazes de desestabilizar as forças locais.

Os *chonin* (samurais que, em função de derrotas ou morte, tinham perdido o seu senhor), os habitantes das cidades, os artesãos e os comerciantes também foram privilegiados com a extinção de instituições do período Muromachi: os pedágios nas estradas e o monopólio das corporações de ofício japonesas (os *za*).

Até então, não só as estradas principais tinham pedágios como também os *daimio* (senhores feudais) haviam instalado postos de arrecadação para tributar quem passasse por suas terras. Em consequência, o comércio era duramente penalizado. Também os artesãos independentes viam as suas atividades limitadas pela presença cada vez mais forte dos *za*, que exerciam monopólio sobre determinadas atividades artesanais. Diante de tudo isso, Hideyoshi favoreceu a quebra do monopólio das corporações de ofício, facilitando o trabalho artesanal e a circulação das mercadorias. O desdobramento dessas medidas pôde ser verificado em poucos anos com o florescimento do comércio e do artesanato. As atividades urbanas também ganharam impulso graças aos portos e estradas construídos ou renovados desde o período de Nobunaga.

A moeda ficou sob o controle central, que passou a ter o monopólio da extração do ouro, prata e cobre, assim como a sua cunhagem. Em 1583, Hideyoshi implementou um censo fundiário para arrolar e medir a produção de todas as áreas de cultivo de arroz, incluindo os *shoen* (as terras que antes estavam fora do controle do imperador e de taxação de impostos). Em seguida, garantiu ao camponês que cultivava a terra o direito permanente de explorá-la em troca do pagamento de pesados impostos ao proprietário das terras, que, no total, correspondiam a 50% da colheita. Essa taxação, no entanto, eliminava todas as outras obrigações. O governo Hideyoshi proporcionou ao *daimio* a garantia de que os camponeses permaneceriam em seu domínio, tal como os vassalos no feudalismo europeu, e a garantia de que ele receberia os impostos pagos pelos "seus" camponeses. Em troca, os senhores passaram a dever lealdade a Hideyoshi, que incluía ajuda para a manutenção do aparato militar, o que significava na prática dispor de dois terços de sua renda.

A partir do censo, ocorreu a uniformização das medidas cuja referência é o *koku*, que foi tomado como padrão para mensurar, por exemplo, a riqueza de um senhor. Um *koku* equivale à quantidade de arroz média consumida por um adulto durante um ano, ou seja, 180 litros. O Japão na época de Hideyoshi tinha cerca de 2 milhões de *koku*.

A campanha coreana

A diretriz de Hideyoshi de facilitar a atividade dos comerciantes tinha uma razão interna, mas também visava ao alargamento dos negócios e até das fronteiras do Japão. Coreia, China, Taiwan e Filipinas estavam nos planos expansionistas de Hideyoshi.

Muito ambicioso? É só lembrar que os japoneses se viam como um povo eleito de uma terra considerada o centro da criação. Parecia-lhes perfeitamente razoável a ideia de conquistarem, com sua força guerreira e o apoio da deusa do sol, países como Coreia e China (mesmo porque, nessa época, não tinham uma ideia exata do seu tamanho).

Os samurais ganharam força durante o período feudal e foram fundamentais no processo de unificação do Japão.
A armadura do samurai também se refinou com o tempo.

O alvo mais cobiçado era a China, então comandada pela dinastia Ming, mas antes era preciso passar pela Coreia. Seul, a capital coreana, foi facilmente conquistada em 1592 por um exército de duzentos mil homens. Os chineses, que reivindicavam a Coreia para si, procuraram expulsar os japoneses; foram derrotados num primeiro momento, mas saíram vitoriosos num segundo confronto.

Para evitar mais lutas, o imperador chinês propôs trégua a Hideyoshi, nomeando-o "rei do Japão" em troca da submissão japonesa à China. Os japoneses não aceitaram os termos e enfrentaram os chineses no sul da península coreana, com enormes baixas ao final. Eles enfim se retiram a pedido de Hideyoshi no seu leito de morte, em 1598.

Os japoneses haviam conseguido penetrar no território coreano a partir do sul, chegando até perto da fronteira com a Manchúria. A morte do líder acabou com a ambição de aumentar o território japonês. Pelo menos naquele momento.

Os europeus ou "os bárbaros do sul"

Na época de Hideyoshi, iniciou-se um processo de expulsão dos religiosos católicos do Japão e uma tentativa de apagar a presença europeia no país após poucas décadas de sua chegada.

Desde os grandes descobrimentos no século xv, o Extremo Oriente fazia parte dos mapas europeus. Entretanto, o Japão só chegou a ser conhecido pelos ocidentais em meados do século xvi, no período de Oda Nobunaga. Portugueses, espanhóis, holandeses e ingleses vieram do sudeste do continente asiático, onde tinham feitorias, com a intenção de explorar as riquezas locais.

Os primeiros ocidentais a aportar no Japão foram os portugueses que, em 1543, desembarcaram na ilha de Kyushu. Foram, por isso, chamados de *nanbanjin* (bárbaros do sul). Apesar do estranhamento mútuo, os portugueses logo perceberam que o Japão seria um mercado promissor, principalmente para o comércio de armas de fogo. De fato, o interesse foi grande, tanto que logo que as primeiras armas de fogo entraram no país, os artesãos japoneses procuraram produzir eles mesmos aqueles mosquetes e espingardas.

Os japoneses procuravam aprender com os estrangeiros e sua civilização distinta. Por isso os receberam de braços abertos. Durante quase meio século, os portugueses foram os únicos ocidentais no Japão. Com as invasões de Hideyoshi na Coreia, o comércio com a China sofreu interrupções, o que permitiu que os portugueses entrassem no país com seus produtos, estabelecendo rotas regulares de compra e venda desde Macau até Kyushu.

O Japão comprava dos portugueses vidro, seda crua, salitre (para produzir a pólvora) e açúcar e lhes vendia tecidos finos (feitos com a seda importada), cobre, espadas e leques.

Com o fim das guerras civis, os senhores e comerciantes japoneses adquiriram autonomia para negociar com os portugueses e, assim, acumular riquezas. Negociantes japoneses enriquecidos se estabeleceram na parte sudeste da Ásia, ativando um comércio internacional próspero e vantajoso para os envolvidos.

Junto com os comerciantes portugueses, aportaram também religiosos católicos imbuídos da missão de converter os japoneses ao catolicismo. Os padres da Companhia de Jesus, por exemplo, chegaram a Kagoshima em 1549; entre eles estava Francisco Xavier (mais tarde, santo da Igreja Católica). A ação missionária dos jesuítas começou no sul e aos poucos foi se espalhando. Chegaram a receber o apoio de Oda Nobunaga, naquele momento envolvido em sérios atritos com autoridades budistas que tentavam diminuir a sua influência sobre os senhores de terras.

Os jesuítas conseguiram converter um grande número de japoneses, principalmente na parte sudoeste do país. Em 1582 havia 150 mil católicos e 200 igrejas no país. De início, eles utilizavam os serviços de intérpretes chineses ou de alguns poucos japoneses batizados que tinham vivido no continente junto aos portugueses. Com tempo e esforço, passaram a pregar em japonês. Em 1602, sairia o primeiro dicionário bilíngue português/japonês. Especula-se que, nessa data, o número total de japoneses batizados pela Igreja Católica estivesse perto de um milhão.

No Japão, os jesuítas abriram escolas, seminários e santas casas. Introduziram também a medicina ocidental e levaram consigo jovens japoneses para estudar fora do país. A cidade de Nagasaki, na ilha de Kyushu, por seu porto em condições de abrigar grandes naus, tornou-se difusora do cristianismo e da cultura europeia no Japão.

O número de convertidos multiplicou-se. A fé cristã foi bem acolhida pelos senhores locais e também pela população mais pobre em busca de conforto espiritual. Os *daimio* (senhores feudais) convertidos usavam uma cruz nos seus elmos e adotavam nomes cristãos, além de influenciar na conversão dos camponeses a eles subordinados. Logo, deixou de ser muito raro que pessoas de famílias importantes se considerassem católicas. Ao chegarem à capital, os jesuítas foram bem recebidos porque, entre outros motivos, os dirigentes do país perceberam que boas relações com os religiosos facilitavam o caminho para o comércio com os ocidentais e o acesso a suas tecnologias.

Sendo assim, por que, então, depois de algum tempo, primeiro os religiosos e depois os europeus passaram a ser perseguidos nas terras japonesas? Na realidade, existem várias explicações.

O argumento usado para justificar a expulsão dos ocidentais dizia respeito ao comércio de escravos: os portugueses estariam levando japoneses como escravos e isso seria imperdoável do ponto de vista das autoridades japonesas.

Uma outra resposta está ligada ao fato de que o monoteísmo divulgado pelos ocidentais feria os fundamentos da nação por não se coadunar com a crença do Japão como o berço dos deuses criadores do mundo. Os ocidentais de fato provocaram injúria ao destruir inúmeras imagens religiosas japonesas acusadas de pagãs. Um problema nevrálgico era o da ameaça que os ocidentais representavam sobre o equilíbrio das forças em andamento no país. O processo de controlar forças divergentes do projeto de unificação iniciado por Nobunaga e seguido por Hideyoshi poderia não ir adiante se alguns valores ocidentais, como o individualismo ou a ideia de obedecer a Deus acima de todas as coisas, começassem a sobrepujar os ideais de lealdade e obediência que eram a base de todas as relações sociais no Japão. O trabalho bem-sucedido dos missionários católicos, com um número crescente de conversões, era um sinal nítido desse potencial.

Além disso, no processo de unificação levado a cabo sob o comando de Hideyoshi, a expulsão se fazia necessária por uma questão estratégica. A ilha de Kyushu havia sido finalmente dominada por ele em 1587. Essa ilha era o ponto de entrada dos ocidentais no Japão por ser próxima do continente e onde se concentrava o maior número de cristãos. O domínio da ilha era visto como estrategicamente importante para garantir a presença do poder central.

Quando das incursões de Hideyoshi à Coreia, os portugueses se recusaram a ajudá-lo, criando um clima de animosidade e desconfiança contra os ocidentais naquele momento. Um episódio ocorrido em 1596 concorreu para aumentar essa desconfiança. Um capitão espanhol que navegava entre as Filipinas e o México teve que ancorar no Japão por causa de uma tempestade. Durante a sua estada, o espanhol, rival dos portugueses, explicou aos japoneses o processo em que os ocidentais usavam os religiosos como ponta de lança para futuras conquistas militares de novos territórios.

Entre os vários episódios da perseguição aos católicos, houve um em que 6 franciscanos espanhóis, 3 jesuítas portugueses e 17 católicos japoneses foram torturados e apresentados com as marcas da violência em várias cidades ao redor de Nagasaki; em seguida, foram crucificados de cabeça para baixo como sinal de alerta (mais tarde, em 1862, esses "mártires do cristianismo" seriam declarados santos. Na cidade de Nagasaki existe um santuário em homenagem a eles).

A cartada final contra os religiosos católicos ocorreu em 1588, quando Hideyoshi os brindou com um edito que os expulsava do país. Uns obedeceram imediatamente, alguns se esconderam ou enfrentaram a perseguição e outros continuaram chegando secretamente ao Japão para cumprir seu trabalho missionário. A cidade de Nagasaki continuou sendo o reduto católico pelos séculos seguintes. Há notícias de que, quando os ocidentais tiveram contato com os japoneses na segunda metade do século XIX, encontraram na cidade uma comunidade católica que havia sobrevivido escondendo a sua fé por gerações.

TERCEIRO ATO: IEYASU TOKUGAWA

Segundo uma anedota a respeito dos três unificadores do Japão, havia um passarinho preso numa gaiola que não cantava. Oda Nobunaga disse: "Eu vou fazê-lo cantar"; Toyotomi Hideyoshi, por sua vez, declarou: "Eu vou matá-lo se não cantar" e Ieyasu Tokugawa, por fim, ponderou: "Vou esperar até que ele cante".

A imagem procura traduzir o perfil dos três protagonistas do processo de unificação do Japão depois dos séculos de guerra civil. Ieyasu Tokugawa foi a figura-chave da etapa final. Havia sido auxiliar de Nobunaga, quando iniciou a sua carreira militar; participara ativamente no período Hideyoshi, derrotando o clã dos Hojo que dominava o norte do país desde a época Kamakura e se mostrara contrário às ambições do poderoso "ministro do imperador". E, embora não tenha participado das invasões à Coreia, tornou-se ainda mais poderoso centrando suas atividades militares no norte e oeste do Japão.

Ainda hoje, Ieyasu Tokugawa é considerado por muitos o maior estrategista japonês por ter conseguido terminar o processo iniciado por seus antecessores e, a partir daí, proporcionar condições para que o Japão passasse por três séculos de paz interna.

Aparentado longínquo dos Minamoto, nasceu em 1541, filho de um pequeno senhor de terras da província de Mikawa (atual Shizuoka).[1] Aos 20 anos, em 1561, aliou-se a Oda Nobunaga. Aos poucos, foi agregando mais terras ao seu domínio, começando pelas dos poderosos vizinhos Imagawa.

Mais tarde, instalou seu quartel-general em Edo (atual Tóquio), então uma pequena aldeia de pescadores situada na fértil planície de Kanto, e a transformou em cidade-fortaleza construindo o palácio onde viria a residir. Durante o período de hegemonia de Hideyoshi, foi acumulando vitórias militares e, consequentemente, terras que lhe garantiam proventos de um milhão de *koku* de arroz (quantidade que alimentaria com 180 kg de arroz *per capita* um milhão de pessoas por um ano).

Sua relação com Hideyoshi era de respeito mútuo: ambos eram grandes generais e políticos perspicazes. Para evitar qualquer atrito direto, Hideyoshi manteve seu domínio sobre a parte leste de Honshu e Kyushu, fixando-se em Kyoto; Tokugawa, por sua vez, procurou garantir sua área de influência no oeste e no norte de Honshu (seu quartel-general não era nem tão longe, nem tão perto de Kyoto).

Hideyoshi procurara controlar as ações de Tokugawa. Numa tentativa de aproximar possíveis rebeldes ao seu projeto de unificação, Hideyoshi havia criado um conselho do qual fazia parte os senhores mais poderosos do Japão (juntos comandavam um terço de todas as terras japonesas): o Conselho dos Cinco. Ieyasu Tokugawa era o nome mais forte entre os cinco membros.

A morte de Toyotomi Hideyoshi criou um impasse. O sucessor óbvio seria Tokugawa. No entanto, Hideyoshi tinha deixado um herdeiro, um menino de 5 anos, sob a tutela do Conselho. Essa situação abriu brechas para que os membros e também outros senhores procurassem conquistar mais espaço político, desestabilizando o poder de Tokugawa. Depois de ser alvo de duas tentativas de assassinato, Tokugawa apelou para a força das armas contra seus inimigos. Em outubro de 1600, deu-se a famosa Batalha de Sekigahara (com oitenta mil homens se enfrentando em cada lado), cujo vencedor foi Ieyasu Tokugawa. Essa batalha acabou finalmente com os conflitos internos e foi a última grande batalha travada em solo japonês do século XVII até o XX. Também foi o momento do reconhecimento da autoridade militar de Ieyasu Tokugawa sobre todos os outros senhores do Japão.

Os inimigos foram punidos com a perda ou diminuição do tamanho de suas terras; os aliados foram recompensados com a redistribuição de 90 feudos entre os 214 existentes no território na época.

Como bom estrategista, Ieyasu Tokugawa manteve controle explícito na região mais importante do país, distribuindo terras ao redor da estrada de Tokaido (a principal via de ligação entre os grandes centros da época: Edo, Nagoya, Osaka e Kyoto) para aqueles que lhe eram mais fiéis: os aparentados dos Tokugawa e dos Minamoto. Aos não pertencentes a essas famílias (os chamados *tozama*), mas que se consideravam também leais a ele, foram concedidas terras tanto na região central quanto nas áreas mais distantes a fim de evitar rebeliões.

Em Edo, Ieyasu Tokugawa fortificou seu palácio. Em 1603, obteve do imperador o reconhecimento do título de xogum. Famílias inimigas foram perseguidas e executadas. Rebeldes tiveram suas cabeças espetadas em lanças como exemplo. Ao derrotar o filho de Toyotomi Hideyoshi em 1615, Ieyasu Tokugawa não encontra mais inimigos significativos a sua frente. O novo xogum torna-se o chefe supremo do país. Ieyasu Tokugawa completaria o processo de unificação do Japão sob um poder forte e central.

NOTA

[1] Para demonstrar fidelidade a um senhor mais poderoso, e seu vizinho de terras, o pai o enviara aos 6 anos para ficar sob a proteção da família Imagawa. No entanto, quando estava a caminho de seu novo lar, sua caravana foi atacada por guerreiros da família de Oda Nobunaga e Ieyasu Tokugawa foi feito refém. Com a morte de seu pai, pôde retornar à sua terra natal, mas teve que sair novamente para servir ao chefe local Imagawa como havia sido combinado. Permaneceu entre os Imagawa até quando estes se lançaram contra os Nobunaga e acabaram derrotados. Voltou então para se pôr à frente das terras de sua família.

O XOGUNATO TOKUGAWA (1603-1867)

Tokugawa, além de guerreiro, era também um administrador com visão de estadista. Seu projeto político previa não só a unificação do país, mas a perpetuação da união. A estrutura que monta permite que os seus sucessores mantenham controle do território ao mesmo tempo em que garantem a paz interna.

Dentro dessa estrutura, o imperador continuava com o seu papel de líder simbólico, rodeado pela aristocracia que vivia em Kyoto. O governo ficava a cargo dos sucessivos xoguns em Edo, que adquiriram um grande poder sobre as ordens religiosas.

Outros dos alicerces da estrutura de poder que permitiu 264 anos de hegemonia Tokugawa foram a repressão rigorosa das vozes dissonantes e o sistema administrativo implantado. A administração manteve certa herança dos tempos passados, como os burocratas nas províncias cuja função era garantir a eficácia da arrecadação dos impostos. De fato, é com o rígido controle dos impostos locais que se conseguia manter os camponeses presos à terra, cumprindo com a sua obrigação de servir ao seu senhor, produzindo o arroz, para que o senhor pudesse, por sua vez, cumprir com o dever de entregar parte dos impostos recebidos ao seu senhor superior, criando assim uma rede hierarquizada em cujo topo estava o xogum.

O parâmetro para a arrecadação dos impostos continuava o *koku,* tal como estava em vigor desde a época de Nobunaga.

UMA SOCIEDADE HIERARQUIZADA

Novamente, o Japão estava farto de sangue. Também demonstrava seus limites para aceitar e absorver as novidades – e consequentes mudanças – trazidas do estrangeiro. Uma ordem social fixa e hierarquizada, capaz de impedir dissensão e conflito, vinha ao encontro dessa disposição. Assim, foram definidas fronteiras rígidas entre as camadas sociais que vigoravam do nascimento até a morte dos indivíduos. Ficaram

Torre do Tesouro, onde estão as cinzas de Tokugawa.

proibidos os casamentos entre pessoas de posições sociais distintas (e mesmo entre os samurais: os de famílias mais importantes não podiam se casar com alguém de posição inferior). A conduta privada, as roupas, as armas, a construção de navios e a circulação de mercadorias também foram regulamentadas.

Ganhou corpo a ideia de que a ordem e a acomodação eram extremamente necessárias e que, nos assuntos de Estado, se as leis estabelecidas forem imutáveis e obedecidas, o Estado subsistirá; caso contrário, mergulhará no caos. Quando a ideologia não foi capaz de garantir a tranquilidade, os xoguns não hesitaram em recorrer à repressão econômica e armada.

Senhores

Os senhores de terras estavam subordinados ao xogum também pelo fato de não terem a posse das terras como permanente: podiam, segundo a vontade do xogum, perder seus direitos ligados à terra, ser remanejados para outro local ou ver as terras sob seu comando serem aumentadas ou diminuídas de tamanho. Dessa maneira, o xogum garantia a lealdade dos senhores, algo imprescindível para a manutenção do novo sistema. Portanto, cada um podia administrar suas terras conforme sua vontade, mas todos deviam cumprir com as suas obrigações para com o xogum: pagamento dos impostos e lealdade política e militar. Historiadores chegaram a dar nomes a esse sistema político-social em que o xogum era a autoridade nacional, os *daimio* eram autoridades regionais e uma extensa burocracia administrava as relações entre as duas autoridades: "feudal centralizado", "miniatura aproximada da Europa medieval", "bakuhan" (junção de *bakufu*, "xogunato", com *han*, "feudos/domínios" localizados nas províncias).

Um outro grande mecanismo de controle social era a obrigação (instituída em 1634) de os senhores, em anos alternados, passarem quatro meses na capital e oito em suas terras. Enquanto o senhor ficava nas suas terras, sua família permanecia em Edo sob as vistas das autoridades. No entender dos xoguns, essa era uma boa maneira de impedir levantes regionais já que as grandes famílias ficavam de certa forma reféns do xogum na capital. Além disso, manter duas residências era custoso, o que dificultava que os senhores juntassem recursos para formarem exércitos para um possível ataque contra o xogum.

A ostentação tornou-se então uma exigência social: cada senhor procurava demonstrar o seu poderio exibindo-se diante dos seus pares. Os registros históricos contam que a cada deslocamento os senhores carregavam consigo centenas ou até

Os castelos japoneses são fortificações imponentes que traduzem o poder de seus senhores. O castelo de Himeji, na foto, é admirado por suas linhas suaves e conhecido como o "castelo da garça branca".

milhares de pessoas entre samurais e toda a sorte de auxiliares e serviçais (alguns trazidos também para que não criassem problema longe das vistas do seu senhor). Com isso, Edo transformou-se numa cidade em pouco tempo inchada com a população flutuante e a permanente, formada por pessoas que se dedicavam aos mais diversos ofícios para atender aos moradores: artesãos, artistas diversos, comerciantes que afluem à cidade para vender produtos, criando uma enorme rede que tendia a crescer na medida em que os gostos dos moradores se tornavam mais requintados.

Tokaido, a estrada oriental que liga Edo a Kyoto, tornou-se a mais movimentada do país. De um lado, Edo, a nova capital. Na outra extremidade, a antiga capital onde vivia o imperador. O caminho era bastante vigiado por tropas a serviço do xogum, que controlavam todas as idas e vindas.

O xogunato Tokugawa | 115

Cenas cotidianas da vida na cidade durante o xogunato Tokugawa.
Na foto, reprodução em maquete do Museu Edo-Tokyo.

Imperador

O imperador vive isolado em Kyoto e, como o sucessor da linhagem divina, vive com a renda de dez mil *koku* de arroz oferecida pelo xogum. O xogum mantém um regente para marcar sua presença na cidade, no castelo de Nijo. Ao mesmo tempo, ele continua se colocando na condição de súdito do imperador. Dessa forma, fica assegurado ao imperador o seu papel simbólico, também uma estratégia de evitar levantes contra o xogunato, pois qualquer ato de rebeldia, em última instância, seria também um ato contra o imperador e os deuses ancestrais. Os nobres ligados por laços de parentesco com o imperador recebiam uma pequena quantia doada pelo xogum e dela dependia sua manutenção, pois não tinham mais nenhum poder político.

Samurais

Os samurais também passaram a viver de renda. Como o imperador, recebiam uma quantia em *koku* de arroz proporcional ao seu *status* dentro do domínio do senhor a quem prestavam serviços em troca do pagamento. Continuavam subordinados aos senhores de terras, seguindo evidentemente uma hierarquia interna.

Quando o poder do país passa de fato para as mãos de chefes militares, os samurais são colocados num estrato social elevado, logo abaixo dos senhores de terras, recebendo por isso diversos privilégios. Mas há um paradoxo histórico nesse aspecto: em todo o período que durou o *bakufu* Tokugawa, os samurais nunca tiveram que se expor em grandes lutas.

A vida dos samurais se resumia a manter o seu *status* vivendo à custa dos estipêndios recebidos e à espera de qualquer requisição de seus serviços. Como os governantes Tokugawa conseguiram criar um cinturão de segurança em torno dos possíveis rebeldes, os samurais ficaram sem ter muito o que fazer. Com o passar do tempo, eles apenas usufruíam os privilégios de sua condição. Aqueles das categorias inferiores passaram até a se dedicar a outras atividades como o comércio ou o ensino, por exemplo.

Comerciantes, artistas e artesãos

No Japão da época, o comércio era uma atividade considerada marginal, sem reconhecimento social e, por isso, voltada para aqueles que não tinham muitas alternativas. Era fora do padrão ganhar dinheiro dessa maneira, pois a sobrevivência vinha do trabalho na terra. A moeda não era o instrumento de troca usual e as que

Casas comerciais e armazéns instalavam-se ao longo de canais, como os da cidade de Kurashiki, na província de Okayama. Hoje esses estabelecimentos transformaram-se em lojas para turistas e são testemunhas do intenso movimento de produtos trocados durante o período Edo.

circulavam no Japão eram na maioria chineses. Os japoneses começam a cunhar moedas imperiais de ouro, prata e cobre no século VIII, mas em pequenas quantidades e muito mais como forma de reconhecimento do que para trocas comerciais. Senhores locais também cunhavam moedas para perpetuar o seu nome. As moedas chinesas, essas sim, eram obtidas da troca por produtos japoneses, esquema que perdura até o século XVII, quando os Tokugawa começam a cunhar moedas.

O comércio pelos mares havia começado com os chineses no século VIII e só no século XII os japoneses mais aventureiros passaram a fazer o mesmo: enfrentar o mar pouco conhecido para começar a comerciar com coreanos e chineses. As atividades comerciais se mostraram lucrativas desde o início pelas novidades que os vizinhos ofereciam. Eram produtos de luxo como as sedas, porcelanas, cerâmicas, objetos de metal, pinturas, que eram facilmente vendidas aos senhores feudais. Eles se interessavam pelas inovações vindas de fora não só pelo produto em si, mas também para ostentar poder.

O comércio foi certamente uma das atividades que mais floresceram com a consolidação da união do país e a paz que dela adveio. Além das casas de comércio especializadas que se concentravam nas grandes cidades, também no interior o comércio ganhou nova vida. As estradas multiplicaram-se e tornaram-se mais seguras sem os assaltos de bandoleiros comuns em épocas anteriores.

O comerciante tornou-se uma figura social em evidente ascensão no Japão, porque as camadas sociais mais elevadas ficaram mais exigentes em termos de luxos e prazeres, e os produtos locais, agrícolas ou artesanais, nem sempre satisfaziam seus gostos. A renda de comerciantes que mantinham casas especializadas, como as de arroz, saquê, chá, *shoyu*, passou a ser muito superior a dos que viviam estritamente dos proventos da renda da terra.

O desenvolvimento econômico durante esse período se caracteriza pelo incremento da *urbanização*, da circulação de mercadorias, da difusão das atividades artesanais e do florescimento do negócio bancário e das companhias de comércio.

Com as exigências de consumo cada vez maiores, as elites passaram a ter necessidade de converter seus ganhos em dinheiro e para isso recorriam aos comerciantes a procura de empréstimos ou adiantamentos em troca de privilégios, vantagens e isenções que, por serem politicamente poderosos, podiam lhes oferecer. Vários comerciantes enriqueceram também dessa maneira (e, quando não provocavam muita inveja e cobiça, podiam viver em paz).

Os homens de negócio japoneses prosperaram. Conseguiram também desenvolver sua forma própria de pensar ligada a sua atividade: melhoraram sua autoimagem, graças

Os bonecos do teatro *bunraku* são muito populares desde o período Edo. Parecem vivos!

a um crescente senso de importância e desenvolveram estratégias para não sucumbir diante dos nobres, samurais e senhores. Entre seus valores estava: ser obstinado diante dos objetivos, desconfiar de estranhos, trabalhar bastante, agir com parcimônia e acumular riquezas. Isso contribuiria, posteriormente, para a revolução industrial japonesa.[1] E também passaria a constituir o "ser japonês".

A qualidade dos trabalhos manuais passou a ser cada vez mais valorizada. Os *designers* de impressão criaram representações elegantes e bastante apreciadas. As artes japonesas também foram favorecidas pela demanda crescente.

As concentrações urbanas criavam condições para o desenvolvimento de formas de entretenimento popular, espetáculos de rua, o teatro *kabuki*, o teatro de marionetes, o *bunraku*, músicos, poetas, *gueixas* e contadores de história proliferavam no ambiente propício.[2]

Piratas

A ação dos *wako*, os piratas japoneses, era um problema que acompanhava as transações com o exterior. Eles surgiram no século XIV, quando houve a proibição do comércio de Ryukyu[3] (o reino independente que se localizava entre o Japão e o continente asiático) com a China, o que prejudicou muito o abastecimento de mercadorias de luxo para o Japão, um grande comprador. A partir daí, os piratas japoneses não pararam mais de atacar navios carregados de mercadorias, especialmente chineses e coreanos, obtendo lucros enormes. Os lucros garantidos transformaram os *wako* em personagens comuns dos mares.

A pirataria japonesa reunia facilitadores em terra na China, na Coreia e no Japão. Os *ronin* (samurais que haviam perdido seus senhores), os contrabandistas e mesmo samurais de baixo escalão estavam entre os associados dos piratas. Até alguns senhores feudais envolveram-se com piratas.

Os navios piratas japoneses cruzavam todo o mar da China e levavam os produtos para os portos, principalmente de Kyushu. Posteriormente, com a chegada dos europeus à Ásia no século XV, houve grandes novidades no comércio e também na pirataria. As feitorias criadas por portugueses, espanhóis, holandeses e ingleses alargaram as fronteiras comerciais por todo o litoral do sudeste asiático. Mercadorias japonesas se espalharam, chegando inclusive ao Golfo Pérsico. Eram objetos como leques, papel-arroz e as famosas espadas samurais.

Os japoneses, por sua vez, também tiraram proveito do novo contexto aberto pelos europeus. Fixaram pontos comerciais em lugares como Filipinas, Manila, Macau, em pontos da Indonésia, em Sião, de onde obtinham lucros principalmente com açúcar e armas de fogo, mas também com especiarias. A construção de navios passou a ser incentivada pela necessidade de melhores cargueiros. Nas suas relações com os europeus, os japoneses aprimoram a arte de construir navios, havendo notícias de que, em 1609, os primeiros japoneses aportam nas Américas, levando o governador espanhol de Luzon das Filipinas para o México.

Os piratas japoneses multiplicaram seus ataques a navios que cortavam os mares próximos ao Japão carregados de mercadorias de todas as origens. Tais piratas eram frequentemente perseguidos pelos europeus, havendo, inclusive, indícios de que estariam a serviço de senhores japoneses que financiavam os ataques de olho no botim.

Nesse contexto, os piratas faziam a festa. Sua atividade só se restringiu drasticamente quando Toyotomi Hideyoshi, por pressão dos portugueses e dos chineses, estabeleceu o "selo vermelho", uma licença oficial que legalizou o comércio marítimo japonês (os navios que não possuíam o selo eram confiscados e seus tripulantes, condenados como piratas).

Nesse período, os japoneses formaram pequenas comunidades fora do Japão mantendo costumes e língua por mais de uma geração. Com o passar do tempo, as marcas se apagaram. É através da documentação dos europeus que se sabe que havia comunidades importantes em Luzon, nas Filipinas, em Ayuthi, no reino de Sião, onde, no século XVII, um japonês chegou a ser conselheiro do rei. Samurais sem senhor, ou os derrotados nas lutas pela unificação, também se dedicaram ao comércio legal mudando-se do Japão e construindo famílias com as habitantes locais.[4]

A relação do Japão com o Ocidente nessa época tornou-se familiar no mundo todo em 1980, quando foi feito um filme a partir do livro *Xogum*, de James Clavell, sobre a história verídica do inglês William Adams na corte de Ieyasu Tokugawa. Nesse mesmo ano, Shusaku Endo publicou o romance *Samurai*, sobre a viagem dos japoneses a Roma no século XVII.

Camponeses

A base de toda a economia continuava, no entanto, sendo a agricultura. O arroz ainda era a referência para todas as formas de relacionamento entre os diversos segmentos da sociedade, inclusive para a arrecadação de impostos, como vimos. Era a sua produção o parâmetro para medir a riqueza de um senhor de terras e, por conseguinte, o seu *status* diante dos seus pares.

É importante salientar que o acesso ao consumo de arroz foi bastante restrito durante séculos, ou seja, comer arroz era um luxo negado aos menos favorecidos. O cultivo de outros produtos, como os tubérculos – inhame, batata-doce –, os legumes e as verduras, garantia a alimentação diária completada com peixes e algas, tudo temperado com os subprodutos da soja.

A vida do agricultor nesse período era bastante penosa, pois, conforme o censo iniciado por Nobunaga, os impostos eram recolhidos sobre a previsão da colheita, e não sobre a produção propriamente dita. Por isso, havia uma sobrecarga de trabalho: os camponeses tinham que extrair o necessário para cumprir a meta, não importando a ocorrência de intempéries ou acidentes que prejudicassem a agricultura. Em troca, além da terra para trabalho e moradia, o camponês tinha a proteção de seu senhor, a quem era subordinado pelos laços de fidelidade.

A fim de cumprir com suas obrigações, os camponeses passaram a se organizar e fortalecer os laços comunitários.

A família japonesa nessa época era patriarcal e clânica. Abrigava os parentes colaterais perto de si. As diversas famílias procuravam se unir em comunidades lideradas por cinco chefes escolhidos por elas, que organizavam a produção local e respondiam pela arrecadação de impostos. Cada aldeia (*mura*) mantinha registros anuais sobre cada família – nascimentos e mortes – e o volume de sua produção. Um dos cinco chefes encarregava-se de prestar contas diretamente ao senhor. A hierarquia era rigidamente respeitada de forma que as obrigações de vassalagem pudessem ser cumpridas. No período Tokugawa, essas maneiras de organizar a comunidade local se consolidaram, tornando-se a fonte mais importante de um dos traços do *ethos* japonês: *o comunal acima do individual*.

OPÇÃO PELO ISOLAMENTO

O período de hegemonia dos Tokugawa foi também o do isolamento racionalmente planejado para o Japão. A unificação do país demandara anos de lutas até se consolidar, passando por intrigas, traições, arranjos e rearranjos de forças entre os senhores de terras, entre províncias e regiões, até culminar com a aceitação dos Tokugawa como líderes incontestes. Cercados de cuidados para evitar quaisquer atos de rebeldia que pudessem abalar a sua autoridade, os Tokugawa conseguiram finalmente estabelecer a ordem e autoridade no país.

A sociedade estava hierarquicamente ordenada: no topo, os nobres e os samurais; mais abaixo, a nova classe mercantil em ascensão; depois, os artesãos, valorizados de acordo com o que produziam e os camponeses. No nível mais baixo estavam os marginais e os "intocáveis" desprezados, sobretudo os *burakumin*, considerados pessoas contaminadas. Nesse nível também encontravam-se os *ronin*, ex-samurais que haviam perdido seu senhor (por conta das inúmeras guerras ou da repressão violenta aos clãs que haviam se rebelado contra os Tokugawa), acostumados à luta e ao manejo das armas; no momento em que ficaram sem função e sem sentido, passaram a aterrorizar as pessoas buscando vingança, perturbando a paz, assaltando em bandos ou apenas procurando sobreviver dedicando-se a atividades consideradas inferiores.

Com atribuições definidas e engessadas para cada segmento da sociedade, faltava ainda uma questão a ser enfrentada de forma a não apresentar riscos ao que havia sido conquistado: a relação com o exterior.

Os europeus que chegavam ao Japão a partir do século XVI transferiam as disputas entre as monarquias europeias para o Extremo Oriente, provocando instabilidade nos países asiáticos.

Portugal, Espanha, Inglaterra e Holanda concorriam entre si pelas mercadorias do Oriente. A rota marítima para o Índico e o Pacífico aumentou a perspectiva dos comerciantes com relação aos lucros que poderiam obter. Entrepostos comerciais europeus estavam espalhados por todo o sudoeste da Ásia, atingindo a costa do Pacífico com estabelecimentos na China, Coreia e Japão. Comerciantes asiáticos, por sua vez, lançaram-se na atividade comercial associando-se a europeus e, consequentemente, incorporando elementos culturais e religiosos dos seus sócios.

Dessa maneira, os japoneses acabaram envolvidos nas disputas entre blocos comerciais, entre ideologias e entre esferas de influência, como nas brigas da Igreja Católica com os protestantes.

No Japão, os portugueses haviam chegado antes dos outros europeus. Reanimaram o comércio japonês com a China e Coreia, servindo como intermediários e algumas vezes até abrindo caminho para que os comerciantes japoneses empreendessem, eles mesmos, a abertura de entrepostos no exterior.

Os religiosos estrangeiros, como vimos, entravam no Japão desde o período de Nobunaga, na maior parte das vezes vindos nos navios de comércio. Traziam com a missão evangelizadora também as rusgas entre ordens religiosas, em particular entre os jesuítas e os franciscanos, assim como os conflitos de interesse dos católicos de Portugal e Espanha e dos protestantes da Inglaterra e Holanda. Todas essas interferências externas alertaram os governantes japoneses para possíveis ameaças à soberania de seus territórios. Logo veio a reação. Assim, houve um repúdio calculado das coisas estrangeiras. Desde livros, passando por artefatos[5] e chegando, como vimos, às pessoas e às religiões.

Os comerciantes ocidentais começaram a sofrer sanções até que, finalmente, foram expulsos do país. Com algumas raras exceções (certos holandeses, chineses e coreanos tinham permissão para aportar somente na ilha de Denshima, na costa de Nagasaki), nenhum estrangeiro, a partir de 1639, obteve permissão para entrar no país, e se tentasse seria executado.

O cristianismo também foi banido. Os cristãos perseguidos que ousaram se rebelar acabaram massacrados e diversas medidas foram tomadas para evitar que a religião cristã sobrevivesse e prosperasse no país; os japoneses só podiam agora se considerar budistas ou xintoístas. Durante o xogunato Tokugawa, o confucionismo ganhou força e seus preceitos de valorização da obediência, com lições aplicáveis ao diaa dia e à sociedade, ajudaram a garantir a ordem social, do interior dos lares – onde o patriarca era senhor absoluto – ao país como um todo – comandado pelo xogum, de acordo com esse pensamento, com um misto de mão de ferro e responsabilidade com relação aos governados. O budismo já não era mais tão importante politicamente quanto havia sido, mas, com o banimento do cristianismo, retomou sua força religiosa. O xintoísmo também foi favorecido nesse período graças ao reforço dos vínculos locais e comunais e o favorecimento de uma "identidade nacional" em oposição à "cultura estrangeira".

Em 1633, os navios japoneses foram proibidos de ir a Europa e, três anos depois, de sair das águas territoriais. A partir de 1637, nenhum japonês podia mais tentar deixar o país sob pena de morte. Os que estavam fora não puderam voltar.

Os japoneses haviam estudado intensamente ciências (Geografia, Medicina, Biologia, Física e Mecânica) e técnicas ocidentais, acumulando saber que lhes permitiu rapidamente alçar voos próprios. Mesmo nas áreas rurais, as melhorias técnicas foram incentivadas como forma de aumentar a produção agrícola ou o seu escoamento.

Enfim, o Japão isolou-se comercial e culturalmente do mundo exterior e passou a se desenvolver internamente sem o peso da influência ocidental.

NOTAS

[1] David S. Landes, A riqueza e a pobreza das nações, Rio de Janeiro, Campus, 1998, pp. 405-7.

[2] Essas formas de entretenimento popular recordam episódios heroicos do passado, com uma linguagem acessível, usando o corpo para transmitir os sentimentos, melodias alegres em contraste com o teatro *do,* a música *gagaku,* de linguagem mais hermética e de difícil compreensão para a população, estes, privilégio da nobreza.

[3] Mais tarde se tornaria Okinawa.

[4] Com a perseguição ao cristianismo no Japão a partir de 1622, muitos cristãos japoneses procuraram refúgio nas colônias mantidas pelos portugueses e espanhóis, como em Manila e Macau.

[5] Até armas de fogo foram recolhidas, e os relógios aceitos eram só os de fabricação japonesa, que naquele tempo não eram muito precisos.

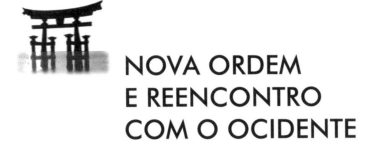

NOVA ORDEM E REENCONTRO COM O OCIDENTE

No final do século XVIII e início do XIX, os japoneses passaram a enfrentar fortes pressões para que se abrissem novamente ao comércio internacional. Esse fato e as mudanças internas pelas quais havia passado fariam com que o Japão entrasse numa nova era, como uma nova peça no tabuleiro internacional.

NOVAS FORÇAS PRODUTIVAS

No decorrer de três séculos, as mudanças no plano interno tornaram-se tão substanciais a ponto de abalar a ordem social.

No final do século XVI e início do XVII, a manufatura do algodão se expandiu no Japão, conquistando gostos e mercados. Em certos feudos, desenvolveram-se manufaturas de preparação de matérias-primas para serem utilizadas em tecelagens de algodão e de seda instaladas em centros urbanos como a cidade de Osaka. Assim, um esquema alternativo à agricultura passou a fazer parte do horizonte dos camponeses de determinadas regiões, já que a manufatura se desenvolvia dentro dos feudos paralelamente à agricultura, ambas na mesma propriedade, desde o final do século XVII. Nas áreas rurais, essa manufatura podia ser encontrada de formas distintas: em oficinas tocadas por um empregador, um ex-camponês agora enriquecido que pagava pelo serviço de fiandeiras e tecelões, ou num sistema de empreitada em que os mercadores forneciam material e ferramentas para as unidades familiares e, em troca, compravam o que era produzido por elas. Com vantagens sobre as corporações de artesãos urbanos, muitas aldeias japonesas passaram a se dedicar à fabricação do algodão em detrimento do trabalho na lavoura. A produção manufatureira regional passou a alimentar o comércio e desenvolver uma intensa circulação monetária não prevista anteriormente. Isso tudo funcionou como fator de desequilíbrio dentro do antigo sistema, montado basicamente sobre o monopólio agrícola.

Ao lado da industrialização rural ocorreu também o incremento da produtividade agrícola quando os japoneses começaram a adotar irrigação, fertilizantes e arado. A maior produtividade das terras deu aos camponeses a possibilidade de produzirem mais do que o exigido pelo senhor, proporcionando-lhes uma melhoria no seu padrão de vida.

Essas mudanças provocaram um crescimento demográfico da população, que crescia 1% ao ano, criando uma desproporção entre a quantidade de habitantes e a de terras disponíveis para a agricultura e estimulando o êxodo rural. Devido a esse aumento da população, aliado a circunstâncias examinadas no capítulo anterior, como a exigência de dupla residência senhorial e da movimentação intensa dos senhores, ocorreu também, além do desenvolvimento das estradas e das aldeias, um enorme adensamento das cidades, com uma considerável concentração urbana na região da planície de Kanto, onde se localizava Edo. A cidade, que no século XVI era praticamente uma aldeia de pescadores, no XVIII tornou-se a maior do mundo, com mais de 1 milhão de habitantes, quando o total dos japoneses estava próximo de atingir 26 milhões. Osaka e Kyoto, centros comerciais mais antigos, também viram multiplicar suas lojas, indústrias e bancos, além de armazéns e navios costeiros.

O sistema feudal japonês dá espaço para o desenvolvimento interno dos feudos, para o aumento da produção agrícola, de excedentes, e o consequente desenvolvimento do comércio.

Os comerciantes que faziam empréstimos aos senhores e samurais se enriqueceram a ponto de passar a exercer um papel preponderante na estrutura social. Numa inversão da situação anterior, os senhores e os samurais tornaram-se cada vez mais dependentes dos comerciantes. Nos períodos em que a produção dos domínios diminuía – o que não era incomum num país de natureza tão caprichosa – ou quando era necessário recolher recursos extraordinários, como após o incêndio de Edo em 1657, os comerciantes eram acionados para garantir a manutenção do sistema. Na escala social, entretanto, os comerciantes ainda se encontravam na fímbria da sociedade em termos de *status*, longe da camada detentora do poder e sem direito à posse de terras. No século XIX, lutariam para romper os limites ainda enfrentados na política e na sociedade.

Com a valorização do dinheiro cada vez maior na sociedade japonesa, antigas formas de relacionamento acabaram minadas. Vários senhores, interessados em converter suas rendas tradicionais em moeda, optaram por substituir, num processo de longo prazo, os tributos pagos pelos camponeses em produtos da terra por arrendamentos monetários. Outros mais afoitos procuraram extrair mais e mais dos

A casa de comércio Mitsui nasceu para servir aos moradores de Tóquio no período Edo. A maquete do Museu Edo-Tokyo mostra o movimento intenso da casa. Hoje o lugar abriga uma das maiores lojas de departamentos de Tóquio, o Mitsukoshi.

camponeses, pressionando-os a ponto de provocarem, em reação, inúmeras fugas, violências e rebeliões no campo, cujos alvos principais eram as casas e os armazéns dos senhores e dos comerciantes da região. Mais um motivo para que *daimio* e samurais mais prudentes optassem por empréstimos ao invés de pressionar mais os trabalhadores dos feudos.

Em diversos pontos, a revolução comercial ocorrida entre os japoneses assemelhou-se à dos europeus. Mas foi mais rápida em termos de divisão do trabalho, que aproximou cidade e campo, e aumentou a demanda por dinheiro, produtos e serviços. Contribuíram para isso a estabilidade política interna, o transporte hidroviário acessível, a unidade linguística, a abolição das barreiras comerciais e a cultura mercantil desenvolvida e compartilhada. As áreas mais remotas recebiam a visita de vendedores ambulantes que também negociavam a crédito, dentro de regras conhecidas por todos. A variedade de artigos (de vestuário, medicamentos, ferragens, utensílios domésticos e de trabalho) que cruzava o país também era grande.

Em meados do século XIX, a estrutura feudal seria finalmente superada pelas circunstâncias em que pesavam as novas forças do comércio e da urbanização.

Antigas regras ligadas à hierarquia social começaram a ser desrespeitadas aqui e ali por nobres decadentes que se casavam com filhas de ricos comerciantes, camponeses abastados que eram tratados como gente ilustre, senhores de domínios prósperos que rompiam por conta própria a proibição de negociar com estrangeiros (compravam armas e construíam navios), feudos que armavam camponeses. Convenções quebradas significam rupturas na ordem social.

PRESSÕES INTERNACIONAIS

Nessa época, todo o mundo ocidental estava passando por mudanças geopolíticas, sociais e econômicas em função da expansão do capitalismo. As grandes potências mundiais da época, a saber, Grã-Bretanha, França, Estados Unidos e Rússia, dão início ao "loteamento" de territórios do planeta sob sua influência na "era de ouro do imperialismo". Alemanha e Itália, para melhor aproveitar suas possibilidades econômicas, estão em fase de unificação. E o Japão não tardará a buscar um lugar entre essas potências – era isso ou sucumbir.

Regiões até então fora do circuito da chamada "civilização ocidental" passam a fazer parte dos mapas de domínio político (direto ou não) das grandes potências. A França anexa a Argélia em 1830 e o Taiti em 1880; a Bélgica domina o Congo em 1885. Nesse momento, a Grã-Bretanha apropria-se de parte da África do Sul, domina Nova Zelândia, Austrália, Malvinas, Nova Guiné. Enfrenta problemas de resistência na Ásia, especialmente na China e Índia, que resultam em conflitos como a Guerra do Ópio na China (1839-1842). O Canadá torna-se domínio inglês em 1867. Nesse meio tempo, a federação norte-americana aumenta consideravelmente a sua extensão territorial anexando o Texas e a Califórnia (1836 e 1850 respectivamente), após um longo período de atritos com o México. Partes da América Latina continuam lutando por sua independência da Espanha.

A escravidão africana entra em xeque nos países da América, enquanto a África está sendo retalhada pelos países europeus. Na rígida Prússia, uma constituição liberal é promulgada em 1850. Na Rússia, a servidão dos camponeses é suprimida em

1861. A Europa Oriental como um todo passa por uma remodelação de seus limites territoriais. Difícil ficar alheio a tantas mudanças.

O Extremo Oriente é alvo de atenção das grandes potências mundiais: em 1844, os Estados Unidos assinam com a China – na época em guerra com a Grã-Bretanha – um tratado de paz, amizade e comércio. O Japão, território ainda não explorado pelos ocidentais, também desperta interesse.

Missões russas e inglesas foram enviadas, na virada do século XVIII para o XIX, exigindo dos japoneses a abertura para o comércio internacional. O Japão resistiu defendendo seu isolamento até a chegada à baía de Edo, em 1854, dos navios norte-americanos comandados pelo comodoro Perry com o objetivo de forçar a abertura. A chegada de navios estrangeiros ao Japão criou perplexidades pelo fato de o país estar oficialmente fechado aos contatos com diplomatas estrangeiros desde o início do século XVII.

A Grã-Bretanha e os Estados Unidos conseguem, apesar das resistências dos japoneses, o direito de comerciar em Shimoda (Honshu) e Hakodate (Hokkaido), portos distantes da capital Edo.

Os norte-americanos tomam a frente no processo de quebra do isolamento do Japão, obtendo direitos de extraterritorialidade para seus cidadãos, tornando-se os Estados Unidos o primeiro governo estrangeiro a obter representação diplomática no país (1857). Nos anos seguintes, novos tratados contemplando interesses estrangeiros (abertura de mais portos, construção de residências para representantes diplomáticos) foram obtidos.

Sob a ótica dos países ocidentais, o Extremo Oriente era marcado pelo exotismo (como descrito por Marco Polo no século XVI), pelas notícias das invasões mongóis e tártaras (que haviam atingido os limites do mundo considerado ocidental), pela violência da expulsão dos cristãos das terras japonesas (no século XVI) e, já no século XIX pela resistência à chegada dos ocidentais àquela parte do mundo. As tentativas inglesas de ocupação da China e da Índia mostravam-se problemáticas à época da restauração imperial no Japão. No entanto, o Japão aparecia como um mercado potencialmente fértil, pela sua extensão, recursos e pelo número de habitantes.[1] Tal como no século XVI, quando da expansão ibérica, o Oriente poderia se tornar fornecedor de produtos não existentes na Europa e Estados Unidos, como a seda e o chá. Portanto, avaliaram que valia a pena insistir.

Ao final, o caminho encontrado pelas potências ocidentais foi também o de não confronto com os japoneses, mas de entrada pacífica à custa de habilidade diplomática e demonstração de superioridade técnica. Em especial para os Estados Unidos, o Japão mostrava-se como um caminho para a China, confrontando seus interesses com os da Grã-Bretanha, que também procurava se fixar naquele país por meio da Índia. Para os norte-americanos, que viviam sua expansão para oeste dentro do seu território com a corrida do ouro na Califórnia, sua expansão para o oeste na Ásia tinha o Japão como ponto de referência. Os Estados Unidos usam os japoneses como escudos diante dos ingleses usando subterfúgios para se infiltrar pacificamente na Ásia. Na rentável pesca de baleia, por exemplo, os americanos vendem navios, mas quem pesca as baleias são os japoneses. Estes, dessa forma, passam a concorrer diretamente com os ingleses.

Do ponto de vista japonês, o contato com os ocidentais abriu os olhos para as distâncias tecnológicas que os separava. De fato, os japoneses haviam antes aprendido algo da ciência e da tecnologia ocidentais e, no período de "isolamento", trilhado seus próprios caminhos de desenvolvimento nessa área com sucesso em alguns pontos (tinham uma alta taxa de alfabetização em comparação com outras sociedades pré-industriais). Talvez até atingissem por conta própria, num futuro qualquer, os mesmos níveis. Mas, no momento do reencontro, ainda estavam aquém e tinham muito o que aprender e incorporar em termos de tecnologia industrial e de armamentos, por exemplo. Os estrangeiros não só eram, de fato, mais fortes como faziam questão de deixar isso bem claro.

O FIM DO XOGUNATO

Na metade do século XIX, quando os navios norte-americanos aportaram pela primeira vez no Japão, o modelo adequado para os três séculos anteriores já estava superado. Alguns analistas apontam que é no interior do próprio modelo que se deu o fim do xogunato. A história oficial japonesa do período posterior, no entanto, atribui à chegada dos ocidentais o fator primordial para a desagregação do feudalismo.

Na realidade, o comodoro Perry é o emblema da aceleração de um processo de mudanças que há muito estava ocorrendo na sociedade japonesa. A chegada dos ocidentais ao Japão aprovou uma discussão política em cujo cerne estava a decisão sobre os caminhos que o país tomaria no futuro. A restauração do poder ao imperador é o corolário do processo.

E por que o imperador? Como vimos, a legitimidade de todo tipo de poder político no Japão dependia da figura do imperador. Simbolicamente, ele era um governante legítimo que estava acima do governante *de facto*. Na sociedade japonesa, a lealdade pessoal era um valor acima de todos os outros; assim, ao colocar a autoridade suprema (imperador) acima do xogum, as elites insatisfeitas não pareciam estar cometendo uma deslealdade. Quando a restauração do poder do imperador passou a ser desejada, começou o fim da hegemonia da família Tokugawa.

A queda do xogunato foi precipitada por uma série de rebeliões locais ocorridas desde o final do século XVIII em feudos liderados por *tozama*, senhores que haviam sido aliados tardios dos Tokugawa e, portanto, nunca muito confiáveis. Entre as rebeldes, destacaram-se as províncias de Choshu (hoje Yamaguchi), situada no sul da ilha de Honshu, cercada de mares por três lados e tradicionalmente uma ligação do Japão com o restante da Ásia,[2] e a de Tosa (hoje Kochi), situada na ilha de Shikoku, aberta ao Pacífico oriental. Satsuma (hoje Kagoshima), situada no extremo sul da ilha de Kyushu aberta em direção ao Pacífico, foi outra a se rebelar contra os Tokugawa. Ali, em 1542, haviam sido fabricadas as primeiras armas de fogo do Japão, copiadas dos viajantes portugueses. No século XIX, Satsuma tinha também uma grande produção de arroz e cerca de oitocentos mil habitantes.

Não é coincidência que tanto Choshu quanto Satsuma ficassem em pontos geográficos estratégicos para o contato exterior;[3] seu interesse em minar o isolamento imposto ao país pelos Tokugawa era mais evidente. Os três feudos que se rebelaram com grande ímpeto em meados do século XIX tinham também como peculiaridade o fato de abrigarem comerciantes detentores de grandes fortunas, como a família Mitsui, e jovens samurais (com idade entre 27 e 40 anos) educados com ideias voltadas para o rompimento da estrutura feudal.

A chegada dos ocidentais ao Japão engendrou opiniões divergentes a respeito da atitude do país diante da pressão internacional. "Ameaça" (do Ocidente) era o termo utilizado pela ala mais conservadora dos senhores de terra, leal ao xogum e contrária à abertura; apregoava a lealdade aos princípios da obediência do código samurai e exigia a expulsão dos "bárbaros", não se deixando seduzir nem mesmo pelos artefatos trazidos do Ocidente.

Por outro lado, os xintoístas, a favor da abertura, relembravam a origem divina do imperador e a superioridade do povo japonês que, diante do avanço tecnológico do Ocidente, deveria assimilar, e não rejeitar os seus ensinamentos. Foram eles a encabeçar a restauração do poder do imperador. Os budistas, que haviam perdido espaço social e político com os Tokugawa, e vários comerciantes enxergaram no restabelecimento do contato com o Ocidente e em suas ideias propaladas de igualdade social e liberdade de mercado algo promissor para sua expansão.

O povo japonês, assediado pela fome e vítima de desastres naturais que sacrificaram o Japão no segundo quartel do século XIX, também se mostrava insatisfeito e favorável a mudanças.

O processo de restauração do poder imperial ocorreu na forma de uma união de interesses contra a velha ordem que não oferecia condições legais para a expansão dos negócios e para a ascensão social individual. Forças sociais emergentes e distintas se uniram para a tomada do poder.

Abandonaram a ideia de expulsão dos estrangeiros, decidindo-se por uma atitude de não confronto com os ocidentais, superiores na arte da guerra. Abriram-se aos ocidentais numa estratégia de lhes retirar lições de economia e política, de incorporar novas tecnologias, desenvolver o intercâmbio comercial e cultural, abandonando a atitude do "sapo olhando o mundo do fundo de um poço", mas "adotando seus melhores pontos e tirando proveito de nossas próprias deficiências".[4]

A VOLTA DO PODER IMPERIAL

Com tantos interesses em jogo, o povo japonês assistiu às diversas derrotas do xogum e seus aliados diante dos exércitos leais ao imperador (entre eles os feudos de Satsuma e Choshu), com armas mais modernas, até que, no final de 1867, o xogum abriu mão de seus poderes militares e políticos em nome do imperador Matsu-Hito Meiji. Com o xogunato derrubado, o controle do Estado voltou para as mãos imperiais em Kyoto. Terminava o domínio Tokugawa, e começava a era Meiji (que quer dizer "reinado luminoso").

Americanos e europeus que haviam apoiado a troca viram vários portos japoneses se abrirem a eles pelas mãos do imperador novamente poderoso. Senhores e samurais descontentes com a nova ordem sintetizada na Restauração Meiji ainda resistiram, mergulhando o Japão numa guerra civil que durou até 1869, quando enfim suas vozes não puderam mais se fazer ouvir. Além disso, uma coisa unia os japoneses independentemente de suas divergências internas: o temor que os imperialistas estrangeiros interviessem e tomassem conta do país. Era preciso continuar segurando as rédeas da nação.

NOTAS

[1] O Japão, em 1871, abrigava uma população de 33 milhões de habitantes, maior que a da Grã-Bretanha (então com 26 milhões) e comparável à dos Estados Unidos (39 milhões) e à da França (36 milhões). Não há informações sobre a China no mesmo período, mas certamente a cifra era alta.

[2] Nessa província se localiza o estreito de Shimonoseki, uma das portas de entrada para o interior do país para navios vindos da Coreia.

[3] No início do xogunato, o senhor de Satsuma havia empreendido uma jornada militar em direção a Okinawa e conseguiu mantê-la sob sua tutela até meados do século XIX. Okinawa era uma porta de entrada para o comércio com a China. Apesar de fechado, o Japão tinha interesses em manter relações com aquele país, da mesma forma que, sob controle japonês, o local era uma barreira para a entrada de estrangeiros portugueses e holandeses no Japão.

[4] Documento assinado pelo imperador Meiji em 1868. W. G. Beasley, The Rise of Modern Japan. Political, economic and social change since 1850, New York, St. Martin's Press, 1995, p. 53.

RUMO À MODERNIZAÇÃO: A ERA MEIJI (1868-1912)

O ano de 1868 é importantíssimo para os japoneses, pois marca o início de um intenso processo de mudanças que influencia toda a história posterior do Japão. A Restauração Meiji introduz o país em uma nova realidade, dessa vez planetária.

O fato político é a restituição do poder ao imperador após os longuíssimos anos de xogunato Tokugawa e de fechamento do país ao contato com o exterior. Mas a Restauração Meiji é mais do que isso. Ela se pauta por reformas internas cujo objetivo é adaptar o Japão às exigências do mundo na época. Trata-se de um profundo redimensionamento das forças sociais no cenário político-econômico levado a cabo pela elite do país (grandes senhores capitalizados, grandes negociantes, intelectuais e tecnocratas de famílias poderosas) a partir de uma escolha: participar com alguma força no circuito capitalista. Assim, a ideia é criar uma sociedade com condições de inserção e competitividade no mercado mundial. O Japão corre contra o relógio para, em poucos anos, adaptar-se aos padrões ocidentais que dão as cartas naquele momento.

A nova elite no poder acredita que o melhor meio de resistir ao Ocidente é ocidentalizar o Japão e sua economia. Para realizar essa tarefa, os japoneses, acostumados a aprender com os estrangeiros, mobilizam todas as suas energias.[1]

De início, os novos detentores do poder não têm nenhum plano traçado sobre quais seriam os caminhos para a renovação pretendida. Em linhas gerais, sabem da necessidade de um esforço nacional coletivo que envolva de fato toda a população. Os anos que se seguem a 1868 são marcados por atritos entre diferentes facções de dentro do grupo no poder. Não há um líder para o comando, mas lideranças que divergem entre si. Para responder a essas divergências de opinião e conduta, são adotados dois grandes blocos de medidas – de cunho social e de cunho econômico – que, conjugados, dão o tom para a reformulação do antigo sistema em busca da modernização japonesa. Essas medidas basearam-se em observações feitas por técnicos japoneses enviados ao exterior para aprender com os europeus e americanos. Os japoneses também ouviram o que tinham a dizer os peritos e consultores estrangeiros trazidos ao país. Compararam, refletiram sobre os prós e contras e fizeram suas opções diante dos modelos existentes.

Muito se escreveu sobre a era Meiji, dentro e fora do Japão. Um dos pesquisadores japoneses mais conhecidos internacionalmente, Harumi Befu, pondera sobre o significado da modernização, ressaltando que no Ocidente esse processo foi fruto de um *continuum* histórico, mas no Japão implicou o desenvolvimento de um governo que o encorajou diretamente através da construção da integração política, adotando, por exemplo, o nacionalismo e disseminando benefícios (econômicos, educacionais, políticos, entre outros) para a maior parte da população e, até certo ponto, limitando os privilégios da restrita elite dominante.[2]

O antropólogo francês Lévi-Strauss explica que a Restauração Meiji, ao procurar integrar o povo japonês à comunidade internacional em lugar de destruir o passado, capitalizou sobre o que já existia. Ou seja, colocou a serviço da nova ordem recursos humanos plenamente disponíveis no país e lançou mão de ideologias antigas, como a do poder imperial, para justificar o esforço e abrir caminho à sociedade industrial.[3]

Para o historiador inglês Eric Hobsbawm, o plano japonês de "ocidentalização", a partir da Restauração Meiji, foi historicamente o mais convicto e bem-sucedido projeto de um país que se queria mais moderno. Entretanto, seu objetivo não era de fato ocidentalizar (no sentido de aceitar 100% dos valores dos estados e das culturas que tomava como modelo), mas, ao contrário, tornar viável o Japão tradicional, adotando determinadas inovações.[4]

Pode-se dizer que a Restauração Meiji foi mais uma adaptação que uma revolução, mas foi bastante radical em sua exigência por mudanças. Num tempo relativamente curto, o Japão Meiji desenvolve um Estado e uma nação de acepções modernas.

REFORMAS ECONÔMICAS

As medidas de caráter econômico estavam basicamente ligadas à centralização da economia nas mãos de um novo tipo de Estado que favorecia os interesses comerciais. No empenho em dar novo direcionamento à economia, o governo apoiou a iniciativa privada, ampliou a rede de transportes e comunicações, instituiu o monopólio em setores básicos da economia, como a mineração, e consolidou um sistema bancário, tudo isso em ritmo bastante acelerado.

Na criação de uma infraestrutura que permitisse o desenvolvimento dos transportes, foi vital a construção de estradas de ferro que, de início, ligavam as principais cidades, assim como o desenvolvimento do transporte a vapor e dos sistemas de comunicação (o de telégrafos foi implantado em 1869; o postal, em 1871; o primeiro jornal, em 1870; e o de regulamentação da imprensa e da opinião pública, em 1875).

No período Meiji houve modificações importantes como o uso obrigatório do dinheiro.
Antes as trocas podiam ser pagas com produtos agrícolas ou de artesanato.

Para controlar a economia do país, o governo japonês constituiu ministérios, sendo o primeiro deles o Ministério do Trabalho (1870), seguido pelo do Interior (1874), o da Agricultura e Comércio (1881), estabelecendo nítidas regras com relação ao funcionamento interno do país. Naquele momento, postos importantes do novo governo foram preenchidos por representantes dos feudos das províncias que haviam liderado a Restauração: Satsuma, Choshu e Tosa.

O sistema financeiro ganhou, em 1873, o primeiro Banco Nacional, seguido pelo Banco do Japão em 1882. Seu objetivo era sustentar investimentos que incentivassem a indústria, criados por pressão do governo sobre o capital mercantil. Em 1883, além dos bancos nacionais, funcionavam no Japão 204 bancos privados. O sistema monetário baseado no ouro e prata foi estabelecido em 1871, e a Bolsa de Valores de Tóquio foi inaugurada em 1878.

No campo

Para o setor fundiário, as regras até então em vigor deixaram de existir com a abolição das instituições feudais e a conversão dos feudos (*han*) em prefeituras (*ken*) em

1872, administradas por funcionários nomeados pelo governo, unindo e centralizando as decisões e quebrando a antiga estrutura fundiária. Os *daimio* foram convencidos a "oferecer" suas terras ao imperador.[5] Depois da abolição dos feudos, é permitido por lei arrendar terras.

A medida seguinte foi a revogação da proibição da venda de terras, seguida pela Regulamentação para a Reforma dos Impostos Territoriais (1873), que uniformizou os impostos agora integralmente na forma monetária. São os impostos do setor agrário que vão alimentar os subsídios estatais à indústria que emerge.

Os camponeses deixaram de pagar tributos a seus *daimio* e passaram a pagar impostos ao governo imperial. Em função da alta nos impostos, ocorreu no campo uma concentração de terras, sendo que o número de arrendatários e de trabalhadores assalariados cresce significativamente nos anos finais do século XIX.

Indústrias e negócios

Como vimos, o desenvolvimento "precoce" da indústria manufatureira no Japão foi favorável ao país em meados do século XIX. E significou uma fonte de lucros quando a abertura a artigos estrangeiros contrapôs a manufatura japonesa aos produtos equivalentes ocidentais. Na verdade, inicialmente, o ramo de fiação encolheu, mas a tecelagem, usando o fio importado, mostrou-se competitiva diante do tecido estrangeiro. Então, alicerçada numa rede preexistente de oficinas mecânicas e mão de obra qualificada, tornou-se o principal setor industrial do Japão.[6] Para sua "arrancada industrial", os japoneses também se dedicaram a desenvolver o ramo de processamento de alimentos e bebidas.

Paralelamente à produção de bens de consumo, o Japão passou a desenvolver setores da indústria pesada com a elaboração de maquinário e motores e a construção de ferrovias e trens, portos e estaleiros, centrais elétricas.

As indústrias japonesas em geral se beneficiaram da tecnologia ocidental para desenvolver as suas atividades. A indústria de manufatura do algodão, por exemplo, logo incorporou a tecnologia dos teares franceses e ingleses nas suas fábricas. A introdução da indústria pesada e de infraestrutura se fez basicamente com tecnologia vinda do exterior. Ao aprender com os estrangeiros, os japoneses procuravam adaptar e melhorar técnicas e equipamentos para, em seguida, fabricar suas próprias máquinas.

A economia voltada para o comércio exterior, vital para o desenvolvimento do país, foi o setor que mais exigiu habilidade dos dirigentes. Era preciso disputar mercados, concorrer, entrar em esferas em que os japoneses não tinham nenhuma experiência anterior. As primeiras medidas para a exploração dos mercados externos procuraram

A Brief History of This Place

It has been handed down by word of mouth that there was a fort in this place about 400 yeas ago.

During the Tokugawa period (1603-1867), this district became a direct domain of the Shogunate and started to develop gradually and steadily with the establishment of Kurashiki Magistrate's Office and with the construction of many rice warehouses.

In a tumult just before the close of the Tokugawa regime, however, Kurashiki Magistrate's Office was attacked by the mob of an opposition group and was finally reduced to ashes.

In the year 1888, some pioneers of this district, constructed a cotton mill of Kurashki Spinning Co. Ltd. (KURABO INDUSTRIES LTD.) at the site where the Magistrate's Office once stood. The prosperity of this company has greatly contributed to the development of this city. As a place of importance in the history of development of Kurashiki and as the memorial birthplace of the company, KURABO INDUSTRIES LTD. desires to preserve this place for long time to come.

Esta placa conta a história de uma das indústrias que nasceram no período Meiji aproveitando a onda de modernização. O cotonifício Kurabo foi construído em 1888 como se fosse uma fábrica ocidental.

valorizar os produtos que pareciam mais atrair os compradores: tecidos de algodão e seda, esta última tanto manufaturada como em forma de casulos. O esforço trouxe seus frutos. Por exemplo, em 1886, 62% do fio de algodão consumido no Japão era importado; em 1902, já era tudo nacional; em 1913, o Japão era responsável por um quarto das exportações mundiais desse fio.[7]

De início, o Japão sofrera a concorrência da China pelos mesmos produtos. Dentre os países recém-incorporados ao mercado capitalista, o Japão ocupava uma posição inferior à da China e Índia, mercados vistos como mais promissores pelos países ocidentais. Em função desse contexto, o Japão Meiji empenhou-se fortemente em aumentar os seus recursos financeiros, procurando incentivar por meio de subsídios as indústrias em desenvolvimento. Forçado a exportar a preços baixos para ganhar em volume que lhe permitisse bancar equipamentos e combustíveis, e não dispondo de matéria-prima significativa para exportar, o Japão expandiu rapidamente a produção de tecidos, tomando a liderança mundial da China.

Além dos fortes investimentos econômicos e das viagens de estudo e pesquisa, o governo japonês também se empenhou no apelo dirigido a empresários e trabalhadores para que se dedicassem à causa nacional. Pode-se dizer que o patriotismo, a qualificação dos trabalhadores e a disciplina do trabalho de equipe supervisionado tiveram um peso significativo no desenvolvimento industrial relativamente rápido do Japão.

Entretanto, o sucesso nipônico também teve seu lado obscuro. Além das histórias de trabalho árduo, baixos salários, abusos e maus-tratos (comuns às origens da industrialização em muitos países), no Japão os trabalhadores eram pressionados a trabalhar não só para não se prejudicar ou a sua família, mas também levando em conta a nação; patriotismo, sacrifício e trabalho duro estavam vinculados.

A esmagadora maioria dos trabalhadores da indústria constituía-se em mão de obra barata, mas aplicada, disciplinada e comprometida com suas tarefas e suas famílias. Jovens japonesas que trabalhavam nas tecelagens de algodão, por exemplo, poupavam desesperadamente para dar algo aos pais. Vindas do interior, elas eram recrutadas (com frequência, praticamente compradas da família) para trabalhar nas oficinas insalubres por longas horas sem descanso ou liberdade de deixar o local de trabalho.

Na busca de acomodar-se aos novos tempos, alguns dos antigos samurais perceberam rapidamente a inevitabilidade do capitalismo e a mudança de rumos e se engajam como membros ativos do novo regime. Um caso exemplar é o de Yataro Iwasaki, ex-samurai de Tosa (em Shikoku), que fundou o grupo Mitsubishi. No caso do grupo Mitsui, seus fundadores já eram comerciantes e banqueiros desde o final do século XVII. Mitsubishi e Mitsui foram testemunhas e agentes de mudança na forma como se faziam comércio e transações bancárias, sustentando, por exemplo, casas de câmbio em Tóquio e Osaka.

Para levar adiante seus projetos de modernização econômica, a partir de 1873, o governo associou-se a empresas como a Mitsui e a Mitsubishi. Tais empresas souberam tirar proveito dessa vontade de mudanças fazendo negócios com o Estado e explorando segmentos promissores que necessitavam de grandes investimentos. Com a parceria muito bem recompensada por seu "patriotismo", elas cresceram, tornando-se conglomerados ainda na era Meiji. A corporação Mitsui buscou nichos no mercado que previa como rentáveis, conseguindo incorporar 150 companhias no início do século xx.

Além desses dois, surgiram mais três conglomerados, Yasuda, Sumitomo e Dai Ichi. Lideradas por chefes de famílias importantes, as três empresas exploravam atividades simpáticas ao governo: bancos, mineração, navegação para fins militares e comerciais, indústrias têxteis. Juntos, os grandes conglomerados (*zaibatsu*) empregavam milhares de pessoas.

Um passo importante dado pelo governo em 1882 foi a venda de empresas que estavam sob tutela estatal para grupos privados. Dessa forma, os estaleiros de Nagasaki passaram para o controle das empresas Mitsubishi; o setor de tecelagem de seda, para o conglomerado Mitsui; o de cimento, para o Furukawa; o de minas, para Asano e Kuhara. O governo justificou a entrega de empresas ao setor privado dizendo ser este dirigido por "homens com sagacidade, visão de futuro e empreendedorismo". A justificativa para essa política era que para um país ser rico, o governo deve amparar indústrias estratégicas necessárias, enquanto o Estado se dedica a criar e manter um exército forte, uma polícia eficiente e uma educação que contemple a todos. As conveniências se casavam: as grandes empresas tinham muito interesse na expansão territorial japonesa na Ásia.

Ao lado dos grupos econômicos que dominavam uma parte substantiva da economia japonesa, subsistiam indústrias domésticas empregando não mais que cinco pessoas (em geral, extremamente exploradas, com uma carga horária exaustiva e sem nenhum dia de descanso semanal) que viviam e trabalhavam em precárias condições.

REFORMAS SOCIAIS

Como fez com a economia, o governo foi impondo regras à sociedade a partir de decretos. Esse é um traço significativo das reformas do período Meiji: regulamentar a vida social de maneira compulsória, através de leis, decretos que vêm de cima para baixo. A pressa na modernização do país redundou num sistema em que as regras de funcionamento da sociedade passaram a ser uma questão do Estado japonês.

Mulheres ajoelhadas no tatame fazendo uma refeição "típica" japonesa. Esta cena foi fotografada em 1898 pelo viajante inglês Richard Gordon Smith.

As primeiras medidas nesse sentido procuraram romper a rígida estrutura social do passado. Na nova sociedade, todos passam a ser considerados cidadãos com direitos e deveres. O alargamento dos direitos de cidadania à população, entendido como integração dos indivíduos à comunidade nacional, ou como extensão de benefícios econômicos, educacionais e políticos a todos os japoneses, foi considerado imprescindível para a instauração da modernidade.

A partir de 1870, cada família passou a ter um sobrenome próprio. Até então, somente o nome da família do senhor e o lugar de nascimento é que identificavam as pessoas.

Outra distinção social visível a cair foi a dos samurais, obrigados a suprimir todos os sinais externos de seu antigo *status*: espadas (ficaram proibidos de empunhá-las a partir de 1876) e o penteado que antes os identificava. A partir de então, não haveria mais sinais obrigatórios de diferenciação externa entre os japoneses. A igualdade era a promessa.

Forças armadas

De Satsuma, Choshu e Tosa surgiram os líderes das recém-constituídas Forças Armadas, com grande prestígio e poder na nova ordem. As Forças Armadas japonesas foram, desde o início, independentes do governo civil, isto é, não haveria interferência civil nos assuntos militares. É o que os japoneses denominam de "governo duplo". O comandante supremo das Forças Armadas é o imperador, o que acarreta em um relacionamento direto entre este e os chefes militares, sem outras interferências. O orçamento militar é também independente. Depois de estudar bem os modelos militares adotados em outros países, o Japão optou por seguir mais de perto o alemão, visto como pragmático e eficiente.

O exército e a marinha serviram também para fomentar a identidade nacional no país: o serviço militar universal obrigatório, o uniforme e a disciplina ajudaram a eclipsar antigas distinções sociais e lealdades locais, além de levar as "virtudes guerreiras", antes coisa de elite, a uma parcela muito maior da população masculina japonesa (quer as pessoas do povo gostassem ou não da novidade). As autoridades governamentais consideraram um "exército de cidadãos" algo imprescindível para dar ao Japão poder de falar de igual para igual com as potências mundiais.

Educação

Em 1872, foi decretada a educação compulsória. Em 1889, foi promulgada a Constituição do Império do Grande Japão e, no ano seguinte, o Edito da Educação. Esses documentos legalizaram o peculiar processo de modernização do Japão desencadeado desde a volta do imperador ao centro do poder.

O Edito da Educação sistematizava os procedimentos voltados a uma questão central para os ideólogos do período: assim como as Forças Armadas, a educação deveria receber prioridade na construção do novo modelo de país, tornando-se obrigatória a partir do mesmo ano da constituição formal do Exército japonês.

O Edito Imperial da Educação é um documento de poucas linhas em que, pelos princípios do confucionismo, se espera a manutenção e reprodução do império. Retoma o mito de origem – "Os nossos ancestrais imperiais fundaram o nosso império..." – para justificar a ênfase na educação cuja função seria dar continuidade ao desenvolvimento do império. Além de promover a harmonia entre pais e filhos, maridos e esposas, o Edito ressalta outros deveres dos indivíduos:

> [...] conduza-te com modéstia e moderação; estenda a sua benevolência para todos; continue aprendendo e cultivando as artes e, desse modo, desenvolva as faculdades intelectuais e aperfeiçoe os poderes morais; além disso, faça os bens públicos

progredirem, promova os interesses comuns; respeite sempre a Constituição e observe as leis; quando vier a emergência, ofereça-se corajosamente ao Estado e, por consequência, guarde e mantenha a prosperidade do nosso trono imperial, contemporâneo ao Céu e à Terra [...].[8]

O Edito passou a ser lido em voz alta diariamente em todas as escolas japonesas, desde o período Meiji até os anos 1940.

A educação foi concebida como uma missão nacional. As autoridades argumentavam que a riqueza e o poder do país como um todo seriam prejudicados se as pessoas comuns fossem iletradas. Em 1940, cinquenta anos após o Edito, 99% da população já estava alfabetizada, em contraste com os números de 1873, quando as cifras chegavam a 39,9% para os homens e apenas 15,2% para as mulheres.

A educação pública elementar universal inicialmente era para garotos, mas logo se estendeu às garotas (quatro anos de escolaridade no início e seis anos a partir de 1907). Mesmo com o preconceito contra as mulheres e as regras sociais que determinavam a primazia masculina, o interesse em modernizar/ocidentalizar o país falou mais alto e as mulheres foram consideradas necessárias nesse esforço. Ser alfabetizado e ter noções de matemática – educação básica – era agora um direito e um dever. Como acontecia no Ocidente no mesmo período, a educação feminina no Japão era justificada com o argumento de que as mães deveriam ser educadas para poderem criar adequadamente os "filhos da nação", ajudá-los nas lições e no aprendizado das virtudes patrióticas. Com o desenvolvimento industrial e o serviço militar levando os homens para longe de casa, da fazenda e da produção doméstica, o papel das mães na educação dos filhos cresceu em importância. Por outro lado, os reformistas tiveram que enfrentar certa oposição dos contrários à "muita abertura para as meninas". Para acalmar os descontentes e reforçar as diferenças de gênero, por volta do final dos anos 1870 a educação feminina passou a dar destaque também às prendas domésticas. Em 1890, 30% das meninas em idade escolar frequentavam a escola; em 1910, 97,4%. E é claro que, sendo ou não intencional, os novos níveis de escolaridade ampliaram as oportunidades para as mulheres na sociedade japonesa.

No início, também como em outros países, muitas famílias pobres se revoltaram contra a necessidade de escolarização dos filhos, porque não poderiam mais contar com a contribuição das crianças no orçamento familiar. Muitos camponeses resistiram a mandar seus filhos para as escolas, pensando que eles estavam a serviço do recrutamento militar. Pais se rebelaram contra o controle do Estado sobre a infância, o que acreditavam ser uma perda da autoridade paterna. Houve protestos e até incêndios criminosos de instalações escolares. Entretanto, com o tempo, as vozes discordantes se calaram; venceu também nessa seara o argumento do sacrifício necessário pela pátria.

As vantagens práticas em deixar as crianças aprenderem a ler e calcular, assim como o acesso às decorrentes oportunidades de ascensão social, também pesaram no crescente consenso a favor da educação no Japão.

As escolas serviram igualmente à promoção da disciplina, da obediência, da adaptação a horários e da subserviência ao imperador. E, do mesmo modo que o serviço militar, fomentaram a identidade nacional japonesa, minando provincianismos e antigas distinções sociais: a educação deveria qualificar os cidadãos sem distinção de nível social. O imperador era venerado por alunos de todos os cantos do país. Ética, virtude, moralidade, poupança e patriotismo eram temas conhecidos dos estudantes. Um livro didático de 1930, por exemplo, ensinava alguns modos de servir à pátria: ter disciplina no dia a dia, colaborar para a manutenção da ordem na família e ser responsável no trabalho.

Nas discussões sobre o currículo escolar, de olho no que era feito no Ocidente, diversos reformistas defenderam uma ênfase maior nas ciências em detrimento da tradição como fonte de conhecimento. Mas, é claro, todas as inovações deveriam ser adotadas com muito cuidado para não minar irremediavelmente os valores japoneses. O destaque para os novos conhecimentos era algo importante, mas tinha de ser contrabalançado pelo moralismo do tipo tradicional.

O Projeto de Educação (1872), entre outras tantas medidas novas, destacou o ensino de ciências e línguas estrangeiras modernas (especialmente o inglês) como temas desejáveis. As inovações curriculares significavam que os filhos, mesmo os de famílias educadas, aprenderiam coisas que seus pais não sabiam e ignorariam certos assuntos que os pais consideravam importantes. Numa sociedade em que a hierarquia por idade era muito valorizada, a perda de controle dos pais sobre a educação dos filhos era potencialmente revolucionária e muito esforço foi feito no sentido de manter as relações familiares imutáveis. A desordem era abominada.

Antes mesmo da Restauração Meiji, o Japão do início do século XIX já vivera um movimento de expansão educacional ligado ao budismo e ao confucionismo (já mencionamos sua significativa taxa de alfabetização). Entre 1800 e 1868, mais de trinta mil escolas particulares levaram a educação primária para crianças do povo. Porém, o empenho do governo com a educação de massa proporcionou uma transformação radical com consequências importantes na economia nacional, nas relações sociais e familiares, nos modos de encarar a infância.

A ideia moderna de que a infância deve se basear na educação foi rapidamente difundida e aceita no Japão. A noção de infância como um estágio particular da vida e a da criança como um ser que deve ser protegido foram ganhando espaço, ainda que grande parte das crianças trabalhasse desde muito pequenas, a hierarquia familiar

Crianças da era Meiji: época de universalização da educação no Japão.

fosse um valor poderoso e as crianças fossem punidas da mesma forma que adultos, caso cometessem um crime.

O processo todo de implantação da escolaridade não foi algo fácil; em 1900, a sociedade japonesa era muito pobre e não contava com todas as escolas primárias de que necessitava para atender adequadamente sua população em idade escolar. Entretanto, nessa época, as crianças japonesas eram alfabetizadas em massa ao mesmo tempo em que eram afastadas do trabalho infantil. Os adolescentes, por sua vez, ainda constituíam 15% da força de trabalho das fábricas; eles (especialmente as moças) eram considerados vitais para o desenvolvimento industrial japonês nessa fase.

O Estado investiu ainda no ensino secundário e universitário, que se expan-diram com a preocupação de educar jovens com talento para especializações técnicas necessárias à industrialização. A Engenharia (para rapazes) cresceu muito e, em vários casos, o governo procurou facilitar parcerias entre engenheiros e investidores empresários.

A educação secundária e universitária era muito mais voltada para os rapazes, dando, nessa época, pouquíssimas chances às moças. Para as meninas, enfatizava-se uma educação que as tornasse boas esposas e mães sábias. Essa orientação prevaleceu mesmo para as japonesas da classe alta e nas escolas superiores quando as oportunidades femininas se expandiram para além do estudo primário.

Família

No contexto de intensas mudanças internas, a organização social do país também se viu modificada. Os novos contornos da sociedade estenderam-se até os domínios da família regulamentada no novo Código Civil de 1896.

A educação também afetou a família. As taxas de natalidade começaram a cair rapidamente durante o século XIX (especialmente após 1868) por conta de as famílias dependerem cada vez menos do trabalho dos filhos para sua subsistência e do aumento indesejável dos custos de cada criança.

Tendo envolvido também as garotas, a educação propiciou uma alteração significativa na questão de gênero com maiores possibilidades para as mulheres desenvolverem seu potencial intelectual e novas oportunidades de trabalho para elas, o que, é claro, afetou seu relacionamento com os homens.

A infância japonesa também mudou, embora não tivesse se tornado ocidental. Entretanto, houve um grande esforço para que se mantivessem diversos valores tradicionais japoneses (dever filial, o respeito aos ancestrais, ser leal para com o coletivo, não ser individualista, obedecer etc.), aliados a novidades como a versão japonesa de nacionalismo.

IDENTIDADE NACIONAL

Os líderes Meiji habilmente mesclaram passado e futuro na estratégia de construção da modernidade japonesa. Em torno da concepção do Império do Grande Japão, sedimentaram-se ideologicamente os interesses da nação em formação em conformidade com os do Estado.

Houve uma "capitalização do passado", como diz Lévi-Strauss, no sentido de glorificar a história do povo japonês para fomentar o orgulho nacional. O alicerce da argumentação baseava-se na ideia da *uniqueness*, exclusividade, da cultura japonesa e a história foi amplamente usada para justificá-la.

Os construtores do modelo de desenvolvimento Meiji insistiam em acentuar a originalidade dos japoneses como o produto de seus homens, capazes de construir a sua própria história sem interferências externas e, por conseguinte, ter uma unidade. A ideia da existência de uma identidade nacional entre os japoneses recebeu vários reforços, como a demonstração da homogeneidade linguística, da existência de um passado comum, a condição do Japão como país insular e o isolamento que vivera no decorrer dos séculos. Os japoneses seriam únicos, diferenciados de todos os demais povos, sendo esse um motivo para se ter orgulho.[9]

No entanto, nem só de ideias e medidas progressistas alimentou-se o nacionalismo japonês no período Meiji. Os *ainu* (que não eram considerados japoneses) foram enviados compulsoriamente às terras do norte, na época ainda inexploradas. Os samurais de estirpe inferior descontentes com o novo *status* e os indesejáveis ao governo também foram "exilados" na ilha de Hokkaido, de forma a ficarem afastados dos centros de decisão.

Crenças e ideias religiosas

A xenofobia japonesa se acentuou com a propaganda da ideia da nação japonesa como uma única e grande família, que abrange todo o território e se distingue das outras por sua ligação com a linhagem imperial e, consequentemente, com Amaterasu, a deusa do sol.

Nesse contexto, as origens familiares e locais foram reforçadas, assim como a obediência à hierarquia. O projeto ganhou mais força com o resgate do xintoísmo.

O culto aos antepassados foi revivido com a premissa de que o respeito aos ancestrais é parte da harmonia universal. Do mesmo modo que a moderação, a disciplina faz parte do exercício que cada um deve fazer para alcançar elevação espiritual. Com ideias como essas, o xintoísmo e o budismo foram incorporados numa convivência de religiões em que as rivalidades do passado acabaram sendo dissipadas e esquecidas.

O próprio monoteísmo cristão foi tomado como uma contribuição útil à modernização do Japão. Em 1873, o cristianismo voltou à luz depois de séculos de banimento. Junto com os negociantes e diplomatas estrangeiros, missionários cristãos chegavam ao país para um trabalho de catequização. Sem ter como impedi-los, o governo decidiu permitir sua ação. Com isso, ocorreu entre os japoneses uma onda de conversões, não só ao catolicismo, mas também a várias confissões protestantes e ortodoxas gregas, a última com nítida influência russa.

A conversão a religiões ocidentais muitas vezes significava um sinal de adesão ao Ocidente do que uma verdadeira profissão de fé. Apenas essas religiões agregavam mais de 140 mil seguidores em 1907, dos quais 60 mil eram católicos e 29 mil, ortodoxos. A Igreja Católica fundou no Japão diversos hospitais e escolas, sendo Tóquio a sede de uma arquidiocese.[10]

O confucionismo, também revigorado na segunda metade do século XIX, foi outra contribuição à nova ordem social e à legitimidade do poder da autoridade governamental. Essa doutrina, concebida inicialmente na China por volta dos anos 500 a.e.c., com o fim de unir tribos com culturas diversas, é um sistema que busca regular as relações entre os homens, baseado na crença da ligação fundamental entre as forças da natureza e a sociedade. Ao longo dos séculos, passou por diversas modificações e interpretações sobre como essa ligação poderia, na prática, ser harmoniosa. Desde o início, no entanto, à ideia original foi adicionada a questão do governo. Os primeiros compiladores dessa corrente de pensamento advogaram a existência de um sistema no qual a Terra e tudo nela são concebidos como parte das leis celestes. E só a harmonia com as leis celestes é que assegura a justiça, a bondade, a felicidade e o governo benevolente. Defenderam, assim, a crença de uma relação profunda entre a harmonia e a existência dos governos, que são a forma de regular a convivência entre os homens. A *Doutrina do significado*, do neto de Confúcio, Tzu Ssu, enumera os princípios fundamentais do confucionismo:

> Os deveres do compromisso universal são cinco, e as virtudes por meio das quais são praticados são três. Os deveres são entre o soberano e o ministro, entre pai e filho, entre marido e mulher, entre o irmão mais velho e o mais novo e entre

aqueles unidos por uma relação de amizade. Essas cinco são obrigações universais. Sabedoria, compaixão e coragem são as três qualidades morais dos homens reconhecidas universalmente.[11]

O confucionismo, como vimos, havia sido introduzido no Japão por intermédio da Coreia em 404. Em toda história japonesa, é entendido como uma doutrina de princípios éticos e políticos. No período Meiji, ela já era fruto de inúmeras releituras do pensamento original. Para consolidar a figura do imperador, seus cinco princípios básicos foram lembrados e a questão da lealdade tornou-se central.

Para justificar a adoção de um modelo socioeconômico com inspiração ocidental, a ideologia propagada interpretou o conhecimento vindo do exterior apenas como um instrumento que proporciona melhores condições ao país e, nesse sentido, perfeitamente compatível com o confucionismo.

> Eu digo que já que está florescendo o aprendizado das coisas do Ocidente, os ensinamentos de Confúcio ganham com esses recursos. O aprendizado do Ocidente é ciência, [enquanto] os ensinamentos de Confúcio são moralidade. A moralidade pode ser comparada à comida, e a ciência pode ser comparada aos vegetais e à carne, que podem ajudar a dar sabor à comida. Quem pode dizer que com vegetais e carne você destrói a essência da comida?[12]

Uma nação

Para poder tornar-se um grande país aos olhos estrangeiros era premente que o Japão constituísse uma nação, um povo coeso com interesses comuns.

A intensidade das mudanças e o tempo considerado necessário para sua execução dependeram de decisões que, como vimos, foram tomadas ao longo das décadas finais do século XIX. Houve consenso entre os líderes de que as mudanças deveriam ocorrer o mais rápido possível. Porém, durante todo o período, não havia unanimidade sobre até onde e como absorver o que vinha do Ocidente, e de qual Ocidente. Até onde iria a modernização e como conciliar a organização existente com as reformas necessárias?

Procurando combinar tradicional e moderno e transformar os japoneses numa nação identificada com um único conjunto de ideias, foi recriada a imagem das "raízes japonesas" comuns, como vimos. Além da de todos serem descendentes da deusa Amaterasu, a figura do imperador também foi incluída nesse discurso. Antes e depois da Restauração suas funções não haviam mudado, ou seja, o imperador não tinha nenhum poder executivo e continuava sendo muito mais um símbolo que um personagem político. A diferença é que, depois de 1868, em torno desse símbolo passa a girar a vida da nação japonesa. Esforços coletivos são feitos em nome de sua

Rumo à modernização | 149

A identidade de uma nação se expressa na sua bandeira.
Aqui, diversas bandeiras usadas no Japão até a adoção do círculo vermelho de hoje. A outra bandeira com círculo traz o crisântemo imperial no centro.

glória, que se confunde com a do próprio Japão. Sua vontade é apresentada ao povo como divina, eterna e incontestável, além de avalizada pelos ancestrais, dificultando ao máximo, na prática, contestações à autoridade, à ordem social e à nova "unanimidade". Segundo a Constituição de 1889, "o imperador é sagrado e inviolável" e tudo o que ele faz é certo por princípio.

> [...] tendo, pela virtude das glórias de nossos ancestrais, ascendido ao trono de sucessão linear desde épocas eternas; desejando promover o bem-estar, o desenvolvimento moral e as faculdades intelectuais de Nossos súditos, os mesmos que têm sido favorecidos pelo cuidado benevolente e vigilância afetiva de Nossos Ancestrais; e esperando manter a prosperidade do Estado, e em conjunto com Nosso povo e com seu apoio, Nós promulgamos [...] o direito de soberania do Estado, que Nós herdamos de Nossos Ancestrais e Nós transmitiremos a Nossos descendentes.

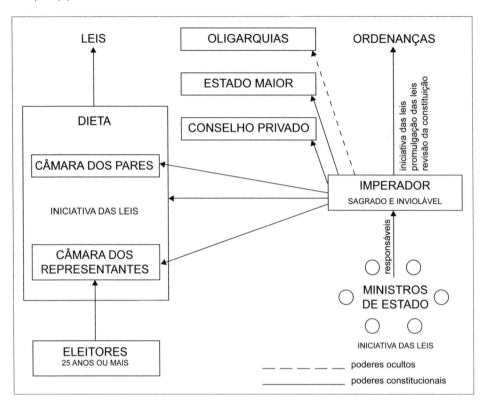

A constituição Meiji.

Na Constituição japonesa, o imperador é considerado um deus vivo, mas não mais como eram interpretadas as divindades japonesas até então e sim um deus todo-poderoso como na acepção judaico-cristã. Os ideólogos do período enfatizaram por todos os meios disponíveis a figura do imperador Meiji, cujo poder seria legitimado pelo passado (mítico), sendo, portanto, perfeitamente fundamentado o seu papel de líder (simbólico) do processo de modernização do país. Com ideias como essas, os governantes conseguiram colocar todo o povo empenhado na construção do "novo Japão".

Toda mudança passou a ser justificada como sendo para "o bem de todos", mesmo que à custa de sacrifícios. O argumento da "necessidade de harmonia", emprestado do confucionismo, foi usado para dar corpo às tarefas necessárias. A imagem da "família ideal" ilustrou a ideia do indivíduo como parte de um todo que começa com a família nuclear, passando pela extensa, a comunidade, a província até chegar ao imperador, deste à "grande família que é o universo" e finalmente à harmonia em si.

A história do Japão mostra como, desde os tempos do reino de Yamato até o século XIX, os japoneses sempre conviveram com a ideia de poderes, sejam eles locais ou nacionais, bem demarcados em suas atribuições. A estratificação social rígida, em que cada indivíduo sabe qual é o seu lugar e como vivenciá-lo no decorrer de sua existência, também era uma concepção muito familiar. Até o início do século XVII dos Tokugawa, as lutas internas que ocorriam no Japão eram entre senhores pelo domínio de terras e o acúmulo de poderes. As eventuais lutas verticais, de camponeses contra a aristocracia, por exemplo, eram raríssimas e, quando surgiam, acabavam exemplarmente sufocadas. Assim, não foi muito difícil obter do povo japonês o consenso necessário ao projeto de modernização levado a cabo a partir da segunda metade do século XIX.

A expulsão dos cristãos, no início do xogunato Tokugawa, é outro exemplo para se refletir sobre a maneira como os governantes japoneses lidavam com o que parecia atrapalhar seus projetos e da relativa facilidade com que os japoneses acatavam as decisões de seus chefes. As decisões políticas e econômicas eram sempre tomadas em instâncias superiores, pelos detentores do poder. A população nunca era consultada. O mesmo se deu com a Restauração Meiji: decisões tomadas por alguns poucos, representantes das correntes que dominavam o país naquele momento, tiveram, então com o auxílio da propaganda ideológica, que ser acatadas por todos.

MAIS ABERTURA AO ESTRANGEIRO

No final do século XIX, o Japão passou de país fechado (durante três séculos) a um país com muito interesse em compreender o Ocidente. Nas palavras de alguns dos defensores dessa postura, era para ir "em busca da civilização".

Entre 1871 e 1873, por exemplo, uma missão liderada pelo príncipe Iwakura reuniu 50 burocratas e 59 estudantes. Visitou os Estados Unidos, onde passou sete meses. Depois, viajou para a Grã-Bretanha, França, Bélgica, Holanda e Alemanha. Os enviados tiveram contato com líderes nacionais e políticos importantes (quando puderam avaliar o grau de prestígio de seu país, algumas vezes menor do que o esperado), a burocracia estatal, o Legislativo e o Judiciário, equipamentos militares, igrejas, museus, escolas, bancos, fábricas, forjas, estaleiros, ferrovias, canais. Em 1878, publicaram oito volumes com as anotações que haviam feito durante a sua estadia no exterior, relatando sob seu ponto de vista da maneira como o Ocidente havia se modernizado e o quanto o Japão ainda deveria caminhar.

Antes dessa, outras missões, na mesma época, já tinham percorrido países europeus para estudar Medicina e Direito ou obter tecnologia para a construção de navios.

O Japão também contratou consultores estrangeiros, cerca de quatro mil no período Meiji, para a construção civil e obras de infraestrutura e para ministrar aulas aos japoneses. Os consultores recebiam altos salários, mas eram demitidos assim que os japoneses tornavam-se aptos a executar a sua tarefa. O objetivo implícito das autoridades era "usar os bárbaros para controlar os bárbaros".

O medo de que o Ocidente influenciasse "demais" o Japão estava sempre presente. Um memorando dirigido aos professores enfatizava que "a lealdade à Casa Imperial, o amor ao país, a piedade filial, o respeito aos superiores, a fé nos amigos [...] constituíam o grande caminho da moralidade humana". Os mestres deveriam ensinar aos alunos essas "virtudes", juntamente com honra e dever, "que haviam sido cultivadas por inúmeros séculos".

De fato, um dos grandes problemas surgidos no contato com o Ocidente, nessa nova etapa da história japonesa, foi a diferença de valores com relação aos vivenciados pelos japoneses até então. Um dos choques dizia respeito à definição do papel do indivíduo dentro da sociedade. A ideologia ocidental abria às pessoas a perspectiva de buscarem seu próprio destino independentemente dos laços que as ligava às suas comunidades. Para os japoneses de então, isso soava muito estranho.

Outro ponto problemático era a introdução, do dia para a noite, do princípio da igualdade dos cidadãos. Desafiou uma tradição milenar quando foi estabelecido por lei que não haveria mais distinções entre nobres ou samurais e pescadores ou agricultores. Todos teriam os mesmos direitos. Uma lei como essa no Japão, até então, era algo inimaginável.

Além disso, as antigas estruturas montadas em torno da vida comunitária ficaram profundamente abaladas no momento em que a produção se voltou para o mercado, e não mais para a subsistência grupal ou para o pagamento de tributos a um determinado senhor.

Para absorver valores tão distintos dos tradicionais sem se desestruturar completamente, o Japão os vestiu com roupas próprias. Assim, com o tempo, os japoneses aceitaram os princípios ocidentais da igualdade e da liberdade, reforçando, concomitantemente e sem se acreditarem contraditórios, a hierarquia e a lealdade

Esta é a ilustração de uma tampa de bueiro na cidade de Yokohama.
Nas cidades japonesas, as tampas de bueiros são estampadas.
Cada uma tem o seu desenho.

para com os superiores no modelo confuciano da harmonia. Liberdade e igualdade significavam, em termos japoneses, mais especificamente a possibilidade de ser membro de qualquer grupo (no trabalho, na escola, na vizinhança) – associativismo –, mas aceitando o pressuposto de que o indivíduo tem limites bem estabelecidos dentro do grupo: ele tem que obedecer, respeitar e ser leal aos seus superiores hierárquicos, seja ele o chefe do local em que trabalha, o professor, o pai. Para garantir que isso ocorra, um ditado japonês esclarece as consequências da subversão – "o prego que salta é logo batido" –, dando a entender que a sociedade impõe sanções àquele que tenta fugir aos padrões. O espírito comunitário, embora minado pela competitividade capitalista, se mantém dentro dos diversos ambientes em que o indivíduo participa e circula.

DIVERGÊNCIAS

A modernização planejada obteve bastante concordância e apoio nas primeiras décadas após a Restauração Meiji. Para levá-la adiante, os promotores da ideia achavam necessário "inventar uma nação", retirar os privilégios dos senhores e dos samurais, derrubar barreiras regionais e locais, doutrinar a população e as elites no sentido de adotarem o modo capitalista de pensar e viver.

No entanto, entre eles logo começaram a surgir divergências sobre a maneira de proceder. Modernizar o Japão foi uma missão que, embora imbuída da ideologia da harmonia, na prática redundou em controvérsias, alianças feitas e desfeitas, conflitos de opinião. Além disso, entre os sacrificados também houve descontentamento e protestos.

Camponeses descontentes

Nos cinco primeiros anos do governo Meiji, entre 1868 e 1873, houve 177 revoltas camponesas em protesto contra o pagamento de impostos em dinheiro. Nas comunidades próximas aos grandes centros, essa prática já existia desde o período anterior, mas, nas províncias mais distantes, era uma novidade a gerar problemas. Os impostos não mais recolhidos em *koku* de arroz, a nova liberdade de comprar e vender terras (promovendo, a partir de 1872, uma intensa troca de proprietários) e a possibilidade de arrendamento exigiam que todos os negócios fossem feitos em dinheiro, o que muitos camponeses tinham dificuldade de obter. A taxação de impostos (de 3%, depois baixada para 2,5%) sobre o valor da propriedade, e não mais pela sua produção, como acontecia há séculos, também descontentou os camponeses.

Os soldados, considerados imprescindíveis para o Estado, eram usados para abafar as revoltas internas e, na época das guerras Sino-Japonesa e Russo-Japonesa, lutavam no estrangeiro. Porém, a obrigatoriedade do serviço militar (instituída em 1872), por três anos na ativa e mais quatro na reserva para jovens de 20 anos, foi outro motivo de protesto. Em 1883, uma revisão do Edito imperial aumentou para nove anos o período da reserva das forças armadas. Isso significou que as famílias camponesas não podiam contar com a mão de obra de seus jovens, sofrendo muitíssimo com essa limitação.

Outra questão grave para os trabalhadores do campo: com a importação do arroz da Coreia e de Taiwan,[13] houve uma queda de preços nos produtos agrícolas, provocando uma situação de penúria, sem perspectivas, entre os camponeses. Mais um motivo de protestos e revoltas. Como não conseguiram muito resultado, camponeses desesperados e famintos incrementaram o contingente de emigrantes.

Rumo à modernização | 155

A pesca de pérolas era atividade que reunia mergulhadores que apanhavam as conchas no fundo do mar. Hoje as pérolas são cultivadas artificialmente. Na imagem, pescadores de pérolas no período Meiji.

Samurais revoltados

Vários samurais se revoltaram contra o corte dos seus privilégios, o rebaixamento de sua condição social e a perda do valor de suas rendas.

Com a abolição dos domínios feudais em 1871, os senhores haviam recebido uma indenização de um décimo do que valiam suas propriedades, e os samurais continuaram recebendo estipêndios agora em forma de pensão paga pelo governo (o governo Meiji comprometia 30% de toda sua receita com o pagamento dos samurais). Para minimizar suas despesas, o Estado resolveu pagar suas "indenizações" na forma de bônus do tesouro. Para os samurais dos escalões mais baixos, isso foi um golpe, pois, com a queda do valor recebido por conta da inflação, passaram a ter que procurar ocupações que lhes completassem a renda para poder sobreviver.

A reviravolta em sua vida foi dramática, pois abandonaram o antigo estilo de vida em busca de trabalho. Como eram guerreiros por definição, muitos tentaram a vida militar moderna, mas apresentaram dificuldade de adaptação. Procuraram com frequência se empregar na burocracia ou no comércio ou se aventurar como colonos na ilha de Hokkaido ou no exterior (Manchúria, Coreia, Taiwan). Alguns se deram bem, de várias formas, enquanto outros ficaram extremamente ressentidos: já não podiam portar suas famosas espadas que antes impunham respeito e tinham que se submeter às diretrizes de políticos e burocratas cheios de si, com seus cabelos curtinhos e vestidos à moda ocidental.

A rebelião samurai mais notável ocorreu em 1877, em Satsuma (na ilha de Kyushu), ironicamente uma das províncias que havia liderado o movimento de volta do imperador. Satsuma não era um local atrasado, pelo contrário, mesmo antes da Restauração já estava investindo na modernização econômica, fabricava armas e navios. Forneceu técnicos (em geral, de origem samurai) para postos-chave no governo Meiji. Entretanto, foi de lá que brotou a reação contra a nova ordem que acabou com tradições e fez da guerra um assunto de "plebeus". Apesar de os revoltosos terem conseguido se manter em luta por seis meses, foram derrotados pelas forças imperiais que dispunham de armas modernas e treinamento ocidental. Trajes sofisticados, couraças, afiadas espadas de aço e, sobretudo, muito amor-próprio e exibicionismo sucumbiram diante de um exército de camponeses em uniforme e armados com mosquetes.

POLÍTICA, AÇÃO E REAÇÃO

O regime autoritário imposto no Japão Meiji encontrou opositores políticos. Os primeiros foram os antigos samurais de Tosa (ilha de Shikoku), que participaram ativamente da Restauração, mas, com o tempo, haviam perdido espaço na divisão de cargos para os representantes das duas outras províncias, Satsuma e Choshu. Descontentes, os samurais de Tosa já tinham tentado reunir outros samurais liderando revoltas, como a de Saigo Takamori, para restabelecerem os direitos perdidos e voltar ao que era antes. Não conseguindo atingir esses objetivos, partiram para o confronto político. Em busca de maior espaço de manifestação política, mudaram seus objetivos iniciais e proclamaram a necessidade de aumentar a liberdade e os direitos populares, procurando ampliar o escopo de seus aliados. Criaram, assim, as raízes do movimento de oposição no Japão que desembocaria mais tarde na formação dos partidos políticos.

Na época, as correntes políticas se apresentavam em três blocos: o dos chamados conservadores, o dos liberais e os de esquerda. Cada um dos blocos tinha as suas divisões e os seus apoios.

Liberais e esquerdistas, inspirados em correntes europeias, opunham-se aos "conservadores", que tinham forte presença no Estado. Propunham a redistribuição do poder político que estava concentrado nas mãos das novas oligarquias econômicas dos *zaibatsu* e dos proprietários de grandes extensões de terra.

Além de samurais descontentes, engrossaram as fileiras da oposição política diversos operários e pessoas oriundas da classe média urbana (pequenos comerciantes, funcionários do Estado e burocratas que trabalhavam em empresas). O Partido Liberal e o Partido Progressista (ambos fundados em 1881), por exemplo, reuniam desde manifestantes de primeira hora contra a presença ocidental (cujo *slogan*, logo após a chegada do comodoro Perry, era "honrem ao imperador e expulsem os bárbaros"), defensores da criação de um Parlamento no Japão e radicais que advogavam a instauração de uma "justiça social" de fato. Os partidos de oposição encontraram apoio na população rural e urbana. Os liberais também tinham algum apelo entre aquelas pessoas que, embora tivessem conseguido enriquecer no comércio ou na indústria, não tinham espaço na política. Ao mesmo tempo, buscavam o apoio dos mais pobres argumentando que "uma vez conquistada a *força*" era o momento de ir "buscar a *riqueza*" como direito de todos em uma sociedade melhor.

Na pauta oposicionista estavam a instituição do sufrágio universal, a reforma agrária, a criação de sindicatos e a extensão dos direitos trabalhistas, entre as propostas mais significativas. A figura do imperador permanecia na sua posição intocável, mas os oposicionistas lutaram pela elaboração urgente da Constituição e conseguiram criar assembleias locais cuja função era propor políticas para controlar o uso dos impostos arrecadados nas províncias e, mais tarde, nas cidades e vilas. Os membros das assembleias eram representantes eleitos pelo voto de homens acima de 25 anos e com renda superior a um valor determinado.

Durante a guerra contra a Rússia, as ruas de Kobe foram enfeitadas para saudar as tropas que embarcaram para a guerra.

Logo após a vitória japonesa contra a Rússia, os conservadores encampariam um movimento para reforçar seus ideais de nação em torno do *slogan* "riqueza e força". A ideia das assembleias seria apropriada pelos governantes para tentar promover seus próprios projetos.

Preocupado em satisfazer algumas das demandas das oposições, para de certa forma neutralizá-las e reforçar a ideia da unidade nacional, o governo aceitou as assembleias antes mesmo de promulgar a Constituição. Pelo texto constitucional, o imperador tinha o papel de anteparo às oposições.

"Cada um cria o seu caminho no mundo" – o individualismo embutido nesse *slogan* liberal da época se confrontava radicalmente com os pilares éticos e religiosos do confucionismo e do budismo alimentados pela ideologia do Estado, que pregava a necessidade de abandonar a ambição e servir ao coletivo. Para garantir que o projeto de modernização do país pudesse ter continuidade a longo prazo, o governo implantou o ensino de moral cívica nas escolas e em associações para os jovens, acentuando a disciplina e a obediência como elementos seguros para garantir o futuro. Eram dadas também aulas de autodefesa, de manejo de armas tanto para os rapazes como para as moças. De início, as Associações Imperiais de Jovens eram locais, depois se tornaram nacionais, frutos de um movimento mais amplo, o Movimento do Desenvolvimento Local. Esse movimento incentiva a criação de cooperativas rurais e grupos de poupança visando a criar um espírito patriótico, base do caráter nacional. De acordo com ele, o individualismo deveria ser afastado em nome da cooperação e da solidariedade cujos objetivos eram alcançar a riqueza e estender suas benesses a todos os cidadãos.

Essas e várias outras medidas adotadas pelo governo foram respostas à maneira como os oposicionistas apresentavam suas propostas.

NOVOS HÁBITOS

As décadas que correspondem aos períodos Meiji (1868-1912), Taisho (1912-1926) e as primeiras da era Showa (1926-1989) podem ser sintetizadas como as do trabalho de toda uma nação em torno de um objetivo.

Mesmo com atritos esporádicos, a população em geral age de forma obediente às novas normas. Elas exigem sacrifícios pessoais, ruptura de laços familiares e, na maior parte dos casos, o afastamento da terra natal. Homens e mulheres passam a trabalhar em fábricas ou escritórios num ritmo diferente do de seus ancestrais. Por séculos, os membros das famílias souberam qual seria a sua posição na comunidade; nos novos tempos, o futuro de cada um na economia de mercado se tornará uma incógnita. Alguns conseguiram ascender socialmente pelo mérito. É o caso dos estudantes que tiveram a oportunidade de visitar e estudar em algum país do exterior e, no retorno, fazer parte do nicho qualificado no novo mercado de trabalho que o Japão necessitava.

Os jovens são contratados em empresas que precisam de mão de obra; outros são chamados para o Exército. Saem das aldeias, vão para as cidades. A jovem, antes preparada para um casamento conveniente para a sua família, deixa a sua aldeia e vai para a cidade encontrando outras em igual situação e enfrentando um mundo novo e desconhecido. Muitos pais de família também abandonam o lar para trabalhos temporários na cidade, ou muitas vezes fora do país. Cidades como Tóquio e Osaka incham rapidamente com a presença dos novos moradores. Se, no período Tokugawa, Tóquio crescia, no período Meiji o crescimento foi assustador. Centros regionais, as capitais de província tornaram-se centros de atração de mão de obra de todos os níveis de qualificação. Entre 1890 e 1910, Tóquio cresceu 53% e Osaka, quase 40%.

A participação na rede internacional abriu horizontes para a população japonesa semelhante ao que ocorrera com a Europa em relação ao Oriente no século XVI. O Japão (re)descobriu e foi (re)descoberto pelo Ocidente. Uma onda de ocidentalização ocorre no início do século XX combinando-se com o movimento de crescente urbanização. Edifícios públicos, bancos e estações ferroviárias foram construídos no estilo ocidental, contrastando vivamente com as antigas construções de madeira.

Um outro aspecto dessa onda foi a introdução da carne bovina na alimentação dos japoneses, ainda lentamente e em quantidades pequenas. Passou a ser usada em pratos com temperos tipicamente japoneses, como o *sukiyaki*. Até então a carne bovina era praticamente ausente nas mesas por questões religiosas: o budismo proíbe o seu uso. O boi no Japão só servia como animal de tração para o arado. Mas com o *boom* de ocidentalização, tornou-se elegante comer bifes tal como faziam os ocidentais. O gosto pelo leite e pelos laticínios também foi se incorporando. As áreas disponíveis para a criação de gado e a migração forçada para lá fizeram de Hokkaido o lugar ideal para a pecuária bovina.

A "era do *jazz*" norte-americana também teria ecos na sociedade japonesa, sendo, por exemplo, a personagem Naomi do romance de Junichiro Tanizaki (1924) um ícone dessa tendência. As jovens como Naomi acreditavam que, copiando os trajes ocidentais e utilizando termos em inglês, tornavam-se ocidentais. Passou a ser um sonho de muitos japoneses se parecer com artistas do cinema mudo norte-americano. Vestir-se à maneira tradicional era considerado fora de moda nessa época. Os quimonos masculinos deram lugar aos ternos. Os jovens no cotidiano das cidades queriam ser um *"mogo" (modern boy)* ou *"moga"'(modern girl)*, frequentar cafés, discutir filosofia. Por isso, obras literárias ocidentais foram fartamente traduzidas para o japonês, desde fábulas de Esopo, obras de Rousseau e de Júlio Verne, até Daniel Defoe (*Robinson Crusoe*) e Thomas Morus (*Utopia*). Também a música ocidental, sobretudo a marcial, ganhou o gosto do público. Em 1903, os japoneses viram a primeira ópera traduzida para sua língua.

NOTAS

[1] Edwin O. Reischauer, Histoire du Japon et des japonais, Paris, Éditions du Seuil, 1973, p. 143.
[2] Harumi Befu, Japan: an anthropological introduction, Tokyo, Charles E. Tuttle Company, 1971, pp. 180-1.

[3] Claude Lévi-Strauss, L'Anthropologie face aux problèmes du monde moderne, Tokyo, The Simul Press, Inc., 1988, pp. 100-1.
[4] Eric Hobsbawn, A era dos extremos: o breve século xx – 1914-1991, São Paulo, Companhia das Letras, 1994, p. 202.
[5] Embora muitos tivessem colaborado para a restauração do poder imperial, provavelmente com olhos num futuro de privilégios, tiveram que se curvar à nova realidade de modernização, porque esse era o único modo de o Japão não sucumbir aos ocidentais.
[6] David S. Landes, A riqueza e a pobreza das nações, Rio de Janeiro, Campus, 1998, pp. 408-9.
[7] Idem, p. 425.
[8] Apud Horio Teruhisa, Educational Thought and Ideology in Modern Japan: state authority and intellectual freedom, Tokyo, Tokyo University Press, 1988, p. 399.
[9] Sabemos, como vimos nos capítulos anteriores, que o homem japonês é produto da mistura de povos que aportaram nas ilhas no período pré-histórico e que a cultura japonesa é o produto da reinterpretação dos modelos vindos de fora das ilhas.
[10] W. G. Beasley, The Rise of Modern Japan: political, economic and social change since 1850, New York, St. Martin's Press, 1995, p. 97.
[11] Apud Warren W. Jr. Smith, Confucianism in Modern Japan, Tokyo, The Hokuseido Press, 1973, p. 4.
[12] Citação de Sakuma Shozan, nascido em 1811, apud Warren W. Jr. Smith, op. cit., p. 27.
[13] O governo priorizou as importações porque o arroz japonês sempre foi caro e o que vinha do exterior saía mais barato para os consumidores.

AMBIÇÕES TERRITORIAIS E O JAPÃO GUERREIRO

Nos primeiros anos da era Meiji já se delineava o desafio de alargar as fronteiras japonesas. A industrialização requeria uma quantidade maior de matérias-primas que as disponíveis no arquipélago, sobretudo o ferro e o carvão para alimentar a indústria siderúrgica nascente. As reservas não dariam conta da demanda e, por isso, os olhos do governo se voltaram para o continente asiático, em primeiro lugar para a Coreia. O Japão retomou sua ligação histórica com os vizinhos próximos do continente pensando nos territórios que poderia conquistar. E, de fato, empreendeu guerras com esse objetivo.

COREIA E CHINA

Com exceção da tentativa de Toyotomi Hideyoshi no século XV de tomar a Coreia, a relação com outros países asiáticos tinha sido basicamente de troca no passado. Se não era cordial, o Japão pelo menos sempre respeitou seus vizinhos. Reconhecia a China como a matriz de muitos fundamentos da cultura japonesa – a escrita, a religião budista, o confucionismo – e a Coreia como intermediária entre Japão e China e fonte de importantes aquisições culturais como a cerâmica.

No século XIX, a Coreia era conhecida como o "reino eremita" por sua política de procurar se isolar do resto do mundo, apesar das pressões internacionais para a sua abertura. O Japão via nela um terreno propício para cumprir seus objetivos de alargar as fronteiras econômicas pelo comércio e para a obtenção de matérias-primas. Conquistada a Coreia, a China seria o próximo alvo. Desconfiado das ambições do governo japonês, em 1897, o imperador coreano King Kojong declarou a Coreia independente e neutra e reforçou os sentimentos antijaponeses que já afloravam em seu país.

A China sofria com a cobiça dos ocidentais, particularmente dos britânicos, que souberam se aproveitar da fragilidade política e econômica da dinastia Qing, que ao longo do século XIX não teve forças para aglutinar a nação para fazer valer seus interesses. As crises de fome e as consequentes insurreições localizadas enfraqueceram ainda mais o poder central. As Guerras do Ópio contra a Grã-Bretanha acabaram por facilitar a intromissão ocidental na China, obrigando-a a ceder Hong Kong como parte do tratado de paz em 1842.

Japoneses, chineses e russos cobiçavam o território coreano nos anos 1870. Para reforçar a sua política externa, o Japão se adiantou aos outros dois e se aproveitou da fragilidade interna dos reinos coreanos para, sete anos depois da ascensão do imperador na Restauração Meiji, obter da Coreia um tratado de comércio que o colocava numa posição privilegiada.

A China não gostou. Em 1885, Japão e China fizeram um acordo para evitar uma guerra. Dez anos mais tarde, entretanto, o confronto de ambos ocorreu em território coreano, terminando com uma vitória fácil dos japoneses. Foi a Guerra Sino-Japonesa. Coreanos favoráveis ao Japão foram colocados no poder na Coreia. A guerra continuou, então em terras chinesas, em direção ao norte, na Manchúria. A vitória japonesa novamente foi rápida.

O Tratado de Shimonoseki, assinado pelos dois países em 1895, garantiu total independência à Coreia, mas com partes de seu território cedidas ao Japão; da China, o Japão obteve direito à posse da Manchúria (Liaoning, em chinês), Taiwan (Formosa) e ilhas Pescadores. A China derrotada teve ainda de pagar uma reparação de guerra e assinar um acordo comercial que permitia aos japoneses navegar no rio Yangtze e usar portos marítimos chineses.

RÚSSIA

A Guerra Sino-Japonesa revelou o poderio do Japão ao mundo ocidental. Até então, de 1868 ao final do século XIX, o Japão aparecia aos norte-americanos e europeus envolto numa bruma exótica e inofensiva de gueixas ou imagens bucólicas do monte Fuji. Enquanto isso, porém, os japoneses haviam preparado com afinco soldados e equipamento militar. Milhares de jovens haviam sido enviados para estudar nos Estados Unidos e na Europa, especialmente na bélica Alemanha recém-unificada, e retornaram ao seu país preparados para funções militares de acordo com os parâmetros dos países desenvolvidos da época. Paralelamente, a frota da Marinha japonesa cresceu com mais navios e armamentos. Técnicos ocidentais haviam sido contratados para contribuir com tecnologia para a indústria naval japonesa, o mesmo ocorrendo com a remodelação do Exército. Assim, o Japão Meiji rapidamente pôde surpreender o mundo com o seu potencial bélico. É dessa época a expressão "perigo amarelo" que, durante as décadas seguintes, sintetizou o receio ocidental em relação ao Japão guerreiro.

A China enfraquecida não conseguia controlar seu imenso território. A Rússia buscava manter a sua própria autonomia diante das potências europeias que disputavam a sua "adesão". Quando a China finalmente perdeu a Coreia para o Japão, o *kaiser* Guilherme II da Alemanha chamou a atenção do czar russo Nicolau II (que era seu primo) para o perigo que os japoneses representavam para a Rússia.

A conquista japonesa da Manchúria serviu de alerta. Parte do que era o Império Manchu estava em território russo, sendo a Sibéria a divisa com a Manchúria chinesa. Além disso, os japoneses ameaçavam também o interesse da Rússia na Coreia com quem fazia também fronteira e assinara um tratado de proteção.

Para minimizar a ameaça potencial japonesa com relação a Rússia e China, três países, Rússia, França e Alemanha, criaram ao final da Guerra Sino-Japonesa uma frente chamada Tripla Intervenção, forçando com sucesso, por meios diplomáticos, o afastamento japonês na região.

O império russo tomou também providências para guarnecer a região nordeste, acelerando a construção da ferrovia Transiberiana e enviando colonos para a Manchúria russa. Em 1898, três anos depois do final da guerra com o Japão, a China fez um acordo com os russos para manter uma base naval em Port Arthur (Lushun) na península de Liaodong, no sudeste da Manchúria. Estrategicamente, Port Arthur era vital para a Rússia por ser o único porto no Pacífico que não sofre as consequências do congelamento no inverno. Soldados russos se instalaram em Port Arthur, outros se dirigiram para o norte da Coreia.

Os japoneses tentaram negociar com a Grã-Bretanha a entrega da Manchúria para a Rússia em troca do controle do norte da Coreia. No intricado jogo de interesses internacionais, o acordo com os russos não vingou por pressão da própria Grã-Bretanha e dos Estados Unidos. Para evitar o avanço russo, e com apoio internacional, o Japão atacou Port Arthur em 1904. Em pouco mais de um ano, em maio de 1905, os russos foram derrotados pelos japoneses no estreito que fica entre Coreia e Japão, na famosa batalha de Tsushima. No Tratado de Paz de Portsmouth, a Rússia foi coagida a abrir mão dos seus direitos sobre Port Arthur, evacuar a Manchúria e reconhecer a Coreia como área de influência japonesa. Em troca, recebeu o direito de pescar nas costas da Sibéria oriental. O Japão arrendou dos russos a região de Kwantung (na parte sul da península de Liaodong) e lá instalou um governador geral, além de um contingente militar, dando início a investimentos industriais privados e públicos. O maior deles foi a Companhia Ferroviária do Sul da Manchúria, considerada estratégica para o controle da região.

Cartão-postal de 1905 mostrando prisioneiros russos nas ruas de Kobe.

O êxito sobre o império russo foi visto pelos dirigentes japoneses como uma vitória até então sem igual. A derrota de uma das potências europeias, um império de enormes dimensões, teve um significado especial para os japoneses: como se o pequeno arquipélago tivesse vencido um gigante Golias. Do ponto de vista estratégico, ao final dessa guerra, o Japão conseguiu alargar a sua área de influência sobre o território russo e sobre a área de confluência da Rússia com a China.

OCUPAÇÃO DE TERRITÓRIOS

Com a Coreia sob controle, o governo japonês forçou a assinatura de um tratado de anexação em 22 de agosto de 1910. Mas o imperador coreano não aceitou. Mesmo assim, a ocupação japonesa no território coreano se estendeu até o final da Segunda

Guerra Mundial, em 1945. Enquanto a Coreia esteve sob seu domínio, o Japão enviou colonos para lá para ocupar terras cultivadas de arroz, expulsando os coreanos e estabelecendo o uso da terra pelos japoneses como direito hereditário. Toda a economia coreana ficou sob controle japonês.

Houve o deslocamento compulsório de coreanos para o Japão, cujo número chegou a 670 mil, encaminhados para executar trabalhos forçados. Além desses, chegaram cerca de 800 mil imigrantes coreanos ao Japão em busca de melhores condições de vida. Durante os anos da Segunda Guerra Mundial, o número de coreanos e taiwaneses sob o regime de trabalho forçado no Japão chegou a mais de 5,5 milhões. Entre eles, as mortes também alcançam elevados índices, cujos números são ainda desconhecidos.

Crianças e jovens coreanos e taiwaneses foram educados para se tornar súditos japoneses, passando a conhecer a língua e uma versão gloriosa da história do Japão, sendo obrigados a incorporar os valores do vencedor e adorar a figura do imperador. Traços da milenar cultura coreana foram substituídos por ícones da cultura japonesa como forma de impor a autoridade e a maneira de ser dos novos donos da terra. Gerações de coreanos e taiwaneses aprendiam nas escolas a se sentirem como subordinados. E quem eram seus professores? Japoneses formados especialmente com a missão de trabalhar junto aos jovens das colônias.

A conquista dos novos territórios por parte dos japoneses exigiu esforços, mas a sua manutenção também foi um problema. Houve o deslocamento maciço de japoneses para esses territórios para garantir o domínio, preencher cargos na burocracia, providenciar a transferência de produtos agrícolas e implantar as ligações comerciais. Havia os trabalhadores temporários: jovens e solteiros que iam para construir obras de infraestrutura em regiões consideradas estratégicas dentro dos territórios ocupados.

Os japoneses deixaram marcas profundas na Coreia e Taiwan. Há analistas que entendem a ocupação japonesa de modo positivo. Apontam o início do século XX como a gênese do processo de substituição das antigas estruturas dominadas por reinos frágeis para a modernização levada pelos japoneses, responsáveis pelo início do processo de desenvolvimento alcançado pelas duas nações no final do século XX, como se o "final feliz" justificasse as agruras ao longo da história. Outros criticam duramente a permanência japonesa nos territórios ocupados baseados nas informações, amplamente divulgadas somente cinquenta anos após o fim da Segunda Guerra Mundial, sobre os crimes e as atrocidades praticados pelos japoneses contra coreanos e taiwaneses na época. Os japoneses são acusados, por exemplo, de terem praticado inúmeras formas de violência sexual contra mulheres durante todo o período de hegemonia sobre esses povos, tendo se utilizado, inclusive, das chamadas *comfort women,* escravas sexuais a serviço dos soldados japoneses durante a Segunda Guerra. Há também notícias de que "médicos" japoneses teriam usado civis coreanos para experimentos semelhantes aos que os nazistas fizeram com os prisioneiros nos seus campos de concentração durante a Segunda Guerra Mundial.

UM PESO MAIOR NA BALANÇA

Nos anos finais do período Meiji, a diplomacia japonesa conseguiu redefinir os termos das suas relações com os países com quem negociava comercialmente. Até então, a posição japonesa era de desigualdade diante das potências mundiais e um dos grandes problemas de seus antigos tratados com elas era a questão da extraterritoriedade, ou seja, um estrangeiro no Japão tinha os seus direitos garantidos pela legislação de seu país de origem, e não pela japonesa. Assim, o Japão não tinha jurisdição sobre os atos praticados em seu território por cidadãos ingleses e norte-americanos, por exemplo. A partir de 1893, entretanto, tendo demonstrado força, o país foi capaz de assinar tratados de reciprocidade no comércio e navegação com a Grã-Bretanha e depois com os Estados Unidos e França em termos de igualdade, sem ferir a sua soberania. Com o Brasil, fez um tratado desses em 1895.

A mensagem que o Japão ofereceu ao mundo após as duas guerras – a Sino-Japonesa e a Russo-Japonesa –, com desfecho rápido e favorável a si, é de que o país disputava com força considerável um lugar entre as nações poderosas do mundo. As vitórias contra a China e contra a Rússia alertaram as potências ocidentais para as pretensões imperialistas do Japão na Ásia. As nações europeias viam com apreensão a investida japonesa, pois seria mais um país a disputar com elas (além dos Estados Unidos), no final do século XIX, mercados e áreas de influência militar e política. As conquistas proporcionam ao Japão de então efetivamente um lugar de destaque na divisão de forças entre as potências mundiais.

GRANDE GUERRA, EXPANSÃO E CRISE: A ERA TAISHO (1912-1926)

O período Taisho (cujo nome significa "grande retidão") sucedeu o Meiji em 1912, durando até 1926. Foi um período turbulento, correspondendo a importantes mudanças no contexto interno e na consolidação da política de expansão iniciada no período anterior.

Em dois anos, o mundo entra na Primeira Guerra Mundial. O Japão quase imediatamente alinha-se à Grã-Bretanha e aos demais aliados como o mais importante representante asiático no conflito;[1] interessa-se por tomar posições alemãs no Oriente Médio e no Pacífico ocidental e não ameaça os demais aliados por não cobiçar, na época, nada mais fora de sua região.

Em 1914, o país já estava entre os grandes participantes do jogo internacional que incluíam as cinco potências europeias (Grã-Bretanha, França, Rússia, Áustria-Hungria, Alemanha), os EUA e o Japão.

A participação japonesa na guerra foi pequena, mas simbolicamente importante na medida em que assegurou aos Aliados o seu ponto de apoio no continente. Quando a Primeira Guerra Mundial terminou, a posição japonesa na Ásia ficou fortalecida. Pelo Tratado de Versalhes de 1919, os vencedores retribuíram o apoio japonês entregando ao Japão o controle (mas não a posse) de ilhas do norte do Pacífico, Marshall, Marianas e Carolinas, que antes pertenciam aos alemães. O Japão também foi um dos signatários da Liga das Nações.

A posição geográfica do arquipélago era considerada estratégica para as potências capitalistas diante do sucesso da Revolução Bolchevique, em 1917 na Rússia. Elas necessitavam de um aliado na região para ajudá-las a conter o avanço dos comunistas. Forças dos Estados Unidos, Grã-Bretanha, França e Japão tentaram tomar a Sibéria oriental, mas apenas o Japão conseguiu manter bases militares e ocupar partes da região por quatro anos até que suas tropas fossem expulsas pelos bolcheviques.

Por outro lado, ao longo dos anos em torno da Primeira Guerra Mundial, começaram a surgir atritos entre o Japão e Estados Unidos. Os dois países estavam emergindo como potências, substituindo paulatinamente a Grã-Bretanha e a França na concorrência pela hegemonia mundial. A reação norte-americana contra os interesses japoneses se revelou em diversas esferas, o que se deu inclusive com ações coibindo a entrada de imigrantes japoneses no território americano (que para lá emigravam desde 1907), fato que ganhou força com a proibição definitiva em 1924. A ideia do "perigo amarelo" retomou sua força ao longo dos anos 1920 e 30, quando os cidadãos norte-americanos foram instados a pensar que os imigrantes já instalados na costa oeste pudessem ser agentes do imperialismo japonês; havia um forte receio de que o Japão estivesse com planos de invadir o território americano usando os imigrantes como facilitadores da operação.

PROBLEMAS INTERNOS

Durante a Primeira Grande Guerra, o Japão se aproveitou de sua pequena participação para estender seus negócios na Ásia nos setores que os países em conflito haviam abandonado momentaneamente. Era o caso da navegação, da mineração de carvão, das indústrias siderúrgicas, mecânicas, químicas, têxteis, que abasteciam os mercados asiáticos substituindo os europeus. Foi a brecha que permitiu maior desenvolvimento dos *zaibatsu* e o fortalecimento da indústria nacional japonesa.

Se a guerra proporcionou a prosperidade aos capitalistas japoneses, por outro lado deixou o governo Taisho enredado no aumento da dívida pública e obrigado a incrementar os impostos para financiar gastos militares e manutenção dos territórios ocupados.

No início dos anos 1920, uma grave crise se abateu sobre o país. Quando a Grande Guerra terminou, a competição internacional voltou aos seus patamares anteriores. As indústrias japonesas procuraram manter seus negócios internacionais, mas encontraram dificuldades. A situação ficou mais grave para a população em geral, que teve de arcar com o ônus dos impostos e da alta de preços. No campo, a desigualdade social e econômica era cada vez mais evidente.

Em 1918, já havia ocorrido uma série de revoltas contra o alto preço do arroz. O movimento começou com a iniciativa de donas de casa de uma aldeia de pescadores de assaltarem armazéns de arroz e se espalhou rapidamente por todo o país. O governo foi então obrigado a baixar momentaneamente os preços. Nesse mesmo contexto de crise, bancos faliram, a produção industrial diminuiu e o desemprego cresceu. O movimento sindical, cujo embrião estava nos anos 1870, ganhou mais força.

Grande Guerra, expansão e crise | 171

Na foto, a torre Ryoun kaki, de 60 m de altura, que desabou no terremoto de 1923. Réplica do Museu Edo-Tokyo.

A situação do país piorou com o grande terremoto de 1923 que atingiu Tóquio. Junto com os gastos militares e a necessidade de investimentos para poder manter a concorrência com outros países, despesas extraordinárias – para a reconstrução de Tóquio e da vizinha Yokohama – foram necessárias por conta do terrível desastre.

Em decorrência da situação, agravada com o terremoto, a emigração aumentou significativamente. Até o evento trágico, os emigrantes saíam de regiões rurais como Kyushu e Shikoku, mas, depois do terremoto, famílias inteiras passaram a deixar localidades mais urbanizadas, inclusive Tóquio. Nesse momento, muitos foram para o Brasil.

MOVIMENTOS POLÍTICOS

As crises alimentam a imaginação das pessoas; surgem sempre os que dão tratos à bola e acreditam ter "a" solução. Num Japão com problemas, movimentos políticos de diversas linhas ganharam destaque defendendo as ideias mais díspares e ameaçando o consenso tão arduamente construído no período anterior.

Não que as divergências políticas fossem novas – desde que começaram as discussões sobre a Constituição, no período das guerras com a China e a Rússia, correntes conservadoras, liberais e de esquerda se enfrentavam diretamente –, mas elas se ampliaram muito no período Taisho. A partir da metade da década de 1920, os conservadores, na dianteira, aumentariam ainda mais sua distância com relação aos liberais e esquerdistas com um discurso nacionalista extremo.

Esquerdistas e liberais

As esquerdas (socialistas e comunistas) japonesas só se desenvolveram com alguma relevância na época da Revolução Russa e com o final da Primeira Guerra Mundial. Antes sofriam muito com a forte repressão sobre os movimentos de esquerda baseada em duas leis: a Lei de Preservação da Paz de 1894 e a Lei de Ordem Pública e Polícia de 1900, que perseguiam e sufocavam as manifestações contra a ordem vigente, sobretudo os movimentos de trabalhadores que reivindicavam melhores salários e melhores condições de trabalho. As fábricas japonesas na primeira metade do século XX assemelhavam-se às da Primeira Revolução Industrial na Inglaterra pelo péssimo tratamento dado aos trabalhadores e sua baixa remuneração. Houve muitas discussões e tentativas de organização dos trabalhadores, mas sem muito êxito formal.

Japoneses simpatizantes do socialismo (apesar da repressão sofrida) acabaram se alinhando com os liberais dentro do bloco da oposição aos conservadores (notáveis que detinham o poder político e econômico). O bloco de oposição criticava a postura expansionista de ocupação militar e econômica que o Japão assumira a partir da Guerra Sino-Japonesa. Na crise, mesmo os liberais passaram a condenar a política de colonização na Ásia, entendendo que a manutenção das colônias provocava dispêndio financeiro, militar e humano elevado demais para o país; defendiam o livre-comércio como a saída econômica mais viável.

Os socialistas, porém, divergiam da postura reformista dos liberais. Propunham ações mais radicais, como uma revolução que substituísse as instituições vigentes por outras mais voltadas para os pobres e necessitados. Planejavam até assassinar o imperador a fim de defender a sociedade contra a corrupção e a degeneração. Listavam como metas a abolição do sistema de classes, o desarmamento e a coletivização das terras e do capital. Chegaram a ser fundados um Partido Social Democrata (1901) e um Partido Socialista (1906), mas tiveram duração efêmera.

Com a vitória do comunismo na Rússia, o movimento comunista ganhou fôlego no Japão (o Partido Comunista Japonês surgiu em 1921). Porém, uma nova lei de repressão, que entrou em vigor em 1925, ajudou a afundar todos os movimentos oposicionistas no Japão.

Conservadores e "falcões"

Na década de 1920, em contrapartida à fragilidade da oposição, os conservadores se fortaleceram. Defendiam a necessidade de preservar a imagem do imperador, ameaçada pelos radicais de esquerda que propalavam a derrubada do regime, e de reforçar o *status quo*. Organizaram-se em grupos dos quais faziam parte intelectuais que sintetizavam suas aspirações em doutrinas políticas.

Os conservadores mais radicais (tradicionalistas) discordavam com veemência do *laissez-faire* apregoado pelos liberais, argumentado que abriria flancos para a ação dos socialistas e comunistas, pois o Estado ficaria enfraquecido. Defendiam um retorno aos moldes da ética de obediência samurai sem abrir qualquer espaço para as organizações dos trabalhadores, como os sindicatos, e para manifestações populares, como greves e revoltas no campo. Os tradicionalistas conseguiram reunir membros importantes do governo em organizações patrióticas como a Sociedade Japonesa da Essência Nacional (1919) e a Sociedade da Fundação Nacional (1924). O líder da Sociedade para Preservação da Essência Nacional, Kita Ikki, publicou em 1923 o livro *Bases para um plano de reconstrução do Japão*, em que propunha que, depois de varrer todos os resquícios de corrupção no regime em vigor, o Japão lançasse uma campanha voltada para fazer os asiáticos se livrarem dos males vindos do Ocidente.

Outros autores, em outros termos, também começaram a sugerir o papel de liderança que o Japão deveria ter diante dos vizinhos da Ásia contra as potências como a Grã-Bretanha e a Rússia.

Ideias como essas, que justificavam ainda mais o expansionismo japonês, começaram a penetrar no meio da oficialidade jovem e de patentes inferiores das Forças Armadas e foram reinterpretadas. Para estes, o poder exercido pelos civis através dos partidos políticos só faziam provocar o declínio do Japão com suas divergências e decorrentes desordens. Eles evocavam o "espírito nacional" (*Yamato damashii*) composto de uma série de conceitos inspirados na tradição milenar do povo japonês. Propunham a ruptura com as "más influências" que o Ocidente havia levado ao Japão e a valorização da superioridade racial e cultural japonesa. Imbuído do "espírito nacional", o Japão enfrentaria uma "guerra justa" para salvar o mundo do marxismo e de outras ideologias ocidentais nocivas. Entre os países inimigos, estariam os Estados Unidos, por serem capitalistas e corruptos, e a Grã-Bretanha e a Rússia, por serem os grandes exploradores da Ásia. Para que esse projeto fosse vitorioso, pensavam os jovens oficiais, era necessário que o Estado se purificasse dos pensamentos perigosos. A disciplina e união de toda a população e o estrito controle da economia seriam os passos seguintes. A missão do Japão diante da Ásia começaria na Manchúria não só pela posição geográfica, mas também pôr ser fonte de recursos minerais e alimentícios.

Enfim, brotavam muitas ideias que defendiam uma postura ainda mais agressiva do Japão.

TURBULÊNCIA E VITÓRIA DOS ULTRANACIONALISTAS

A turbulência política da primeira metade dos anos 1920 se verifica pela sucessão de gabinetes de curta duração no governo. Houve uma pequena trégua, de 1918 a 1921, durante a qual os liberais estiveram no poder. Em 1925, foi aprovado o sufrágio universal masculino estendido a homens com mais de 25 anos (as mulheres ficavam de fora). Com medidas como essa, os primeiros anos da década de 1920 ficaram conhecidos na história japonesa como o período da "democracia Taisho", embora a sua legitimidade estivesse permanentemente em questão pelas diversas correntes que se opunham e lutavam pela hegemonia política. No mesmo ano em que foi instituído o sufrágio universal masculino, os conservadores forçaram a aprovação da Lei de Preservação da Paz, que dava direito ao Estado de perseguir e julgar qualquer forma de enfrentamento ao "espírito nacional".

Quando o imperador Hiroito subiu ao trono, em 1926 (inaugurando o período Showa, que significa "paz luminosa" e que foi até 1989), estava rodeado de problemas de diversas ordens: instabilidade política, desordem econômica, pressão popular por mudanças, complexidade na manutenção das colônias que geravam um caldeirão de interesses e de manobras resultantes de uma diretriz desenvolvida no período de seu avô Meiji. Os grupos de interesse formados pelos antigos aristocratas, os samurais da alta estirpe e os novos ricos dos *zaibatsu* dominavam a cena política fazendo uso do autoritarismo e da repressão em nome do imperador. Ao fazê-lo, sufocavam a possibilidade de mobilização de segmentos da sociedade que, no decorrer de mais de meio século, haviam usufruído das melhorias propiciadas pela educação, mas estavam distantes das elites e dos centros de decisão do país e não tinham muitas formas de se manifestar.

Uma vez que o Japão se sobressaia como potência, os militares ultranacionalistas foram acumulando prestígio e voz ativa nos destinos da nação. No início da era Showa, os ultranacionalistas entendiam ser necessário "manter a união do país", mesmo com o uso da força, senão os japoneses se perderiam diante da pressão internacional. Os cenários externo e interno pareciam colaborar com seus argumentos.

Primeiro, num jogo que mesclava argumentos de ordem racial, concorrência no mercado de trabalho e retaliação à política expansionista japonesa, em 1924, os Estados Unidos fecharam definitivamente a entrada de imigrantes japoneses em seu território. Essa postura, além de restringir a possibilidade de muitos jovens satisfazerem o sonho de mudar de vida, feriu o orgulho dos japoneses. A questão racial os atingiu duramente ao se darem conta de que, aos olhos dos norte-americanos, estavam no mesmo patamar que os chineses, o que foi considerado uma ofensa, pois eles se viam como seres superiores. Paradoxalmente, quando os japoneses se colocavam como uma liderança necessária da Ásia, usavam um discurso igualmente racista para se referir aos seus possíveis inimigos, "os ocidentais".

Um segundo problema que alimentou a tensão contra os ocidentais foi a derrota da posição do Japão na Conferência Naval de Londres, em 1930, quando a proposta de aumentar o contingente de navios de guerra japoneses não conseguiu ser aprovada. Continuaram em vigor as decisões de oito anos antes da Conferência do Desarmamento em Washington. No plano da política exterior, era uma sinalização de que as potências ocidentais estavam vigilantes e não queriam perder terreno para o Japão.

No plano interno, a tentativa para sair da crise econômica, que vinha se arrastando desde o final da Primeira Guerra e do terremoto de 1923, foi a de estimular as exportações aderindo ao padrão ouro. A queda da Bolsa de Nova York, em 1929, representou um obstáculo para prosseguir por esse caminho, além de baixar profundamente os índices de emprego no país.

Com o país abalado em diferentes níveis, a campanha ultranacionalista ganhou ainda mais fôlego, pois era preciso "salvar a pátria", unindo as forças para superar as dificuldades. Em 1930-31, os liberais moderados do regime perderam suas chances, a vez agora era definitivamente dos militaristas nacionalistas que tomaram conta do governo.

O estado de ânimo dos japoneses melhorou muito diante da declarada possibilidade de transformar a Manchúria no Eldorado do Japão. Entre os japoneses, desenvolveu-se uma forte crença em torno da chamada "missão histórica e fraterna" com relação a Manchúria[2] e, quem sabe, com relação à própria China, considerada por muitos japoneses um estado inviável. Essa missão, na prática, significava, sobretudo, estabelecer o domínio japonês sobre esses locais.

Os propagadores da ideia diziam que o controle da Manchúria era fundamental para o estabelecimento da União Asiática. Na realidade, não existia na época uma, mas diversas interpretações (de direita e de esquerda) sobre o que seria a tal União Asiática. Seus defensores propunham transformar a Ásia num bloco de poder – passando por cima das diferenças culturais, religiosas e políticas – comandado pelo Japão. O obstáculo à concretização desse sonho seria o Ocidente que, segundo eles, corroía todo o continente asiático. Dessa forma, a união dos países asiáticos contra o Ocidente seria fundamental para o bem-estar daqueles.

A questão da formação de um bloco de países asiáticos foi incrementada a partir da vitória sobre a Rússia em 1905 e tomou corpo na década de 1920. A ideia ganhou força quando os japoneses se convenceram da possibilidade real de o Japão liderar o processo,[3] graças, entre outras coisas, à divulgação de teorias de pensadores japoneses da Sociedade de Estudos Showa, fermento para grupos de direita ultranacionalista que consideravam a Manchúria um local privilegiado para colocarem em prática sua visão.

Desde o fim das guerras com chineses e russos, o Japão mantinha um exército permanente ao longo da Ferrovia do Sul da Manchúria e o controle das cidades de Harbin, Mudken, Dalian e Port Arthur. O passo decisivo para o domínio total da região foi a implantação de um governo japonês na Manchúria em 1932. A fim de manter a aparência de legitimidade, os japoneses restauraram o poder do último imperador manchu deposto em 1912, Pu Yi, colocando-o como o chefe (fantoche) do Estado Manchukuo. Com a instalação do Manchukuo, a possibilidade de concretizar a propalada União Asiática ficava mais palpável.

A partir de 1932 implantou-se um governo japonês na Manchúria, passo decisivo para o domínio total da região. Na foto, soldado japonês e sua arma.

Autoridades que passaram a atuar diretamente na região foram alguns de seus porta-vozes. O general Hideki Tojo – chefe da polícia secreta na Manchúria, líder do Exército Kwantung[4] e, mais tarde, ministro da Guerra e primeiro-ministro – era um adepto, assim como o presidente, da Ferrovia do Sul da Manchúria, que era também ministro das Relações Exteriores e o organizador do governo e do Exército Manchukuo. Apoiavam-na também vários industriais que queriam a expansão dos negócios japoneses no continente, como, por exemplo, o presidente da Empresa de Gás e Eletricidade de Tóquio e um futuro ministro das Comunicações ligado ao conglomerado Sumitomo.

Em outro segmento, os xintoístas radicalizaram o mito da ancestralidade divina e única dos japoneses, procurando reavivar os rituais e as práticas dos tempos passados. Criaram até o Conselho de Pesquisa dos Rituais Xintoístas e adotaram o Dia da Nova Ásia para celebrar a missão sagrada de estender a influência japonesa para as outras nações asiáticas.

Até a esquerda japonesa apoiava o domínio da Manchúria, acreditando, num exercício ideológico um tanto tortuoso, que a região seria um laboratório para realizar a revolução socialista, passo que parecia muito difícil de ser dado em solo japonês. Muitos dos militantes da esquerda se refugiaram na região. Um partido clandestino (Kyowakai) foi organizado por lá, defendendo a harmonia racial. No contexto da luta ideal do Oriente contra o Ocidente, mesmo os militantes da esquerda japonesa entendiam a necessidade de as cinco "raças" (japonesa, manchu, coreana, chinesa e russa) unirem-se sob a liderança da raça japonesa. Com esse modelo de "harmonia racial", pregavam a possibilidade de melhoria nas condições de vida das massas populares de toda a Ásia.

Mesmo com tais afinidades ideológicas na questão racial e de dominação na Ásia, o governo resolveu sufocar definitivamente a oposição incômoda. Para isso, empreendeu, durante a década de 1930, uma campanha ampla de repressão aos participantes de qualquer corrente de esquerda, forçando-os a renunciar ao marxismo por meio de uma "conversão" aos princípios da política ultranacionalista de direita hegemônica no governo de então. Se resistissem, seriam massacrados com violência pelo Estado.

Nas diretrizes militares que o governo japonês procurava estabelecer, facções se sobrepunham de acordo com a conjuntura do momento tentando fazer valer suas ideias. O episódio de 1932 na Manchúria é exemplar, pois a iniciativa de avançar com soldados sobre a região ocorreu sem o aval oficial do gabinete do primeiro-ministro. A operação fez parte de um conjunto de ações empreendidas por suboficiais do Exército que entenderam que suas forças deveriam ocupar logo a Manchúria, a fim de preservar a soberania japonesa na região, e em seguida avançar sobre a China. Entre os militares japoneses não havia consenso sobre a melhor forma de se fazer isso; os oficiais de patentes superiores, aquartelados em Tóquio, não tinham a mesma visão que aqueles suboficiais (com patente de tenente-coronel para baixo) reunidos no movimento ultranacionalista dos Jovens Oficiais. O alto escalão das Forças Armadas preferia controlar as instituições existentes, e não substituí-las por outras mais radicais como queriam os Jovens Oficiais. Dentro do próprio grupo dos oficiais havia divergências quanto a isso. A polêmica, no entanto, foi atropelada pelos acontecimentos. Uma vez iniciado o processo de ataques e invasões que seguia os preceitos da "missão histórica japonesa", não houve como voltar atrás.

O problema imediato criado com a investida contra a Manchúria era a reação dos chineses diante da ação dos japoneses.[5] Na década de 1920, o movimento nacionalista na China, república desde 1912, ressurgiu com o Partido Nacionalista (Kuomintang), liderado por Chiang Kai Chek. Negociações foram feitas entre o governo de Tóquio e o líder dos nacionalistas para preservar a Manchúria nas mãos dos japoneses. A conversação era frágil, mas respeitada, já que os nacionalistas chineses tinham interesses mais urgentes no momento.

Nesse intervalo, o representante fantoche da Manchúria mantido pelos japoneses foi assassinado por membros radicais do Exército japonês na região, o Exército Kwantung, num atentado planejado pelos Jovens Oficiais[6] (explosão de um trem da Ferrovia do Sul da Manchúria), em que os japoneses acabaram culpando os chineses. Foi um pretexto para uma ação em cadeia por parte do exército japonês contra os nacionalistas chineses.

A China recorreu à Liga das Nações para denunciar a ação japonesa em seu território. Depois de uma verificação *in loco*, a comissão enviada pela organização considerou que os japoneses haviam desobedecido normas internacionais. Com um discurso em que o representante japonês comparou seu país a Jesus Cristo, crucificado pela opinião mundial, o Japão se retirou da Liga das Nações em 1933.

A partir desses acontecimentos, os gabinetes japoneses foram encabeçados ou por generais ou por almirantes que se revezavam à frente do governo.

Em 1936, ocorreu uma fortíssima nevasca, a maior em trinta anos, que atingiu duramente o nordeste do Japão. Além das condições precárias em que vivia a população, um problema da natureza interferiu mais uma vez na vida dos japoneses. Uma greve, reivindicando a ajuda do governo aos necessitados, paralisou o país. Há mais uma vez uma reação em cadeia que culmina em assassinatos, como o do ministro das Finanças. Os rebelados organizam manifestações que tomam conta das cidades, Tóquio inclusive. Têm a intenção de comunicar ao próprio imperador Hiroito toda a situação, mas são prontamente sufocados.

Os resquícios da "democracia Taisho" já haviam sido totalmente apagados, o liberalismo foi deixado de lado e os militares detinham agora um poder extraordinário no país.

CONTRA OS CHINESES E OS RUSSOS NOVAMENTE

Desde 1915, quando o Japão propôs à China um documento chamado *As 21 cláusulas*, demonstrou sua clara intenção de ocupá-la usando o argumento da necessidade de aliança entre as duas nações a fim de estabelecer a paz no Extremo Oriente e se defender dos ocidentais. A tentativa de intromissão japonesa na China desagradou as potências ocidentais e o documento deixou de ter validade no Encontro de Washington para o desarmamento mundial em 1922.

Um incidente, em julho de 1937, bastou para desencadear a (previsível) guerra entre Japão e China. Um soldado japonês saiu da área militarizada nos arredores de Pequim e o seu comandante iniciou imediatamente uma busca. Os chineses se prontificam a auxiliar, mas a ajuda foi interpretada como um insulto. O episódio serviu como desculpa para um conflito militar que reunia as várias expectativas da nação japonesa com relação à China.

No mesmo ano de 1937, o exército japonês foi responsável por massacres às populações chinesas em Xangai e em Nanquim. Em Xangai, a luta contra as forças de Chiang Kai Chek resultou em mais de 250 mil mortes, na maioria, de civis. Um relato afirma que "um rio de sangue" chegou a mudar a cor do mar. Em seguida, as tropas japonesas partiram ao encalço do líder chinês em direção a Nanquim. A luta em Nanquim foi ainda mais sangrenta. A cidade foi sitiada e quem nela permaneceu, incluindo a população civil, recebeu por parte dos soldados japoneses um tratamento impiedoso que não poupou nem mulheres e crianças. Pouquíssimos militares chineses foram enviados a campos de prisioneiros porque os japoneses preferiam não deixar inimigos vivos. Estima-se entre 250 mil e 300 mil o número de mortos em dezembro de 1937. Alguns poucos, entretanto, conseguiram fugir com Chiang Kai Chek.

A brutalidade do exército japonês ainda não foi totalmente descrita e registrada, e quiçá um dia se divulgue com mais detalhes o que ocorreu em Xangai e Nanquim. O sentimento de superioridade dos japoneses com relação aos chineses, fomentado por anos a fio na educação dada aos jovens no Japão, tinha então terreno concreto para se manifestar. Os soldados japoneses (que se viam como "brancos") consideravam perfeitamente justificável sua ação contra os chineses ("amarelos"), já que lutavam em nome de seu imperador e por sua "missão", mesmo sem obedecer necessariamente a um comando único ou a uma ordem específica para fazer o que faziam (tendo havido até alguns casos de desobediência de ordens superiores por parte de jovens oficiais radicais e soldados sob seu comando). Ao final, o governo japonês, procurando assumir a situação, colocou um governo títere em Nanquim.

Os olhos então se voltaram para a União Soviética. Entre 1938 e 1939, houve duas tentativas japonesas de penetrar no território soviético. A primeira foi a tentativa de atravessar o rio Tumen, que separa o Manchukuo da Manchúria soviética. A segunda foi tentar entrar pela Mongólia. Ambas foram facilmente rechaçadas pelo exército soviético.

Nas duas ocasiões, os soldados japoneses estavam muito mal armados e pouco preparados para lutas em terrenos úmidos e infestados de mosquitos. O que os animava era o seu "espírito". Nos dois casos, a derrota era evidente, e não só militar, mas também pela fome, sede e enfermidades que dizimaram os soldados japoneses.

Altos oficiais do Exército e principalmente da Marinha consideraram então que o sudeste da Ásia, com recursos naturais, seria alvo mais fácil que os soviéticos ao norte. O controle do sudeste asiático ofereceria à Marinha a oportunidade de se fortalecer numa eventual guerra no Pacífico. O imperador se posicionou contrário a um novo ataque à União Soviética e a favor dos projetos da Marinha.

Estados Unidos, Grã-Bretanha e França estavam extremamente preocupados com o que o Japão faria, ainda mais nesse momento em que o país se aproximava da Alemanha nazista (em 1936) e da Itália de Mussolini (em 1940).

TRUNFOS, INIMIGOS E ALIADOS

A caminho do que seria a Segunda Guerra Mundial, o Japão tinha trunfos. Era dono de força militar e naval bastante considerável e, com os russos envolvidos em seus próprios dilemas, parecia ser a mais formidável potência do Extremo Oriente.

No final da década de 1930, os muitos problemas decorrentes da Depressão em todo o mundo já estavam passando e algumas economias, entre elas a japonesa, dispararam; o Japão chegou quase a dobrar o nível de sua produção em comparação ao período pré-crise. Militarista e imperial, de economia capitalista não liberal, o Japão (como a Alemanha) tinha conseguido dinamizar de maneira significativa seu setor industrial (mesmo que em tamanho absoluto, em comparação com números da produção mundial, sua economia ainda fosse modesta).

Com tais sucessos e vantagens, o Japão se achava merecedor de uma fatia maior do bolo do Extremo Oriente do que as potências imperiais ocidentais estavam dispostas a lhe conceder. Além disso, estava consciente de sua vulnerabilidade, já que seu território não era nem um pouco pródigo em recursos naturais necessários a uma economia moderna. Sabia de seus pontos fracos em termos de importações – ao sabor das marinhas estrangeiras – e exportações – muito dependentes dos EUA. E viam na ideia da criação de um império territorial na China uma saída para essas deficiências. A Manchúria era o ponto forte neste jogo.[7] Portanto, a invasão de 1937 não foi surpresa. E podemos dizer o mesmo de sua participação na guerra total e aberta: o segundo conflito mundial que duraria até 1945.

Na Segunda Guerra Mundial, o Japão foi aliado da Alemanha nazista e da Itália fascista por compartilhar inimigos comuns com esses países e também por não disputar com eles as mesmas áreas, ou seja, o Japão não se interessava por dominar territórios no continente europeu ou na África, não era um competidor, portanto. As políticas territoriais japonesas se chocavam, sim, com as dos norte-americanos no Pacífico. E que fique bem claro: apesar de "com quem andava", o Japão não era fascista. Embora sua política fosse predominantemente de direita e ideologicamente houvesse muita afinidade com as outras potências do Eixo – convicção de superioridade racial, vontade de purificar a raça, crença nas virtudes militares de obediência cega a ordens superiores e à hierarquia, dedicação incondicional do indivíduo à sua pátria e a seu líder (o imperador, no caso japonês), rejeição da liberdade de expressão –, não havia no Japão elementos que caracterizam de fato o fascismo, como, por exemplo, a mobilização das massas para fins revolucionários orquestrada por um guia carismático.

No ano seguinte da invasão japonesa na China, os alemães invadiram a Áustria. A guerra europeia, que acarretara a Segunda Guerra Mundial, iniciou-se em 1939. De 1939 a 1940, os japoneses mantiveram-se de fora da guerra da Alemanha com a Grã-Bretanha e a França e, depois de 1941, da guerra contra os conhecidos russos, cujo Exército Vermelho já lhes tinha causado muitas baixas na fronteira sino-siberiana em 1939. Pouparam-se por algum tempo da luta contra os "ocidentais". O Japão só entrou em guerra contra os ingleses e os norte-americanos, mas não contra os russos,[8] em dezembro de 1941. Enfrentaria, a partir de então, seu pior inimigo, um país detentor de recursos muito superiores aos seus e que não tolerava as ambições japonesas no sudeste asiático: os Estados Unidos.

Quando Hitler parecia estar vencendo na Europa, o imperialismo europeu no sudeste asiático ficou enfraquecido, abrindo caminho para que os japoneses se apoderassem do que antes era controlado pelos franceses na Indochina. Para jogar água fria nas pretensões japonesas, os Estados Unidos – que ainda não haviam entrado formalmente na guerra – aplicaram uma série de sanções que afetaram o comércio e o abastecimento do Japão. O país também deixou claro ser um grande obstáculo ao estabelecimento de um poderoso império econômico japonês. Em resposta, veio o ataque japonês aos americanos. E, assim, a guerra se tornaria mundial.

NOTAS

1. Na época, as relações japonesas com a Alemanha estavam tensas desde que a ideia do "perigo amarelo" tinha sido lançada pelo kaiser alemão para alertar sobre os riscos do imperialismo japonês.
2. A Manchúria tinha uma situação peculiar dentro da China. Embora, no início dos anos 1930, a população de origem chinesa fosse predominante, as marcas da cultura manchu ainda eram fortes. Os japoneses viam a região como "terra de ninguém", diferente de todo o resto da China. A China, por outro lado, considerava a Manchúria parte legítima de seu território.
3. A teoria lançada no livro *Ideias democráticas e realidade*, do geógrafo inglês John Halford Mackinder (1861-1947) estimulou ainda mais a ideia do papel do Japão no mundo. Este autor, fundador da London School of Economics, membro da Real Sociedade Geográfica, teve uma enorme influência no pensamento geopolítico da época ao sugerir que o controle sobre a "terra central" significa também a hegemonia sobre o mundo. A "ilha mundial" compreende a grande extensão de terra desde o leste da Europa, toda a Ásia e a África, e as potências marítimas têm o papel de defender o coração do bloco terrestre. Nesse caso, segundo Mackinder, tanto a Grã-Bretanha como o Japão poderiam exercer esse papel.
4. Forças que garantem a ocupação da península de Liaotung, tomada dos alemães ao final da Primeira Guerra Mundial.
5. Desde a chegada dos ingleses no século XIX até a ocupação não oficial dos japoneses, houve movimentos de cunho nacionalista na China como a Revolta dos Boxers (1899-1901), contra a presença estrangeira no país, quando a China ainda era governada pela dinastia Qing. A reação veio dos países interessados na manutenção de sua influência, entre eles o Japão. Rússia, Grã-Bretanha, França, Alemanha, Estados Unidos, Itália, Áustria e Japão formaram a Aliança dos Oito para derrotar os nacionalistas chineses. Do total de quase 50 mil soldados, o Japão enviou 20 mil, e dos 51 navios, 18 eram japoneses. A derrota dos boxers resultou, entre outras coisas, no aumento do prestígio japonês na Ásia.
6. A perda da Manchúria significaria para o Japão o fim de uma importante fonte de alimentos e minerais, além dos lucros obtidos na exploração da Ferrovia do Sul da Manchúria. O controle sobre a Coreia poderia também sofrer abalos. Dessa forma, os suboficiais japoneses do Exército Kwantung defendiam que a estratégia japonesa deveria ser mais contundente. Para estes, a ocupação definitiva, sem subterfúgios, era o caminho.
7. A Ferrovia do Sul da Manchúria era um polo de inovações tecnológicas, como o trem "superexpresso" feito de aço inoxidável movido a diesel ligando a capital Hsinking ao porto de Dairen. Todo o carvão, ferro e aço eram escoados para o porto de Dairen pela ferrovia. Os cuidados médicos também se destacam na Manchúria. No início do século XX, a região foi atingida pela peste bubônica. Foi organizada uma ajuda internacional com missionários escoceses, irlandeses e dinamarqueses que fundaram o Christie Memorial Hospital e uma escola de Medicina. Com a instalação do Manchukuo, os estrangeiros foram afastados, mas os japoneses não deixaram de adotar as práticas ali já implantadas.
8. O Japão assinou com eles um acordo de neutralidade em abril de 1941.

SEGUNDA GUERRA MUNDIAL

Aos gritos de "*Tora, tora, tora*",[1] a aviação japonesa atacou navios norte-americanos atracados em Pearl Harbor em 7 de dezembro de 1941, dando uma nova dimensão à história da expansão territorial japonesa.

Soldados do exército japonês na China avançavam a cada dia. Na Coreia e em Taiwan mantinham a ocupação, reforçando a política de impor às populações nativas o "espírito japonês", sem deixar de lado a truculência com que costumavam tratar militares e civis nesses territórios.

Satisfeitos com o sucesso do ataque à base naval norte-americana, deslocaram forças em direção ao sul. Até então, sua luta se desenrolara no continente com vistas à conquista da China, para numa etapa posterior avançar ainda mais pela Ásia. Pearl Harbor localiza-se no arquipélago do Havaí, no meio do oceano Pacífico, distante da China. Por que a alteração nos planos?

As justificativas militares para a ação contra os americanos foram de várias ordens. Uma delas era a dificuldade de manter a China sob controle. As tropas japonesas encontravam resistências e avançavam com muita lentidão pelo território chinês, havendo perdas humanas significativas e, obviamente, gastos materiais elevados. A falta de melhores resultados criou divergências no alto comando das Forças Armadas japonesas, principalmente entre o Exército e a Marinha. Ao verificarem o relativo fracasso da campanha na China, alguns oficiais entenderam ser necessário voltar os olhos novamente para a União Soviética tanto por razões geopolíticas como pelos recursos naturais (especialmente o petróleo). A ideia de invadir a União Soviética em busca de recursos naturais foi reforçada pela posição norte-americana de deixar de vender petróleo aos japoneses em janeiro de 1940. Os "falcões" japoneses interpretaram isso como um golpe dos "anglo-saxões", como diziam, para impedir que suas ambições pudessem ser realizadas.

Para o governo norte-americano, o Japão, que em momentos passados foi aliado, agora era considerado uma ameaça, e o corte nas fontes de abastecimento de combustível era um primeiro movimento no sentido de impedir que o expansionismo japonês fosse muito adiante. Pouco mais tarde, os americanos cortaram também a venda de material de sucata de ferro e aço. No Japão criou-se o impasse: escutar a mensagem ou continuar atacando, em busca de outras fontes de combustível (só a Marinha japonesa consumia quatrocentas toneladas de óleo por dia).

Em julho de 1941, os japoneses optaram por desistir da União Soviética, ocuparam a parte sul da Indochina e partiram em direção ao sudeste da Ásia. Em represália, a Grã-Bretanha e a Holanda deixaram de vender aos japoneses: mais cortes de combustível. A atitude repercutiu entre eles como uma ofensa, alimentando a ideia de que o Japão estava sendo estrangulado pelos ABCD (em inglês: *American, British, Chinese, Dutch*). Como agir?

Não havia consenso, mas o grupo mais próximo ao imperador, incluindo o primeiro-ministro Konoe e o general Hideki Tojo, foi primeiramente a favor de uma conversa, adotando a via diplomática com relação aos "opressores do Ocidente". O que negociar? As alternativas levantadas foram: ou sair da Indochina ou um acordo de paz com a China, mas mantendo tropas japonesas para garantir a ordem naquele país, ou continuar a receber petróleo do sudeste da Ásia com a promessa de não avançar por aquele território. Washington não se manifestou e o Japão estabeleceu um prazo para uma resposta negociável: outubro de 1941. Ela não veio em outubro, mas no dia 26 de novembro, e não agradou. Numa nota do secretário de Estado norte-americano, Cornell Hull, os Estados Unidos pediam genericamente o recuo japonês na China e na Indochina sem entrar em detalhes, sem mencionar a Coreia ou a Manchúria. Esse documento foi interpretado pelo alto comando do governo japonês como um *ultimatum*. Então, o Japão ameaçou os americanos com a possibilidade de guerra caso não pusessem fim ao embargo do petróleo.

NACIONALISMO EXACERBADO

A tensão de 1941 ocorreu no momento de ápice do nacionalismo belicoso japonês que, desde as duas décadas anteriores, ganhava espaço na sociedade japonesa. Esse ultranacionalismo tomou finalmente corações e mentes, acabou sufocando os vestígios de um sistema partidário de representação, eliminou qualquer manifestação das esquerdas e conseguiu convergir os interesses do país para a figura do imperador Hiroito, cuja condição sagrada foi vivamente alimentada em todos os setores da vida japonesa, mesmo que compulsoriamente para alguns.

Os japoneses de então se acreditavam "iluminados",[2] ou seja, moral e racialmente superiores aos demais povos. A grande maioria do povo japonês, disciplinado e doutrinado há pelo menos duas gerações, passou a acreditar que o Japão tinha uma missão de

O nacionalismo japonês chega ao Brasil. Na foto, a família se reúne na despedida do jovem que se alistou como voluntário na Segunda Guerra Mundial.

"civilizar e esclarecer" o mundo, o que, na prática, significava conquistar territórios e fazer valer seus interesses sobre os de outras nações. Toda a onda de ocidentalização verificada no país a partir de 1868 foi sendo substituída pela supervalorização do que se entendia como sendo genuinamente japonês. O "espírito samurai" foi revivido de forma contundente como exemplo de comportamento a ser seguido por todos os japoneses: lealdade, obediência às normas e à hierarquia, orgulho da pátria.

A literatura e o cinema japonês da época exploravam o espírito de autossacrifício em nome do país. As músicas preferidas tinham o som de marchas militares, num vivo contraste com as décadas anteriores. O apelo patriótico, sempre presente, procurava agora preparar a população para uma iminente guerra. Além disso, havia o controle permanente das polícias no combate aos presumíveis "vermelhos" ou a qualquer manifestação contrária ao "espírito" nacional.

Os japoneses sofriam com a escassez de alimentos, especialmente do arroz, mesmo com o produto trazido dos territórios na Ásia. Aumentava entre a população o número de mortes por tuberculose (de 140 mil a 170 mil por ano entre o final dos anos 1930 e 1943). Mesmo assim, o povo japonês em geral aceitava, sem se opor, a conduta dos governantes e as decisões vindas do imperador, que acabaram por levá-lo para uma guerra de consequências desastrosas.

A GRANDE ESFERA DA COPROSPERIDADE DA ÁSIA ORIENTAL

Em 1941, o primeiro-ministro Konoe deixou o cargo em favor do general Tojo, que acumulou então as funções de primeiro-ministro e ministro da Guerra, significando uma maior centralização de decisões e colocando a vitória contra os estrangeiros como objetivo principal do Japão.

O ataque a Pearl Harbor foi fruto do ambicioso plano japonês de criar a Grande Esfera da Coprosperidade da Ásia Oriental – uma ideia lançada em agosto de 1941 para justificar suas ações no continente asiático. Pela proposta, com o Japão à frente, os países asiáticos se uniriam para desalojar qualquer influência ocidental – política, econômica e cultural – de suas terras. A Ásia oriental retornaria às suas "origens" usando o "caminho imperial" contra a Europa e os Estados Unidos. Em outros termos, participar na Nova Ordem na Ásia oriental significaria a independência dos povos asiáticos com relação às "amarras ocidentais" das concepções liberais de autodeterminação de seus membros, justamente porque a nova ordem proposta promoveria a cooperação, e não a exploração ou a competição entre as nações.

Nessa ideia não há proposta de igualdade, mas de ordem. E não há espaço para muitas visões de mundo, mas uma visão unificada sob a ótica e o comando do Japão. Por trás dela estavam, na realidade, as elites japonesas aliadas ao governo, que cobiçavam o controle das fontes de matéria-prima, pensando também na possibilidade de alargar suas exportações e implantar com grandes vantagens seus negócios pela Ásia.

Os governantes japoneses não descartavam a necessidade de uma guerra total para alcançar os seus objetivos. Criar zonas militares também era um dos planos. O maior problema para a concretização da Esfera da Coprosperidade era, é óbvio, a aquiescência dos outros países. Os ideólogos, entretanto, ainda tinham que resolver a questão da diversidade dos povos das regiões e países que passariam a participar da Esfera, pois as raízes culturais abrangiam budistas, confucionistas, muçulmanos, colonizados britânicos, franceses, holandeses.

O sonho de expandir a influência pela Ásia. Soldados preparados para dar a sua contribuição em nome do imperador Hiroito.

O discurso contra o Ocidente "materialista e explorador" parecia ser o argumento mais convincente para tentar reunir em torno de si as populações que se consideravam vítimas da opressão dos ocidentais. Os japoneses usaram também o argumento da fraternidade territorial: os asiáticos eram irmãos e deveriam, portanto, formar uma irmandade oriental em contraposição ao individualismo competitivo dos ocidentais. Além disso, o Japão enfrentaria oposições nacionalistas em todas as partes até ser aceito como líder, o que não seria tarefa fácil. Os japoneses teriam que negociar ou se impor pela força. Apesar das dificuldades, o Japão não abriu mão da ideia de alcançar a hegemonia econômica de toda a Ásia oriental, banindo de lá os europeus e norte-americanos.

A implantação da Esfera da Coprosperidade foi planejada como uma construção por partes constituída por três esferas concêntricas. No centro da Esfera, de onde se iniciaria todo o movimento, estaria o Japão, a Manchúria, o norte da China, a região do baixo Yangtze e a costa oriental do território russo, regiões que, no início da década de 1940, estavam relativamente asseguradas para o Japão. A segunda, a Esfera que rodeia o centro, seria constituída pela Sibéria oriental, o restante da China, a Indochina e todo o sudeste asiático. E a terceira, a Grande Esfera, seria composta por uma parte maior ainda, que incluiria a Austrália, a Índia e as ilhas do Pacífico.

A fim de facilitar a execução do seu plano de obter hegemonia em todos os territórios citados, o Japão agiria aos poucos, começando pelo sudeste asiático, primeiramente com a conquista da Indochina.

Depois de Pearl Harbor, os japoneses atacaram Hong Kong (no Natal de 1941), Luzon e Manila (em 2 de janeiro de 1942) e o restante das Filipinas (ainda em janeiro). Em outra frente, atacou a Malásia e conquistou Kuala Lumpur (em 11 de janeiro). Singapura caiu em mãos japonesas no início de fevereiro de 1942. Logo depois, entre março e abril, os japoneses obtêm a rendição da Birmânia (Mianmar) e da Indonésia (ou Índias Holandesas).

Até abril de 1942, o Japão dominou o Pacífico de norte a sul, de Hong Kong até a Birmânia, além de ter avançado pela China e mantido seu posto na Manchúria. Suas ambições agora se voltam para as regiões que formariam a Grande Esfera. Ameaçavam invadir a Índia a partir da Birmânia e a Austrália a partir da Nova Guiné.

É nesse momento que têm que enfrentar a contraofensiva dos Estados Unidos.

O INÍCIO DO FIM

A frágil estrutura montada pelo Japão para manter sob seu controle todos os novos territórios começou a desmoronar com os ataques dos americanos. Os países sob controle japonês ficaram proibidos de exportar para o Ocidente. Produtos de *plantation* do sudeste asiático, como o chá, café, açúcar, ficaram sem mercados para o seu escoamento. As populações de toda a região sofreram as consequências. Não lhes bastava a promessa japonesa de levar indústrias e diversificar a economia.

Os *zaibatsu,* como Mitsui e Mitsubishi, aumentaram as suas operações na região. Mas não havia fôlego financeiro para altos investimentos a curto prazo, pois estavam, ao mesmo tempo, presentes no norte da China e na Manchúria, explorando minérios e construindo estaleiros.

Guerrilhas nacionalistas começam a se insurgir contra o domínio japonês em vários pontos dos territórios recém-ocupados, e as Forças Armadas japonesas tinham que contê-las.

Todas essas operações exigiam esforços da população japonesa que, desde o início da década de 1930, vivia um clima de instabilidade quase permanente, extremamente insegura quanto ao seu futuro. Havia, é claro, euforia e orgulho pelas conquistas, mas também uma enorme dose de sacrifícios seja pelo racionamento dos bens básicos para a sobrevivência, seja pela interrupção das atividades normais em nome do esforço de guerra. Os civis, homens, mulheres e até adolescentes, foram convocados para trabalhar em indústrias de armamentos, de qualquer outro equipamento necessário ou de alimentos, para garantir a manutenção dos soldados em luta no exterior.

Depois do ataque a Pearl Harbor, os americanos se viram obrigados a reagir e entrar de fato em guerra. A reação norte-americana criou uma nova etapa nas atividades bélicas japonesas: a da guerra, propriamente dita, de ataque e defesa. A estratégia da Marinha e da Aeronáutica japonesa foi procurar se fixar ao máximo nas ilhas do sul do Pacífico. O começo em Pearl Harbor lhes pareceu promissor. A destruição de parte da frota norte-americana no Pacífico motivou a expansão japonesa em direção a outras pequenas ilhas. Sua posse seria uma ponte para o Japão responder a um eventual ataque aos Estados Unidos, como também uma forma de impedir a reunião das forças australianas e neozelandesas com as forças dos países aliados. Porém, os japoneses contavam com recursos bastante inferiores se comparados aos de seus inimigos. Muitos estrategistas japoneses até sabiam disso, pois estavam informados sobre a imensa capacidade industrial dos Estados Unidos. Nas previsões do mais importante estrategista naval do Japão, o almirante Yamamoto, após o ataque a Pearl Harbor, o Japão poderia "crescer sem freios por seis meses a um ano, mas, depois disso, os poços de petróleo do Texas e as fábricas de Detroit darão os meios para uma ofensiva irresistível dos americanos no Pacífico",[3] ou seja, só os americanos tinham condições de suportar um conflito duradouro. Mesmo assim, os japoneses resolveram se arriscar! E é por isso que muitos analistas avaliam o ataque à base naval norte-americana, que trouxe os EUA para a briga, como "uma estupenda vitória tática, mas um grande desastre estratégico".[4]

As batalhas em Guadalcanal, nas ilhas Salomão, foram lutas sangrentas pelo controle desses pontos estratégicos. Do começo de agosto de 1942 até fevereiro de 1943, os japoneses lutaram com muito empenho por cada metro de Guadalcanal até serem derrotados pelos Aliados. O mesmo havia acontecido na Batalha do Mar de Coral (a sudoeste das ilhas Salomão e a leste da Nova Guiné), ocorrida em 7 e 8 de maio de 1942, e em seguida, em junho, em Midway, um pequeno atol a noroeste do Havaí, com vitórias dos Aliados. Só nessa última batalha o Japão perdeu quatro porta-aviões. Para os japoneses, depois dessas famosas batalhas, a guerra passou a ser muito mais um esforço de defesa.

A guerra no Pacífico e no continente se desenrolava concomitantemente. Os Aliados avançavam passo a passo para retomar os territórios ocupados pelos japoneses usando toda a sua força de terra, mar e ar, obrigando os japoneses a retroceder em direção a seu território. De 1942 a 1945, as batalhas se sucederam ininterruptamente. O desenho dessa sucessão de batalhas mostra que as forças dos Aliados procuravam pouco a pouco se aproximar do território japonês. Tempos depois, todos os territórios ocupados pelos japoneses no sudeste asiático passaram a ser controlados pelas potências ocidentais. No Pacífico, a famosa Batalha de Iwo Jima (janeiro de 1944) acabou com o último reduto de resistência japonesa. A pequena ilha era um ponto crucial para os Aliados. A sua localização a cerca de 1.000 km de Tóquio dava condições de voo para os B-29, com autonomia para 2.400 km, lançarem bombas sobre o território japonês. Era uma opção melhor, porque, partindo da China, a uma distância maior, os ataques nem sempre resultavam em sucesso. Bombas incendiárias passariam a castigar cidades japonesas.

Depois de Iwo Jima, o alvo dos Aliados era Tóquio. Logo no início de março de 1944, os B-29 lançaram bombas sobre a capital japonesa, deixando 120 mil mortos e feridos. As cidades de Yokohama, Nagoya, Osaka e Kobe também foram vítimas de sucessivos bombardeios. Em junho de 1944, os norte-americanos finalmente invadiram a ilha de Okinawa.

Kamikazes

Foi no segundo semestre de 1944 que os comandantes militares japoneses apelaram para uma tática suicida. As derrotas japonesas se sucediam e a ação dos kamikazes, os pilotos que se arremessavam com seus aviões contra os alvos, é o retrato do desespero em que se encontravam as Forças Armadas japonesas. A perda das fontes de combustível determinou os ataques suicidas contra navios dos Aliados. À semelhança do "vento dos deuses", que no passado havia derrotado os invasores mongóis, os kamikazes do século XX esperavam repetir a experiência de sucesso contra os inimigos.

As missões kamikazes eram constituídas por voluntários, sobretudo jovens, identificados com a causa bélica japonesa e embalados pela honra de morrer pela pátria e pelo imperador. Com esse seu gesto, os pilotos ganhavam a admiração do país, dos colegas e da família. Critérios de seleção tiveram que ser instituídos para escolher os pilotos entre o grande número de ofertas espontâneas para o autossacrifício. Para os japoneses, tais homens não eram fanáticos (como diziam os americanos), e sim heróis corajosos, conscientes e abnegados, capazes de dar sua vida, sem qualquer esperança de sobrevivência, para salvar muitas outras de seus compatriotas. Os kamikazes eram comparados aos samurais; antes de partirem para o voo da morte eram fotografados portando a espada samurai, considerada símbolo de virtude guerreira; seguiam à risca o *bushido* (código samurai), acreditando ser "melhor a morte que a desonra". Gritavam "*Banzai*" para expressar alegria e boa sorte. Afirmavam não temer a morte, pois esperavam que sua alma se encontrasse com as almas de outros valorosos japoneses e com seus deuses na eternidade e, como estava escrito no Édito Imperial: se "o dever pesa mais que uma montanha", a "morte é mais leve que uma pluma".[5]

Os pilotos eram treinados rapidamente e nem todos os aviões eram apropriados para a operação, mesmo os caças-padrão japoneses utilizados eram considerados obsoletos já nessa época. Alguns apenas levavam cargas de trinitrotolueno (TNT), demonstrando o estado de desorganização em que se encontrava o Japão. Em 25 de outubro de 1944, ocorreu a primeira dessas investidas no golfo de Leyte, no mar das Filipinas.

As unidades de ataque eram formadas por cinco aviões cada, dois deles serviam de escolta para os três que se atiravam contra o alvo. Ao todo foram 82 dias de ataques desse tipo, resultando em 1.228 aviões lançados contra equipamentos da Marinha Aliada, que afundaram 34 navios e danificaram 288.

Menos conhecidas, mas igualmente dramáticas, foram as ações suicidas de torpedos tripulados (que se chocavam contra o casco do navio inimigo), artefatos explosivos pilotados e soldados que atacavam tropas de peito aberto com explosivos amarrados à cintura.

DESFECHO

Os japoneses em terra sofriam terrivelmente com os bombardeios inimigos. No ataque à cidade de Tóquio, em 9 de março de 1945, morreram cerca de oitenta mil japoneses e outros cem mil ficaram feridos por conta da ação de trezentos aviões norte-americanos e suas seiscentas toneladas de bombas. Entretanto, os orgulhosos dirigentes japoneses não pediam trégua aos americanos que, àquela altura, controlavam os céus e atacavam sem obstáculos. Só as bombas atômicas fizeram o imperador e seus conselheiros e militares (embora nem todos concordassem) capitularem em nome da nação.[6]

De fato, a tenaz resistência dos japoneses surpreendeu os Estados Unidos, que avaliaram os riscos (em termos perdas humanas e materiais) de invadir um país em que milhões de pessoas pareciam dispostas a morrer pelo império sem oferecer rendição. Os kamikazes e os combatentes japoneses da Batalha de Tarawa (que lutaram até que dos seus cinco mil soldados restassem apenas oito vivos) eram bons exemplos dessa disposição. Com uma consideração de tal porte pesando, entre outras, na balança, as Forças Armadas norte-americanas optaram por substituir a invasão pelas bombas.[7] No dia 6 de agosto, os Estados Unidos lançaram a bomba atômica sobre Hiroshima. Só com o lançamento morreram ou desapareceram entre 70 a 80 mil pessoas. No dia 9, foi a vez de Nagasaki – entre 35 e 40 mil mortos imediatos ou desaparecidos e 40 mil feridos. Além disso, a radiação continuou fazendo um número enorme de vítimas.[8] Para piorar a situação japonesa, no dia 8 de agosto, a União Soviética, que até 1945 não havia declarado guerra ao Japão, invadiu a Manchúria.

Exaurido e sem mais condições de continuar, o Japão finalmente admitiu sua derrota no dia 14 de agosto de 1945. A bordo do encouraçado Missouri, os japoneses assinaram o termo de rendição. Acabava o sonho de toda uma era.

Palavras do imperador

O desfecho dessa era pode ser indicado pela transmissão radiofônica do imperador Hiroito no dia 14 de agosto de 1945. Pela primeira vez, sua voz é ouvida fora de seu círculo. Pela primeira vez, o povo japonês se depara com a figura humana de seu imperador, e, pela primeira vez, o Japão se depara com uma derrota. O orgulho nacional intensamente cultivado por gerações sofre um golpe inimaginável para a nação que tinha como certeza a sua *uniqueness* diante do mundo.

Um clima de assombro tomou conta de todo o país, pois não se pensava que o próprio imperador Hiroito pudesse proferir palavras de derrota. Mas, se não fosse isso, a derrota dificilmente seria assimilada pelo povo e pelos leais e obstinados soldados em luta. O chefe supremo da nação pedia a deposição das armas, a aceitação da vitória dos Aliados, entrando em conflito com o secular código samurai, que não prevê a rendição diante do inimigo, mas a luta até o fim. Ser japonês significava manter a atitude de lealdade e obediência e, por isso, a população em geral acatou a derrota.

A derrota admitida pelo imperador, entretanto, era a da circunstância do desenrolar da guerra, mas não uma derrota dos ideais da nação japonesa. Percebe-se nas entrelinhas do texto a vontade de manter os princípios da nação japonesa como uma única família e a ideia da preponderância do papel japonês diante das outras nações do mundo, segundo o discurso, para a preservação da paz e da própria humanidade.

Não parecia ser uma fala derrotista, mas um alento do "porta-voz da nação", que entendia aquele momento como o de preservar os súditos e a humanidade de males maiores. Era preciso "suportar o insuportável". O Japão e os japoneses não se colocavam como algozes, mas como vítimas. O discurso do imperador não negava os motivos japoneses para a guerra – fora um "desejo sincero de assegurar a autopreservação do Japão e a estabilização da Ásia Oriental", sem pretensões de infringir a soberania de outras nações ou de alargar o território japonês – e nem despojava o Japão de sua condição divina com os direitos decorrentes. Hiroito reafirmava o Japão como uma grande família que iria enfrentar o futuro sem humildade. Explicava a rendição exclusivamente pela falta de condições para reagir diante das bombas atômicas: se o Japão continuasse lutando, o resultado sabido seria o colapso e, finalmente, a extinção da nação japonesa, e, no futuro, talvez a extinção total da civilização humana. Em suas palavras, a rendição era uma obrigação "no esforço para a prosperidade comum e felicidade de todas as nações, assim como a segurança e o bem-estar de nossos súditos".

Dirigindo-se aos países da Ásia oriental, um lamento, mas não um ato de contrição: "nós podemos a não ser expressar o mais profundo sentimento de pesar às nossas nações aliadas da Ásia oriental que cooperaram consistentemente com o império para a emancipação da Ásia oriental".

E, falando diretamente ao povo japonês, de quem o governo havia exigido tanto, o imperador lastimou as mortes e demais perdas, prevendo ainda mais dificuldades e sofrimentos dali para frente. Ao final, fez uma nova exortação:

> Deixemos que a nação inteira continue como uma família de geração a geração, sempre firme na crença da perenidade de sua divina terra e atenta às pesadas cargas de responsabilidades, o longo caminho adiante. Una todas as suas forças devotadas para a construção do futuro. Cultive a retidão, a nobreza de espírito e trabalhe com resolução, porque assim vocês poderão realçar a glória inata do Estado Imperial e acompanhar o ritmo do progresso do mundo.

E os japoneses seguiram em frente, reconstruindo o país sobre os escombros.

NOTAS

[1] *Tora* em japonês significa "tigre", mas a palavra pode ter sido utilizada num sentido não literal, significando "ataque" ou "torpedo".

[2] A ideia de iluminação não se limita aos japoneses, mas se estende aos povos asiáticos, historicamente dominados pelos ocidentais. Serve para marcar um contraste hierárquico entre uma cultura e outra.

[3] Pedro Tota, Segunda Guerra Mundial, em Demétrio Magnoli (org.), História das guerras, São Paulo, Contexto, 2006, p. 356.

[4] Idem, p. 372.

[5] Marco Mondaini, Os homens-bomba japoneses na Segunda Guerra Mundial, em Jaime Pinsky e Carla B. Pinsky (orgs.), Faces do fanatismo, São Paulo, Contexto, 2004, pp. 180-6.

[6] David S. Landes, A riqueza e a pobreza das nações, Rio de Janeiro, Campus, 1998, p. 530.

[7] Pedro Tota, op. cit., p. 385.

[8] As mortes somaram mais de 300 mil em Hiroshima e cerca de 150 mil entre mortos e feridos em Nagasaki. Os socorros às vítimas das doenças causadas pela radiação ainda continuam. Pesquisas médicas, sobretudo de leucemia, foram largamente desenvolvidas no Japão para dar assistência aos sobreviventes. Os movimentos a favor da paz mundial hoje têm em Hiroshima e Nagasaki os seus maiores símbolos. O romance *Chuva negra*, de Masuji Ibuse, relata os estigmas que sofreram as vítimas da bomba atômica. Foi transformado em filme, dirigido por Shoei Imamura, com o mesmo título em 1989.

# PÓS-GUERRA

A guerra termina com o país em ruínas em todos os sentidos. Os meses que se seguem à rendição são de caos, de incertezas, de necessidade urgente de reconstrução. A chegada do general norte-americano Douglas McArthur, em setembro de 1945, inicia o período da ocupação que se estende até 1952. No Japão, os Estados Unidos estabeleceram uma ocupação unilateral, ou seja, sem dividir poderes com a URSS ou com qualquer outro cobeligerante. Entre seus objetivos estava "pôr ordem na casa" e colocar em prática aquilo que fora decidido na Declaração de Potsdam – no dia 26 de julho de 1945, antes da bomba sobre Hiroshima – pelos signatários representantes dos países então em guerra contra o Japão: o presidente dos Estados Unidos, Harry Truman, o chanceler britânico Winston Churchill e Chiang Kai Chek pelo povo da China. No documento, uma contundente ameaça ao Japão caso este não desistisse de seus propósitos: as forças aliadas retaliariam com a "inevitável e completa destruição das forças armadas japonesas, assim como a inevitável destruição do território japonês". Os vencedores exigiam, em primeiro lugar, a extinção do militarismo japonês e de todos os resquícios que lembravam o passado recente da guerra. Afirmavam entender o período de ocupação como o momento de colocar o Japão no rumo do respeito aos direitos humanos, da democracia sem a intenção de escravizar os japoneses quer "como raça ou como nação". Preconizavam a liberdade de expressão e de religião como instrumentos para implantar a democracia e extinguir o militarismo. Reconheciam implicitamente a força que a ideologia imperial tivera sobre os japoneses e procuravam miná-la, ao mesmo tempo em que justificavam, aos olhos da opinião pública mundial, sua intervenção na autonomia nacional japonesa após o uso da "mais cruel de todas as bombas".

O general McArthur, liderando a ocupação, tinha a missão de desarmar e providenciar o retorno de todos os soldados japoneses ao país; concomitantemente, toda a força militar, assim como as armas, deveria ser desmantelada. Os líderes e todos os que haviam praticado crueldades contra os prisioneiros inimigos deveriam ser tratados e julgados como criminosos de guerra, desacreditados e finalmente apagados da memória coletiva. Era uma forma de evitar qualquer tentativa de reação.

O general Umezu assina o documento de rendição do Japão admitindo derrota perante os norte-americanos.

SOB AS FORÇAS DE OCUPAÇÃO

Começou o processo de retorno de todos os japoneses e seus descendentes que estavam nos territórios anexados desde o fim do século XIX. Calcula-se que, entre soldados e civis, o número ultrapassasse os seis milhões.

Comandantes militares e subordinados acusados de praticar atos de crueldade dentro e fora do país foram julgados e condenados por um tribunal internacional instalado em Tóquio. O general Hideki Tojo acabou enforcado. Vários outros oficiais foram presos. Líderes políticos envolvidos na marcha da guerra também foram julgados como criminosos de guerra. Responsabilizando os oficiais japoneses, as forças aliadas procuraram desviar a atenção popular sobre o que eles próprios haviam feito com

Hiroshima e Nagasaki e, além disso, ganhariam a simpatia da população que não seria condenada com seus líderes.

O número de suicídios, conforme a cultura samurai, foi grande entre os comandantes e soldados, pois muitos preferiram a morte à rendição, mesmo com o pedido do imperador em sentido contrário.

A opinião pública japonesa, no geral, acatou as sentenças do tribunal, responsabilizando os comandantes pelo fracasso do país na guerra. A maior parte dos japoneses desconhecia ou preferia não lembrar os acontecimentos de Nanquim e outros massacres de civis e o tratamento desumano aos prisioneiros por todo o sudeste da Ásia. Somente décadas mais tarde é que os fatos começaram a vir à tona para o mundo com os protestos das vítimas.

Renovação na política

Logo no início de 1946 houve uma renovação nos quadros da burocracia japonesa, quebrando o sistema de privilégios até então vigentes. Tanto para as forças de ocupação quanto para os japoneses que queriam reconstruir seu país sob novas bases, era preciso incentivar a prática democrática, colocando pessoas que estivessem de acordo com a nova ordem em cargos relevantes no governo, na educação, nos meios de comunicação. A substituição atingiu mais de duzentas mil pessoas.

Todos os japoneses que haviam sido perseguidos e presos pelo regime militarista foram liberados de suas sentenças. Entraram nessa lista os liberais, os comunistas e os socialistas (estes últimos se beneficiaram porque o clima de Guerra Fria ainda não havia chegado com força ao Japão).

O grande problema no "novo Japão" que estava sendo elaborado era como agir com o imperador. Alguns representantes ocidentais queriam a presença de Hiroito no tribunal como o responsável pela guerra; outros, no entanto, entendiam que qualquer ação contra o imperador conduziria a reações de revolta imprevisíveis do povo japonês. O general McArthur, por exemplo, foi contra a ida de Hiroito a julgamento apesar da insistência de outros membros das forças de ocupação em condená-lo. A solução para o impasse político surgiu no novo ano de 1946 quando o imperador finalmente renunciou à sua condição divina, tornando-se a partir de então "símbolo do Estado e da unidade do povo", posição que considerava respaldada pela "vontade do povo", na qual, reconhecia agora, "reside o poder soberano". As forças de ocupação deram-se por satisfeitas e o imperador manteve-se como uma referência para os japoneses.

Uma nova Constituição foi oficialmente promulgada em novembro de 1946, mas já em maio desse mesmo ano estava sendo posta em prática. Pela nova Constituição,

O Parque da Paz em Hiroshima é o símbolo da renúncia do Japão às guerras.

o governo é formado de uma Dieta de duas câmaras eleitas pelo sufrágio universal adulto (incluindo o voto feminino): 1) Casa de Conciliadores, com 250 membros dos quais três quartos eleitos pelas províncias como seus representantes, renovável a cada três anos; 2) Casa dos Representantes, com 467 membros eleitos pelos distritos. Partidos políticos voltaram a ter o seu papel na formação dos governos.

No 9º artigo da Constituição, o povo japonês renuncia à guerra abandonando todas as forças potenciais de luta, ou seja, concorda que o Japão deva se desmilitarizar.

O caminho traçado pelas forças de ocupação minou dois dos alicerces do Japão da guerra: o símbolo imperial (que se enfraqueceu ao perder o caráter divino) e a exaltação do combate (não mais possível com o cerceamento do poder das Forças Armadas).

Os partidos políticos voltaram a florescer (há inclusive um gabinete chefiado por um primeiro-ministro socialista entre 1946 e 1947). Com o tempo, os Estados Unidos encorajaram no Japão um sistema político em que os liberais-democratas se mantinham estáveis no poder, enquanto os socialistas permaneciam como o maior partido de oposição. Já nos primeiros anos da década de 1950, a esquerda estava completamente fora do poder, dando lugar a tendências conservadoras moderadas. Em termos de política externa, os americanos obtiveram um aliado por muitas décadas, não importando quem estivesse no comando do Japão. Os políticos japoneses já não representariam mais uma ameaça à paz com os americanos, pois a derrota na guerra eliminou do cenário público aceitável parte importante dos setores nacionalistas e direitistas potencialmente perigosos.[1]

Os trabalhadores ganharam o direito de se organizar. As mulheres, além de poder votar, passaram a ter mais voz e vez na sociedade japonesa.

Descolonização

Em setembro de 1951, pelo Tratado de Paz de São Francisco, o Japão abria mão de suas possessões na Coreia, Taiwan e Hong Kong. As ilhas Kurilas e Sakalinas passaram a ser motivo de contendas com os russos que até hoje reivindicam sua legítima posse. As ilhas Okinawa ficaram sob controle dos Estados Unidos (retornariam ao Japão somente em 1972), e a Manchúria voltou para a China.

O Japão havia desenvolvido indústrias pesadas na Coreia, na Manchúria e em Taiwan, porque essas colônias eram ricas em matérias-primas e ficavam próximas ao Japão, carente de recursos. Com a derrota na guerra, teve que cedê-las. O valor total dos investimentos em instalações civis e militares, de transporte, comércio, indústrias instaladas nos territórios ocupados, desde o fim do século XIX até o final da guerra, foi calculado em 25,3 trilhões de dólares. Tudo o que não foi destruído na guerra foi confiscado pelos países aliados.

Entretanto, a ação dos japoneses nos seus antigos territórios ocupados não seria esquecida pelos habitantes. Mesmo porque o Japão não pediu perdão oficialmente por ter tiranizado, torturado, assassinado e escravizado pessoas nessas suas colônias. Hoje é sabido e divulgado que, até o final do seu domínio, o Japão submeteu os povos dos territórios conquistados a uma subordinação política e social, chegando a obrigar coreanos e chineses a trabalhar como escravos nas minas de carvão japonesas (tarefas tão duras que os japoneses se recusavam a fazê-las). Em 1945, com a derrota do Japão, os escravos abandonaram o trabalho e a produção de carvão caiu de três a quatro milhões de toneladas por mês para um milhão, obrigando o Japão a buscar alternativas àquela que havia sido sua principal fonte de energia.[2]

Renovação na economia

No rol das reformas, estavam ainda a reforma agrária e a redefinição dos *zaibatsu*. Com as novas regras para o campo, as terras nas quais os proprietários não residiam ou que ultrapassavam em tamanho o limite de referência foram compradas compulsoriamente pelo governo. Assim, as grandes propriedades foram divididas e o poder de seus proprietários diminuiu consideravelmente. Com essas medidas, quase cinco milhões de novos pequenos proprietários ajudaram a criar alicerces para a formação de um mercado interno estável.

Com relação aos *zaibatsu*, as forças de ocupação exigiram a quebra da hegemonia das famílias poderosas nos cargos de direção dos conglomerados. A partir daí, como na burocracia do Estado, as empresas privadas também sofreram uma espécie de expurgo de elementos agora indesejáveis. A ideia era diminuir a força política dos conglomerados, pois até o final da guerra haviam contribuído de muitas formas para a definição dos destinos do país graças à concentração do poderio econômico. Seus interesses é que haviam empurrado os exércitos japoneses em várias direções na Ásia. Com as novas normas, sua força se dilui. Em julho de 1947 foi instituída a Lei Antimonopólio, com a qual os conglomerados apenas se tornaram matrizes de referência para pequenas empresas prestadoras de serviço, cada uma com gestão própria. Elas se especializam na fabricação de algum componente ou de um setor da produção que era então vendido à matriz. Essa forma de administração prosseguiria nas décadas seguintes, sendo, a partir de então, uma das características do modo japonês de gerir negócios.

Renovação na cultura

Um dos grandes problemas enfrentados pelas forças de ocupação localizava-se no setor da educação. Trocar pessoas, renovar ou criar instituições, tudo isso é relativamente simples se comparado com o desafio de mudar mentalidades. Reciclar os professores era uma tarefa que demandava um esforço muito grande. Como transmitir aos jovens uma outra visão do seu país?

Novas diretrizes educacionais foram estabelecidas. Valores comunitários foram paulatinamente substituídos por valores mais individualistas. Todo o material didático foi renovado. O ensino compulsório se estendeu para nove anos. Cada província ganhou ao menos uma universidade a fim de abrir oportunidades, o que também ajudaria a acirrar a competição entre os japoneses e destacaria o mérito pessoal.

Para reforçar o novo espírito, o cinema e a literatura do Ocidente – que mostravam o sucesso dos empreendimentos individuais, o amor romântico, o direito e a justiça de tipo ocidental como valores universais – preenchiam os espaços culturais disponíveis, enquanto livros ou filmes na direção oposta eram censurados ou proibidos.

O INÍCIO DA RECUPERAÇÃO ECONÔMICA

O Tratado de São Francisco tem uma cláusula que, entre outros efeitos, abre caminho para a recuperação econômica do Japão. Trata-se das indenizações que o país teria de pagar às nações prejudicadas com a guerra. O montante é elevado, mas pago em "serviços em produção, recuperação e outros trabalhos", conforme o texto do tratado. Essas indenizações foram pagas entre 1955 e 1959, somando US$ 1.012.080.000,00 para a Birmânia, Filipinas, Indonésia e Vietnã. A entrada do Japão nesses países, com a aprovação dos signatários do Tratado, foi uma das formas de mobilizar as empresas japonesas para continuarem investindo.

Outro acontecimento que acabou favorecendo o Japão foi a Guerra da Coreia no início dos anos 1950. O Japão deu apoio logístico aos norte-americanos, fazendo empréstimos e vendendo produtos durante a guerra. Foi, entre outras coisas, uma forma norte-americana de assegurar o Japão como aliado diante dos avanços comunistas na China de Mao Tse Tung a partir de 1949. A aliança era estratégica para o Ocidente. Mais uma vez, a posição geográfica das ilhas japonesas foi um forte componente na geopolítica e trabalhou a seu favor.

A CAMINHO DO JAPÃO CONTEMPORÂNEO

As primeiras palavras da Constituição japonesa de 1889 fazem a referência aos "nossos sagrados ancestrais imperiais", que, com os "céus e a terra", asseguram que a antiga forma de governo permaneça, com o imperador como figura todo-poderosa. Em 1946, a Constituição diz que o governo é responsabilidade atribuída pelo povo, cujos poderes são exercidos por seus representantes e cujos benefícios são desfrutados por ele, como um princípio universal.

Em menos de um século, há uma mudança visível na forma como o país é apresentado ao povo japonês. O Japão viveu uma intensa transformação desde que o comodoro Perry por lá aportou em meados do século XIX. A partir de então, os japoneses vivenciaram ondas culturais de ocidentalização, depois de nacionalismo extremo e, a partir do final da guerra, um retorno a valores inspirados no Ocidente. Contudo, sempre houve uma tensão permanente pairando sobre a definição de sua identidade como nação.

As gerações Meiji até a Segunda Guerra Mundial foram doutrinadas a entender a identidade japonesa como única no mundo, até do ponto de vista de sua origem étnica e racial, e também mítica, como descendentes de deuses. Entretanto, de um dia para o outro, tudo muda: o Japão é derrotado numa guerra, o imperador não é mais o descendente direto dos deuses ancestrais e nem é mais divino, o povo japonês e sua cultura estão inseridos num mundo de trocas culturais amplas. Assim, todo o *ethos* de um povo passa rápida e obrigatoriamente por uma redefinição, pois a ideologia dominante até então no Japão colocava *todos* os japoneses num círculo de proteção e de ideais comuns. E o processo de incorporação das mudanças na identidade nacional japonesa, dadas às circunstâncias, foi extremamente penoso, tanto que hoje não se pode dizer que está concluído.

Virou lugar-comum falar do Japão como terra do convívio de extremos ligados à tradição e à modernidade. A "tradição", nesse caso, significa a sobrevivência de aspectos do mundo japonês até o estabelecimento do contato permanente com o Ocidente em meados do século XIX. A "modernidade" seria não só a incorporação, mas também a adaptação daquilo que os japoneses entendem como "vindo de fora". Uma reflexão mais aguçada, na realidade, deve tratar da questão não resolvida da proporção de um e de outro – um verdadeiro problema para os japoneses, havendo ocasiões em que ela se manifesta de forma mais contundente.

A imagem do escritor Yukio Mishima vestindo trajes cerimoniais e praticando o *harakiri* (suicídio de acordo com o código samurai: atravessar uma espada no abdômen) diante da mídia, em 1970, protestando contra a ocidentalização e pregando o retorno ao Japão tradicional é exemplo extremo de manifestação da resistência conservadora diante das rápidas transformações do país. A geração que viveu o período da guerra, até seu desfecho, nunca tinha ouvido a voz de seu imperador, precisava se prostrar ao chão diante de sua presença e não tinha permissão de fitá-lo. Para ela, a pátria, os símbolos nacionais e a ideia de "país do sol nascente" que sintetizam o *Yamato damashii*, o *Nihon*, eram sinais da simbiose perfeita entre religião e Estado. Mishima, nascido em 1925, em plena efervescência do nacionalismo japonês, era dessa geração. Seu suicídio é emblemático da dificuldade de muitos japoneses em conviver com os paradoxos do Japão do pós-guerra.

Os que viram suas ideias derrotadas junto com a guerra procuraram restabelecer os ideais da tradição, mas haviam perdido muito espaço. Ainda hoje, uma euforia coletiva tenta apagar as agruras dos tempos de guerra e se lançar para o futuro que se traduz basicamente em usufruir do conforto, como se este fosse o prêmio por todas as dificuldades passadas.

NOTAS

[1] Eric Hobsbawm, A era dos extremos: o breve século XX, São Paulo, Companhia das Letras, 1995.
[2] David S. Landes, A riqueza e a pobreza das nações, Rio de Janeiro, Campus, 1998, p. 492.

MADE IN JAPAN: DOS ANOS 1950 AO SÉCULO XXI

As imagens que os ocidentais forjaram a respeito dos japoneses como um povo exótico e inofensivo, depois perigoso e, com a Segunda Guerra, traiçoeiro e dissimulado foram substituídas por outras graças não só à rápida recuperação do país no pós-guerra, mas também ao seu surpreendente desenvolvimento econômico e tecnológico a partir de então. É verdade que alguns falavam, e ainda falam, do Japão como "um país que não cria, apenas copia", retirando os méritos dos japoneses em adaptar e melhorar tecnologia estrangeira e, num segundo momento, ir além da imitação com uma extraordinária capacidade de inventar,[1] mas esses são minoria.

O fato é que os estereótipos com relação ao Japão e aos japoneses podem ser vistos como um sintoma do quanto o país chegou a ser fechado e desconhecido para os outros ao longo de sua história. Quando se iniciou a era Meiji (em 1868), o Japão ainda se voltava muito a si mesmo, com poucas interferências externas. Suas relações com o exterior se reduziam a contatos apenas com vizinhos próximos. Ao deixar o passado secular para trás e buscar uma posição entre as nações avançadas do planeta, a situação mudou. O Japão apropriou-se de conhecimentos aprendidos na Europa e nos Estados Unidos por seus inúmeros estudantes que se especializaram particularmente nos campos das ciências e da tecnologia. Esses aprendizes foram incorporados nas empresas estatais e privadas e ajudaram a criar o parque industrial que rapidamente se instalou no Japão. O sucesso foi logo sentido, pois, em poucas décadas, o país conseguiu montar uma infraestrutura de apoio às indústrias para que tivessem condições de se desenvolver. Já na virada do século XIX para o XX, destacaram-se a siderurgia e a indústria naval, que chegaram a se colocar entre as melhores do mundo. Desde o final do século XIX até o término da Segunda Guerra, em 1945, os movimentos de expansão territorial ocorreram, entre outras coisas, por conta da busca de novos mercados e obtenção de matérias-primas, o eterno "calcanhar de Aquiles" dos japoneses. O nacionalismo exacerbado da época da guerra

Lojas como as do bairro de Akihabara, em Tóquio, que vendem produtos eletrônicos de toda a sorte, como os expostos na foto acima.
O *made in Japan* ficou conhecido em todo o mundo.

Até no interior do país as cidades avançam para onde antes havia plantações. Na foto, vemos um vilarejo estendendo-se pela encosta das montanhas.

foi uma das maneiras de mobilizar toda a população japonesa em torno dessa questão ao mesmo tempo em que se procurava consolidar uma determinada identidade nacional no Japão. A derrota na Segunda Guerra Mundial acabou com essa etapa da "criação da nação japonesa".

Paralelamente à caça aos criminosos de guerra, aos julgamentos e à reformulação política e educacional empreendidas durante a ocupação do general McArthur, houve uma intensa mobilização para reconstruir o país. Depois dos sacrificados anos de guerra e dos bombardeios devastadores, a vida teria que continuar, ainda que sobre os escombros.

Uma das cláusulas que o governo de ocupação impôs ao povo japonês, como vimos, foi a renúncia a qualquer manifestação bélica, ou seja, abrir mão de todas as atividades que tivessem relação com a indústria da guerra. Essa cláusula continua em vigor até hoje.[2] Se, por um lado, ela fez com que naquele momento os japoneses se sentissem humilhados, por outro, muito colaborou para o desenvolvimento industrial e tecnológico das décadas seguintes. A renúncia à guerra é, portanto, uma das chaves para se compreender como, em pouco tempo, a situação econômica se reverte e os japoneses recuperam sua autoestima.

De fato, os recursos que ainda restavam ao país terminada a guerra foram usados para reerguer as cidades, as escolas, as fábricas e as atividades agrícolas. Ao invés de alimentar a indústria da morte, o país investia recursos para conservar a vida. Além disso, o povo japonês entendeu que não havia mais nenhuma colônia ou possessão onde recolher compulsoriamente alimento barato ou matéria-prima para suas indústrias. Soluções teriam que ser encontradas para que os recursos pudessem ser agora comprados.

Nos anos 1950, a prioridade da economia nacional foi a agricultura. Além de desenvolverem novas sementes de arroz, os japoneses ampliaram sua área de fertilizantes químicos e pesticidas como forma de aumentar a produtividade do campo. Com a introdução de novas tecnologias, houve liberação de mão de obra, que em pouco tempo seria absorvida pelas atividades urbanas, em especial nas indústrias.

Além de providenciar alimentos para a população, havia a questão da saúde. A destruição das cidades provocara a necessidade de reconstruir todo o sistema de saúde pública, em particular o saneamento básico. A população das cidades era vitimada por doenças contagiosas que precisavam urgentemente de controle. A mais preocupante era a tuberculose. Ela já vicejava no país desde antes da guerra, especialmente dentro das fábricas, e requeria a atenção das autoridades sanitárias. No fim da guerra, apresentava índices muito elevados. O tifo também: veio com os soldados que haviam retornado ao país. A urgência em contornar a situação foi um dos motivos para o rápido desenvolvimento da indústria farmacêutica japonesa com o apoio do recém-criado Instituto Nacional de Saúde, um órgão do governo com a função de encorajar a fabricação de medicamentos.

No esforço para reerguer o Japão, o governo criou toda uma legislação para facilitar a entrada de tecnologia estrangeira e implantar sistemas de controle de qualidade. Durante a década de 1950, surgiram o Conselho Científico do Japão, a Agência de Tecnologia Industrial, além de novas universidades. Em 1955, foi liberado o uso de energia nuclear para fins pacíficos. Em 1956, com a palavra de ordem "o pós-guerra terminou", os japoneses, mais otimistas com relação a seu futuro, começaram a planejar os próximos passos do Japão.

A conjuntura internacional também ajudou a impulsionar a economia japonesa. Com a Guerra da Coreia, no início dos anos 1950, os Estados Unidos dependeram muito do apoio japonês para a manutenção das tropas norte-americanas. No Japão, houve um enorme incremento na indústria e no comércio para atender a essa demanda. No tempo da Guerra Fria, as potências ocidentais capitalistas não se preocuparam com algum eventual perigo militar decorrente da recuperação econômica japonesa; pelo contrário, o país agora era um aliado do bloco liderado pelos EUA.

É muito provável que o Japão teria se recuperado de qualquer modo, com ou sem a ajuda norte-americana, mas essa foi de fato decisiva para que a recuperação andasse a passos largos. Durante a Guerra da Coreia e, mais tarde, a do Vietnã, o Japão serviu como base industrial dos EUA e contou com financiamento norte-americano. Dessa forma, pôde duplicar sua produção de manufaturas (entre 1966 e 1970, o país cresceu não menos que 16% ao ano).

SEGUINDO ADIANTE DE CABEÇA ERGUIDA

Os anos 1960 foram decisivos para o desenvolvimento tecnológico japonês. A grande vitrine para o mundo que mostrou o sucesso do Japão foram os Jogos Olímpicos de Tóquio, realizados em 1964. Vinte anos depois do fim da guerra, o país se apresentou a todos como uma fênix dos tempos modernos. Muitas das bandeiras enfileiradas na cerimônia de abertura dos Jogos haviam estado, anos atrás, em lados opostos nos campos de batalha. Naquele momento de festa do esporte, o Japão estava enterrando simbolicamente seu passado bélico para mostrar-se como "o Japão da tecnologia". Pioneiro nas transmissões via satélite para outros continentes, levou imagens ao vivo pela televisão. Seu impressionante trem-bala (Shinkansen) começava então a correr, ligando Tóquio a Osaka, operando a "linha Tokaido" para lembrar a estrada dos tempos medievais imortalizada por artistas e escritores.

O esforço conjunto de governo e empresas privadas rendeu produtos que dali em diante espalhariam por todo o mundo a etiqueta *made in Japan*, que, a partir da década de 1960, passou a ser associada pelos consumidores a produtos baratos, práticos e inovadores. Passo a passo, o Japão começou a ser visto como competidor dos Estados Unidos e de países da Europa adiantados no comércio internacional de bens de consumo.

Entre as inovações japonesas mais importantes para as famílias da classe média de todo o mundo estavam os aparelhos transistorizados – rádios e televisores. Eles substituíram os aparelhos à válvula, grandes, pesados e caros.

Miniaturização e praticidade passaram a ser associadas a produtos japoneses, que revolucionaram o dia a dia dos jovens, os quais não dispensam os fones de ouvido

Shinkansen, o trem-bala que corta rapidamente todo o território japonês. Soma conforto e rapidez, mas é caro.

para escutar música. Nos escritórios e escolas, as calculadoras de bolso japonesas substituíram as de mesa. As donas de casa japonesas adotaram com gosto a panela elétrica para cozinhar. Foram imitadas por muitas outras fora do Japão. Os relógios de pulso puderam chegar a mais pessoas quando os japoneses resolveram trocar itens de acabamento pelo plástico, por exemplo, inovando no *design* sem prejudicar a qualidade. As máquinas fotográficas japonesas tornaram-se ícones de consumo pelo manejo fácil, pela leveza, pequenas dimensões, boa qualidade e preços mais baixo que as alemãs. Aparelhos ópticos, instrumentos de precisão e eletroeletrônicos também passaram a fazer a fama do Japão *high-tech*.

Como o Japão conseguiu criar em pouco mais de uma década toda a tecnologia que exibiu com orgulho para o resto mundo? Por mais paradoxal que pareça, sua condição de país derrotado na guerra teve a ver com isso. A renúncia oficial às atividades bélicas abriu caminho para que os investimentos se voltassem aos

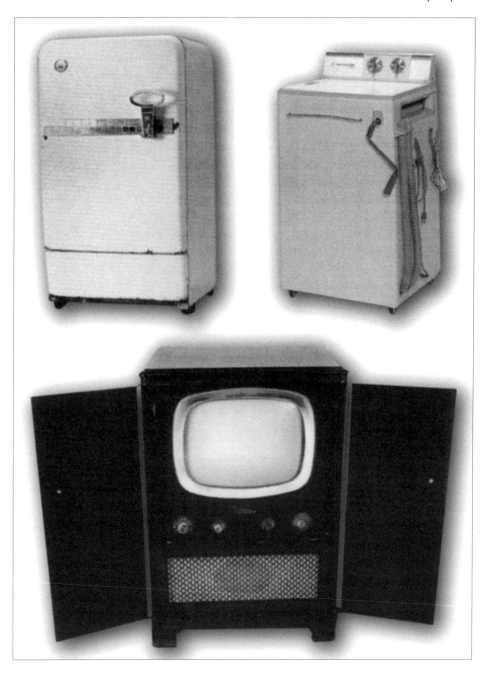

Três ícones da mulher japonesa do pós-guerra:
a geladeira, a máquina de lavar roupas e o aparelho de televisão.

produtos para o consumidor. Enquanto todos os países do mundo tinham (e têm) que separar parte de seu orçamento para a defesa, no Japão o que seria destinado a isso foi investido na qualificação da mão de obra nas universidades e escolas técnicas do país ou do exterior. O incentivo aos estudos já era tradição japonesa desde o início da era Meiji. No pós-guerra, reuniu professores e estudantes sob a bandeira da reconstrução do país, quando a educação adquire uma nova modalidade nacionalista, dessa vez pacífica e produtiva. Os melhores estudantes passaram a ser premiados com vagas nas universidades e com garantias de emprego vitalício nas empresas que existiam ou que estavam se criando. Em poucos anos, o número de pesquisadores japoneses colocava o país dentre os mais destacados em vários campos, principalmente aqueles voltados à tecnologia. Até hoje o Japão é um dos países que mais formam engenheiros.

Outra grande parcela dos recursos do país foi investida para criar condições de apoio ao desenvolvimento das indústrias no campo da siderurgia e de outras indústrias de base, na garantia de fornecimento de energia, no melhoramento das estruturas de transportes, nas redes de telefonia e telecomunicações. As empresas implantaram as diretrizes planejadas pelo Conselho Científico do Japão, subordinado diretamente ao primeiro-ministro. A Agência de Ciência e Tecnologia acolheu as demandas do setor privado e se responsabilizou por desenvolver a "alta ciência": energia nuclear, atividades espaciais (satélites meteorológicos, de comunicação, oceanográficos) e tecnologia marítima.

O traço que mais chama a atenção no processo de desenvolvimento de tecnologias é sua autonomia; foi assim nas décadas do pós-guerra e continua até hoje. Os centros de pesquisa responsáveis pelas inovações feitas nos produtos fabricados, nos materiais e nos métodos de fabricação estão dentro das próprias empresas que atuam no mercado (e não isolados nas universidades ou em órgãos do governo). As equipes de pesquisa nas décadas de 1960 e 70 voltavam-se exclusivamente para desenvolver produtos com fins de exploração comercial. Importaram os conhecimentos desenvolvidos em outros países e os aplicaram. Em certa medida, essa tendência a dar prioridade ao prático e imediato mantém-se como marca do Japão até hoje. Com a prioridade dada ao desenvolvimento de produtos, é fácil entender por que os japoneses só receberam oito prêmios Nobel nas áreas de pesquisa básica (quatro em Física e quatro em Química), número muito baixo se comparado aos dos países com quem compete no mercado.

Entretanto, a máxima de que "o Japão não cria, só copia" fez algum sentido numa certa época: quando o Japão tinha urgência em levantar a sua economia no pós-guerra. Com tal opção em vista, de fato não havia tempo para a pesquisa básica,

Os automóveis japoneses revolucionaram o mercado internacional concorrendo com os norte-americanos e os europeus.

para desenvolver teorias, mas apenas para aplicá-las. Depois isso mudou; os japoneses, embora tenham se mantido muito "práticos", passaram a se preocupar também com o "criar" em seus múltiplos aspectos. E tiveram muito sucesso.

O maior deles talvez tenha sido a indústria automobilística. Essa, por sua vez, ajudou a impulsionar várias outras com sua demanda por peças e materiais. O desenvolvimento da indústria automobilística também foi, em certa medida, fruto das consequências particulares da guerra para o Japão. As grandes montadoras – Toyota, Honda, Nissan, Subaru – tiveram suas origens antes da Segunda Guerra Mundial, quando fabricavam motores copiados ou adaptados dos americanos. Durante a guerra, a Toyota fabricava utilitários; a Subaru, que nasceu em 1917 como laboratório de pesquisas de aviões, era a maior fabricante de aviões do Japão; a Nissan também fabricava aviões. Com a derrota japonesa, essas empresas, apoiadas pelo governo japonês, usaram a experiência anterior para se adaptar aos novos tempos. Assim, a Honda e a Subaru começaram a fabricar motos, depois passaram a fazer automóveis. Os primeiros anos depois da guerra foram de ensaios para encontrar meios de produzir veículos que fossem acessíveis a um número grande de compradores com o material disponível. A Honda, por exemplo, começou comprando centenas de geradores que os militares estavam descartando. Desmanchou-os e aproveitou as peças para montar motocicletas que fizeram sucesso imediato. Das motos até a construção de carros de Fórmula 1 e de sucessos de mercado no século XXI, como o automóvel Honda Civic, a empresa japonesa percorreu um caminho que envolveu pesquisas, arrojo e habilidade comercial. As montadoras usaram a estratégia de se voltar também para o mercado externo logo que fabricaram seus primeiros modelos.

Em 1980, o Japão ultrapassaria os Estados Unidos como o maior fabricante mundial de automóveis, tendo conquistado os consumidores, entre outras coisas, por sua qualidade e resistência. Conseguiram essa posição sobretudo graças ao esforço planejado e conjunto de seus operários, engenheiros e empresários. Para agradar os compradores, preocuparam-se com a diversificação do produto, procuraram executar projetos, testá-los e implantá-los com rapidez e exercer um cuidadoso controle de qualidade para evitar defeitos e erros (o senso de responsabilidade incutido na mentalidade de cada operário japonês contribuiu muito para que esse controle funcionasse). Com o tempo, introduziram em suas fábricas a automação, a robótica e a informática, com máquinas de múltipla utilidade, operadas por técnicos qualificados. O fator humano, no que diz respeito à criatividade, capacidade de inovar e capacidade profissional, sem dúvida teve um peso muito grande no sucesso japonês.[3] O mesmo aconteceu com o ramo de eletrônicos.

Os automóveis e eletrônicos japoneses conquistam o mercado internacional e traçaram o perfil da população da segunda metade do século XX. O Japão mostrou então

A feira internacional Expo 70, em Osaka,
foi uma vitrine para a exibição do novo Japão.

uma nova face ao mundo: a ferocidade empreendida durante a guerra foi, primeiro, apagada pelas bombas atômicas. Depois, a rápida reconstrução e, logo em seguida, os empreendimentos que assombraram a muitos e fizeram outros países indagarem: como os japoneses conseguiram caminhar tão rapidamente a ponto de desequilibrar o mercado de consumo? Logo o sucesso dos japoneses contribuiu para acirrar debates em torno de como administrar empresas – a coqueluche dos especialistas era o "método japonês". Páginas e páginas de livros, além de inúmeros artigos, foram escritos a esse respeito. Estabeleceu-se uma troca intensa entre o Japão e os interessados em desvendar os meandros da maneira japonesa de produzir com sucesso, abrindo definitivamente o país novo para os olhos de todo o mundo.

Já nos anos 1970 havia ficado para trás a imagem frágil da amada japonesa de Marlon Brando do filme *Sayonara* (1957) ou a representação feroz e cruel dos soldados

216 | Os japoneses

Apesar de todo o desenvolvimento tecnológico, os japoneses
fazem questão de preservar o passado: a máquina que vende refrigerantes
diante da casa antiga, as garotas de quimono na estação de trem,
o *torii* espremido no meio dos prédios e a batata-doce assada
(comida muito popular no Japão de outros tempos) vendida na perua.

japoneses em filmes como a *Ponte sobre o rio Kwai* (1957) ou *Areias de Iwo Jima* (1949) com John Wayne.

A feira internacional de Osaka (Expo Osaka 70), sob o tema "Ciência e tecnologia para o homem em casa", recebeu uma média de 350 mil visitantes por dia. Diante do mundo e dos próprios japoneses, foi uma continuação do sucesso publicitário das Olimpíadas de 1964. Daí para diante, o Japão se consolidou como criador de tecnologia que muda a vida das pessoas comuns. Os robôs domésticos apresentados na feira japonesa fizeram os consumidores sonhar com o dia em que toda casa poderia ter um, como nas fantasias de ficção científica. A partir daí, os japoneses não pararam mais de apresentar ao público versões de robôs cada vez mais elaboradas. E fixaram uma nova imagem junto ao Ocidente.

A partir dos anos 1960, também os japoneses encontram uma nova imagem para si mesmos. Não eram mais o povo rígido que admirava os viris uniformes militares, mas, sim, o povo que apreciava produtos de alta tecnologia que faziam parte do seu dia a dia, muitos deles de uso acessível a mulheres, jovens e crianças.

A nova forma de ser japonês era reflexo das mudanças que ocorriam no Japão com o movimento de crescimento econômico e de acesso aos bens de consumo para a quase totalidade da população. Propiciava aos japoneses também uma certa euforia coletiva ao sentirem que estavam finalmente tendo retorno pelas horas sem fim de trabalho e estudo: além de terem levantado o país, podiam também consumir, viajar e se divertir.

Antes de prosseguir, uma observação curiosa: os japoneses, embora estejam à frente das mais avançadas tecnologias à disposição de seus cidadãos e do mundo, batizaram seus períodos de crescimento econômico, em homenagem aos deuses da mitologia, com os nomes de Jimmu *boom* (1954-57), Iwato *boom* (1958-1961) e Izanagi *boom* (1965-70).[4] Mais um exemplo do convívio de modernidade e tradição ou de que os japoneses nunca esquecem suas raízes.

"MILAGRE JAPONÊS"

O Japão nas décadas seguintes à guerra ganhou, portanto, uma nova identidade, conseguindo um lugar entre as maiores economias do mundo. Mostrou força diante dos que pouco tempo atrás eram seus inimigos e tinham destruído cidades suas com bombas. Como o Japão conseguiu isso em tão pouco tempo?

As condições históricas da reconstrução do país direcionaram todos os esforços para o trabalho. O patriotismo do pós-guerra se traduziu em concentrar todas as energias naquilo que poderia ser realizado por cada japonês, usando as suas potencialidades para o bem de toda a nação. A ideologia do trabalho como ferramenta para deixar as cinzas e os escombros no passado foi rapidamente absorvida. O orgulho nacional impulsionou os japoneses na direção do desenvolvimento industrial do país. A autoestima foi readquirida com os primeiros resultados e, por sua vez, constituiu-se em novo impulso. A qualidade de vida da população foi melhorando paulatinamente com os progressos na aplicação de novas tecnologias e com a sua exportação. A distribuição relativamente igualitária da renda e os investimentos na escolaridade, por sua vez, contribuíram para o sucesso econômico do país como um todo.

Os japoneses aprenderam as lições deixadas pela guerra. Perceberam que, em termos de orgulho nacional, teriam que mudar de perspectiva. Tiveram que assimilar a derrota e, no processo de reconstrução, abrir-se para o mundo. Evidentemente, a pressão dos Estados Unidos foi muito forte para que o Japão caminhasse para a democracia e não sucumbisse ao comunismo da União Soviética, um fantasma no horizonte dos empobrecidos do pós-guerra. Para fazer do Japão "uma barreira contra o comunismo", as forças de ocupação norte-americanas minimizaram as retaliações ao derrotado e adotaram, com as autoridades japonesas, medidas que ajudaram a acelerar a reconstrução. Foi fundado o Banco de Reconstrução, que dirigiu parte de seu capital para as empresas que tinham a sua capacidade subaproveitada, mas que dispunham de bastante experiência. Os maiores nomes das indústrias automobilísticas e de eletrônicos cresceram graças a esses incentivos. Outra parte do capital do Banco da Reconstrução foi dirigida para reerguer as indústrias química, pesada, siderúrgica e naval. O período da ocupação direcionou o Japão para a sobrevivência econômica e a democratização política.

Os próprios japoneses estavam convencidos de que a mudança de rumos era mais que necessária. O objetivo era colocar o Japão como potência industrial e, para alcançar a meta, foi aberto um espaço maior para a sociedade civil. O Estado perdeu a força que tinha antes da derrota e o caminho encontrado pelo governo foi de o trabalhar em conjunto com a iniciativa privada sintetizada pela expressão *Japan, Inc*. O crescimento japonês alicerçou-se em duas bases principais, entre elas a iniciativa das empresas e a ação do governo, que passou a ser o maestro das operações das empresas. Ao governo cabia agora planejar, determinar as metas e ajudar a iniciativa privada a operá-las. Houve reforma no sistema bancário com a criação do Banco do Japão, sob a direção do Ministério das Finanças, e o controle de bancos comerciais que antes da guerra estavam nas mãos dos *zaibatsu*. O Banco de Fomento do Japão, criado em 1951, dava crédito bancário de longo prazo para incentivar os produtores com empréstimos a juros baixos e isenção de impostos.

Made in Japan | 219

Os gravadores com fita cassete criaram novos hábitos.
O preço baixo, a praticidade e o fácil manejo conquistaram toda uma geração.
Na foto, um *Walkman*, objeto de desejo de muitos adolescentes na década de 1980.

No final dos anos 1950, foram elaborados planos específicos para setores industriais como o de maquinário, eletrônicos, aeronaves, têxteis, petroquímico, de borracha sintética, todos sob o Primeiro (1951-55) e o Segundo (1956-60) Programas de Racionalização. O incremento baseou-se no fortalecimento das indústrias básicas e das novas (eletrônicos, automóveis, de precisão), que receberam no Japão o dobro de incentivos governamentais que as indústrias nos Estados Unidos e na Europa na mesma época.

Entre 1960 e 1973, a Lei de Liberação do Comércio e Comércio Exterior lançou o Japão no mercado internacional, onde passou a competir lado a lado com os outros países industriais. Os ganhos obtidos no período anterior alavancaram os negócios japoneses e acirraram a competição internacional. A Guerra da Coreia já tinha ajudado a alicerçar a produção industrial e chamado a atenção dos empresários japoneses, mostrando-lhes que poderiam crescer exportando. Ao lançar seus produtos ao mercado externo, o Japão deu um passo importante, conseguindo crescer 10% em 1968. As leis japonesas aceitavam a formação de cartéis, que, ao invés de se mostrarem como empecilho ao desenvolvimento, acirraram a competição entre seus integrantes. A inovação tecnológica deveu muito à competição entre empresas do mesmo ramo.

No entanto, logo começaram as desavenças entre governo e empresários com relação ao grau de liberdade das empresas. O governo, através do MITI (Ministério do Comércio Exterior e Indústria), tentou restringir esse grau, mas os empresários resistiram. Além disso, o excedente comercial do Japão e a reserva de divisas fizeram com que os norte-americanos passassem a pressionar contra a expansão japonesa, acusando os japoneses de serem uma das causas da inflação americana e mundial.

A crise do petróleo em 1973 provocou uma recessão não esperada. Havia projeções para maior crescimento da economia japonesa, mas os preços de importação do petróleo fizeram com que a taxa de crescimento baixasse para 3,6% entre os anos de 1974 e 1979. Os preços internos cresceram de 13% para 35% entre julho e dezembro, gerando a chamada "inflação dos preços loucos". Ela só foi controlada com a baixa nas taxas de lucro das empresas, que entre 1973 e 1975 tiveram que diminuir seu funcionamento em 25%, ficando paradas uma parte do tempo ou evitando maiores investimentos. Os juros a serem pagos pelos investimentos contratados durante o período de crescimento pesaram fortemente sobre as empresas. Uma reação em cadeia se verificou, por exemplo, com a quebra na produção de têxteis afetada pelo declínio das indústrias químicas e pesadas, que, por sua vez, desencadeou problemas nas de aço e de construção naval.

A Operação Scaledown, empreendida pelo governo japonês para fazer face às dificuldades ocasionadas com o aumento do preço mundial do petróleo, previu esforços

Vista da cidade de Tóquio. Cada metro quadrado do centro da cidade foi supervalorizado nos anos da "economia da bolha".

de racionalização como economia de energia, melhor aproveitamento do combustível e desenvolvimento de novas tecnologias.

A crise do petróleo de 1973 provocou um redirecionamento das indústrias japonesas para novos setores, como o de computadores e ferramentas industriais, que começaram a combinar a tecnologia mecânica e eletrônica, originando a mecatrônica, na sua fabricação. O setor de serviços foi outro que cresceu diante da recessão. Ao mesmo tempo, a demanda externa aumentou, valorizando paulatinamente a moeda japonesa, o iene. O segundo aumento do preço do petróleo – que em 1978 estava em 11 dólares, no ano seguinte sobe para 19 e no início de 1980, para 30 – encontrou o Japão numa posição confortável justamente por conta da política do governo de pedir austeridade à população.

Os Estados Unidos reforçaram então seu pedido de uma maior abertura do mercado japonês, com liberação do comércio e do mercado de capitais. Em 1983, foi assinado o Acordo Iene-Dólar. Segundo esse tratado, o Japão reduziria as barreiras sobre os fluxos de capital, internacionalizaria o iene, trataria os bancos estrangeiros mais favoravelmente e diminuiria o controle sobre o mercado de capital interno.

Em setembro de 1985, os representantes do então G-5 (Estados Unidos, Alemanha, Japão, França e Reino Unido) assinaram, em Nova York, um acordo que reduzia o valor do dólar. Com esse acordo, Tóquio tornou-se um centro financeiro significante e o iene, a segunda moeda mais importante do mundo. Com isso, grandes bancos internacionais se apressaram em abrir filiais em Tóquio.

O Japão ia bastante bem, mas já havia escassez de imóveis na capital japonesa. Os preços das propriedades subiram muito, desde as localizações mais próximas do centro de Tóquio até a alta se espalhar por outras metrópoles como Osaka e Nagoya. Com o aumento da importância do Japão como centro financeiro internacional, os preços se elevaram ainda mais. O interesse na propriedade não ocorreu somente pela escassez de imóveis e alta demanda, mas também porque os bancos começaram a aceitá-la como garantia de empréstimo. Como o fluxo internacional de capital para o Japão já estava bastante liberado na segunda metade da década de 1980, a terra era um ativo muito procurado por permitir acesso ao crédito bancário mais fácil: as condições para um mercado especulativo estão montadas.

> Os preços dos imóveis no Japão continuaram a subir apoiados em oferta de crédito sempre crescente. Os empréstimos bancários totais se elevaram para 96 trilhões de ienes (724 bilhões de dólares) nos cinco anos decorridos até março de 1990 e mais da metade desta quantia foi canalizada para pequenas empresas que investiram vultosamente no setor imobiliário. Em 1990 o mercado imobiliário japonês foi avaliado em um total de 2 quatrilhões, ou quatro vezes o valor dos imóveis de todo o território dos Estados Unidos. O terreno do Palácio Imperial em Tóquio foi avaliado acima do valor imobiliário total da Califórnia ou do Canadá.[5]

No período da "economia da bolha", como ficou conhecida a segunda metade dos anos 1980, o valor das empresas japonesas começou a ser mensurado pelo dos imóveis que possuíam, e, como a cada ano o resultado do balanço patrimonial era positivo em decorrência da alta dos preços dos terrenos, a demanda por papéis e ações dessas empresas também aumentava. Já que a demanda por ações também estava se elevando, as empresas começaram a emitir mais ações para levantar recursos para os projetos de investimentos ou por pura especulação no mercado de ativos. Esse processo alcançou o seu ápice no chamado Heisei *boom*,[6] entre os anos de 1986 e 1991. A especulação atingiu também os serviços e o comércio como se fosse uma febre, a "febre Heisei".

Em maio de 1989, o governo estreitou sua política monetária, elevando a taxa de juros para diminuir a especulação sobre o valor dos bens, como a terra. A bolsa de Tóquio então caiu 38%, levando consigo 300 trilhões de ienes (2,07 trilhões de dólares). O preço da terra também caiu. Era o "estouro da bolha". Durante a época da "bolha", as empresas haviam feito grandes investimentos na estrutura produtiva por haver possibilidades de financiamento barato e uma crescente demanda por seus produtos. No entanto, a festa durou pouco; com o aumento da taxa de juros, tanto a demanda como o investimento caíram.

A DÉCADA PERDIDA E OS SINAIS DE RECUPERAÇÃO

A economia dos anos 1990 é de recessão, de poucos investimentos, e foi agravada com os custos do terremoto de Kobe em 1995. Com o estouro da bolha abrindo os olhos de todos, a economia deveria passar por um momento de "ajuste"; no entanto, a estagnação japonesa foi mais longa que o esperado. O crescimento da demanda por produtos ao longo da década de 1990 foi insuficiente. O aumento da taxa sobre o consumo, os créditos herdados dos tempos da bolha e a crise financeira dos países asiáticos foram os principais motivos que impediram o crescimento do Japão e alongaram a recessão japonesa.

Com o estouro da bolha, o valor dos imóveis usados como garantia já não correspondia ao valor dos empréstimos. A saúde financeira dos bancos japoneses saiu prejudicada e piorou ainda mais com a crise financeira asiática.

> Os bancos japoneses, que em 1996 já possuíam 264 bilhões de dólares em risco (35% dos empréstimos estrangeiros na Ásia), encaravam a possibilidade de adicionar mais créditos ruins na longa lista existente desde os tempos do estouro da bolha. Não era a crise asiática somente que dominava as manchetes, pois para aumentar a ansiedade dos consumidores não existe nada como falências de bancos e a visão do presidente de uma grande corretora chorando na televisão.[7]

A crise asiática afetou o Japão de outras maneiras além do aumento da instabilidade financeira. Ao longo da década de 1990, a participação dos países asiáticos no comércio internacional japonês havia aumentado consideravelmente, ou seja, boa parte da demanda externa dos produtos japoneses estava localizada no "epicentro do turbilhão financeiro" que foi a crise asiática de 1997. Os empregos e salários japoneses e, consequentemente, os gastos com consumo também caíram. Em 1998, a economia teve crescimento negativo.

Em 1998, o governo colocou 60 trilhões de ienes para promover a recuperação econômica e mais 40 trilhões para medidas de emergência. O orçamento de 1999 incluiu aumento em gastos em projetos públicos, como créditos para a aquisição de casas. Em fevereiro de 1999, o Banco do Japão instituiu uma taxa de 0% de juros, e, em março, o governo colocou 7 trilhões e meio de ienes em fundos públicos nos 15 maiores bancos do país.

Há sinais de recuperação no início do século XXI, depois da chamada "década perdida" da economia japonesa, graças às medidas tomadas pelo governo, à recuperação das economias asiáticas e ao crescimento em todas as áreas voltadas para a tecnologia de informação. Outra saída tem sido a implantação de indústrias japonesas de exportação, como as de eletrônicos e de automóveis, em países onde a mão de obra é mais barata e de boa qualidade como China, Tailândia e Malásia. O Japão exporta componentes e compra de volta o produto pronto.

CAPITAL HUMANO E CULTURAL

A capacidade japonesa de recuperação, de desenvolver-se e de enfrentar as adversidades tornou-se objeto de estudos e reflexão de muitos especialistas – economistas, historiadores, administradores de empresa – de todo o mundo. Um país derrotado, sob escombros de bombardeios atômicos, com poucos recursos naturais, que desenvolveu uma economia importante, com uma moeda significativa, e que alcançou estabilidade política era mesmo um bom *case*. Vários analistas passaram a chamar o período de 1950 a 1980 – que alçou o Japão ao posto de potência econômica mundial, ultrapassando os países capitalistas tradicionais (Alemanha, França e Grã-Bretanha) – de *milagre japonês*. Ao buscar suas causas, depararam-se com particularidades culturais do povo que, pelo peso que tiveram no processo, não podem ser negligenciadas. Como apontou um deles: "A diferença decisiva estava nas pessoas."[8]

De fato, em muitos aspectos, os japoneses, educados sob determinados valores, souberam se unir em torno de objetivos comuns que determinaram significativas ações coletivas que elevaram o orgulho nacional. Por exemplo, a lealdade "samurai" dos consumidores internos empenhados em comprar produtos japoneses mesmo que a custos mais elevados e, de início, de qualidade inferior à dos importados. A poupança interna foi também outro fator do salto econômico japonês. Muito incentivada entre os japoneses, especialmente nos momentos em que a situação se mostrava vulnerável, houve campanhas de austeridade dirigidas pelo governo em que todos procuraram colaborar.

Mas não foi só o povo, também as elites, ao invés de dissipar riquezas acumuladas gastando tudo consigo próprias – como em outros países –, participaram do esforço nacional coletivo reinvestindo no país seus ganhos decorrentes das atividades comerciais e industriais. Além disso, as elites japonesas mostraram-se capazes de absorver informações e inovar no campo da tecnologia, o que contribuiu muito para o crescimento econômico acelerado. Como escreveu um economista: "A semente caiu em solo fértil, ou seja, encontrou uma infraestrutura que viabilizou a absorção, adaptação, incorporação e assimilação, a partir das quais foi possível partir para inovações autóctones."[9]

Os altos níveis de educação formal, além da disciplina e do tradicional respeito às hierarquias, também são apontados como vantagens da sociedade japonesa por terem sido postos a serviço do desenvolvimento do país.

No pós-guerra, as empresas cultivaram entre seus membros (trabalhadores, gerentes, diretores) um tipo de relacionamento baseado no espírito associativista do povo japonês, cuja filosofia defende que "o sucesso de um é o do outro também" e que a harmonia e o consenso devem ser buscados a todo custo. As empresas concederam vantagens aos empregados, como emprego vitalício, melhores salários e participação (efetiva ou manipulada) nas decisões. E os trabalhadores responderam com lealdade e dedicação.

Nas linhas de montagem das indústrias ou nas campanhas para consumir o arroz cultivado no país em detrimento do importado, mais barato, os japoneses participavam sem titubear, desde que entendessem as suas finalidades. Durante a Operação Scaledown, à época da primeira alta do preço do petróleo em 1973, o governo pediu aos japoneses que economizassem energia. As empresas, escolas e residências diminuíram drasticamente a iluminação e a calefação. As indústrias procuraram meios de utilizar com mais racionalidade a energia. Nesses e nos momentos em que as crises se aproximavam, a resposta da sociedade foi sempre positiva. As experiências do passado haviam ensinado e, para impedir que o desemprego tomasse conta do país, houve entendimento para que os aumentos salariais caíssem de 33% em 1974 para 6,1% em 1979. Isso significa, em suma, que todos foram afetados.

Para tornar possível o milagre econômico, somaram-se às ações governamentais e ao compromisso coletivo com a modernização uma ética que valorizava o trabalho e um conjunto de crenças baseadas em elementos tradicionais da cultura japonesa compartilhados por praticamente toda a nação. Nessas crenças, encontra-se a ideia de que o coletivo está acima do indivíduo. Mais do que respeitar as hierarquias, trata-se de cultivar um "forte senso de obrigação recíproca" que abarca todos os envolvidos. Entretanto, não é só uma questão de tradição, pois os padrões de conduta e os valores são até hoje reciclados, ensinados nos lares, reproduzidos nas escolas, adotados nos grupos de amigos e reforçados no mundo do trabalho. São muitos os especialistas que defendem a tese de que o capital humano é que fez de fato a diferença no Japão.

Foi a *persona* nacional que extraiu extraordinário rendimento de pessoas que, em outras sociedades, teriam recorrido à sabotagem maciça. Trata-se de uma sociedade cujo sentimento de dever e obrigação coletiva, em todos os domínios, a distingue do individualismo cultivado no Ocidente. Seus valores provaram ser um fabuloso patrimônio.[10]

Os exemplos levantados ajudam a entender a ideia. Para entregar o pedido no prazo certo, trabalhadores eram capazes de dormir no emprego. Fábricas-matrizes, fornecedores e trabalhadores montaram esquemas de unir esforços ao invés de um ficar pressionando o outro de acordo com interesses imediatos, afinal, todos estavam no mesmo barco.

No Japão, os trabalhadores desenvolveram um senso de "dever ser útil" o tempo todo. E as empresas criaram meios de recompensar quem coopera e punir os acomodados, preguiçosos ou problemáticos.

Do mais humilde operário ao funcionário mais graduado da Toyota, por exemplo, todos passaram a seguir um calendário próprio, independentemente dos feriados nacionais e sem se queixar por fazer hora extra ou atuar em longas jornadas de trabalho. As companhias, por sua vez, ofereceram aos empregados benesses no espaço de trabalho, como recreação, ginástica, instalações confortáveis.

Sindicatos negociavam aumentos de antemão com a administração, evitando greves que seriam prejudiciais à empresa como um todo. Mesmo hoje, dificilmente funcionários mudam de empresa em busca de melhores salários ou de carreira mais rápida. A explicação reside no fato de que, para além da relação contratual, as pessoas no Japão estabelecem uma ligação emocional com seu emprego, como se fosse uma extensão da vida no lar; sair do emprego para o japonês significa quebrar esses laços e, o que é pior, deixar de "pertencer".

Ainda hoje, como na época do milagre, é comum que os trabalhadores sejam recrutados ao sair do colégio ou da universidade e recebam um treinamento e orientação que lhes exige, muitas vezes, o sacrifício da vida pessoal. Pesa muito em sua contratação a disponibilidade para aceitar a filosofia da empresa. Segundo o pensamento dominante, é no local de trabalho que se obtém autoestima e satisfação. Cada empresa é vista como "uma família" e o empresário, como seu "chefe natural".

> O grupo assim formado se caracteriza pela homogeneidade e exclusivismo, o que gera entre seus membros sentimentos de identidade, segurança e autovalorização, ancorados numa conscientização de "nós" contra os "outros", refletida também no conceito desfrutado pela empresa. O prestígio e a reputação dos empregados não são determinados por fatores econômicos apenas (faturamento, lucros ou ativos), mas até um operário não qualificado ganha *status* como empregado de um prestigioso

Made in Japan | 227

O capital humano fez a diferença no Japão. Na foto, empregado uniformizado trabalhando com dedicação num jardim – exemplo de *persona* nacional. Mesmo os serviços braçais são conduzidos com uma conduta firme.

conglomerado. [...] enquanto se estimula o antagonismo contra os "outros" da mesma classe ou nível, ficam fortalecidos a hierarquia e os laços de solidariedade em nível vertical, em cada organização ou unidade do vasto sistema produtivo e social.[11]

Vantagens impressionantes, não? Entretanto, não se sabe se o que foi uma vantagem antes continuará sendo em outras situações (como na atual economia globalizada), nem se os japoneses estarão dispostos a ser e agir do mesmo modo no futuro. O fato é que o individualismo, por exemplo, tem ganhado terreno no Japão. E o que antes era um trabalho que dava orgulho agora, com uma mudança de valores, pode até desmerecer a pessoa. O consumismo tem crescido entre os jovens do mundo todo e o Japão não é exceção. Será que num futuro próximo os japoneses terão a mesma disponibilidade de abrir mão de suas vontades em nome de apelos patrióticos pelo bem da economia nacional?

A QUESTÃO DA MÃO DE OBRA

O problema da alocação de pessoas nos postos de emprego no Japão merece grande atenção, pois adquiriu contornos distintos muito rapidamente. O êxodo rural, por exemplo, foi espantoso e acelerado: em 1947, 52,4% da população japonesa vivia no campo, em 1985 esse número caiu para 9%![12]

Logo depois da guerra, o número de trabalhadores agrícolas havia crescido. Em 1947 era 28% maior do que no período anterior ao conflito. À *débâcle* militar tinha se somado o econômico, com a devastação das cidades e a destruição de postos de trabalho na indústria, comércio e serviços. Houve um refluxo para o campo por conta da necessidade de absorção de trabalhadores das zonas urbanas.

A Guerra da Coreia entre 1950 e 1955 recoloca essa mão de obra nas indústrias primárias, comércio e serviços, mobilizando cinco milhões de trabalhadores. Destes, mais da metade se emprega mesmo com baixos salários e contrato temporário ou de meio período. De 1955 até 1970, são as indústrias pesadas e químicas que promovem mais uma onda de migração do campo para as cidades. Só em 1963, houve a absorção de novecentas mil pessoas. A partir de 1975, comércio e serviços são os grandes responsáveis pelas migrações. Em 1983, o setor correspondia a 56% da mão de obra ativa e, em 2002, passa para 66,7% da população econômica ativa japonesa, o que mostra uma nítida mudança do perfil da economia na direção de uma "economia de serviços".[13]

Logo no início da reconstrução, as empresas de pequeno e médio porte (originadas da Lei Antimonopólio de 1947) lançaram mão do expediente de contratar trabalhadores temporários (geralmente gente recém-chegada do campo) por baixos salários. Tais empresas tiveram então espaço para crescer graças aos incentivos do governo alicerçados na Lei de Base das Pequenas Empresas de 1963 e na Lei de Promoção e Atualização das Pequenas Empresas, do mesmo ano, que concediam financiamentos e planos para a sua modernização. Com o crescimento da economia, passou a haver maior demanda por mão de obra, o que implicou também a necessidade de sua retenção e, consequentemente, o aumento de salários e melhores condições de trabalho. A solução dos empresários veio com a introdução das mulheres no processo produtivo. Entre 1965 a 1974, elas representavam 95% da mão de obra do trabalho de meio período. Entretanto, com a crise do petróleo, tiveram que ceder lugar aos homens.

A grande disparidade na questão dos salários entre as pequenas empresas e as corporações (bem mais elevados nas corporações), das quais as primeiras eram subsidiárias, criava concorrência por mão de obra. Essa concorrência foi solucionada

Até o brasileiro pão de queijo é vendido no Japão, o que atesta a forte presença brasileira em cidades japonesas, como Nagoya.

com a melhoria tecnológica e melhor aproveitamento do trabalho existente em cada uma delas. As corporações que estavam no ramo das indústrias pesadas absorviam mão de obra qualificada e mais bem remunerada, enquanto as pequenas e médias empresas eram subcontratadas para produzir autopeças ou componentes eletrônicos. Muitas dessas empresas foram fundadas por jovens entre 30 e 40 anos com não mais que dez mil dólares de capital inicial. Algumas, com o tempo, puderam se desligar dos subcontratos e se especializar em produtos com potencial de venda e produção em massa, criando nichos em produtos de consumo supérfluo (joguinhos eletrônicos, máquinas fotográficas descartáveis, escovas de dente vibratórias etc.).

O uso cada vez maior da tecnologia dentro das fábricas criou operários especializados no trato com robôs e aparelhos informatizados. Isso fez com que muitos trabalhadores japoneses passassem a se recusar a exercer funções menos qualificadas dentro das fábricas por elas terem adquirido um *status* menor. A solução dessa vez veio de fora. Houve o recrutamento de trabalhadores estrangeiros, dentre eles, os brasileiros. Os trabalhos considerados pelos três "k" *kitanai* (sujo), *kitsui* (pesado) e *kiken* (perigoso), recusados pelos japoneses, começaram a ser preenchidos pelos estrangeiros a partir da metade da década de 1980. Durante o Heisei *boom* (meados da década de 1980 até o início da "década perdida" dos anos 1990), houve falta de mão de obra em decorrência do envelhecimento da população e da não disponibilidade de homens que pudessem migrar do campo para a cidade, como em outros tempos. É nesse cenário que entraram os brasileiros descendentes de japoneses. O início do chamado movimento *dekasegui* coincidiu com a demanda de braços para trabalhar no Japão. Os descendentes nascidos nos países da América do Sul receberam privilégios para entrar no país pela revisão da Lei de Controle da Imigração em 1990, com direito a um tipo de visto especial, o de "residente por longo período", que lhes garantia a permanência por três anos, o qual poderia ser prorrogado e era extensivo ao cônjuge (mesmo não descendente) e filhos. Isso explica a afluência de cerca de trezentos mil brasileiros trabalhando legalmente no Japão (dados de até 2006).

RETRATO ATUAL, PROGNÓSTICOS E DESAFIOS

Prognósticos são arriscados, mas a tendência dos especialistas é de apostar no crescimento da economia japonesa nos próximos anos, apesar de problemas como a limitação do seu mercado interno, o envelhecimento da população (e a consequente necessidade de recorrer à mão de obra estrangeira), o crescimento impressionante do gigante chinês ao seu lado, a mudança de práticas culturais internas decorrentes da globalização etc. Enquanto isso, mais trabalhadores estrangeiros estão se dirigindo para o Japão com suas famílias, e a maioria não retorna para os seu país de origem. Problemas sociais, como o aumento da criminalidade e a presença de jovens e crianças que não frequentam a escola, são novidades entre os japoneses. O país precisa encarar a situação, pois tem necessidade dessa mão de obra para não sofrer um colapso econômico irrefreável. Afinal, alguém tem que trabalhar para sustentar o imenso contingente de aposentados nesse país de idosos. O sucesso das políticas de saúde pública está cobrando seu preço...

O problema da moradia e da escassez de espaço ainda não foi solucionado. Dizem que é mais fácil demolir uma casa e fazer outra no lugar que encontrar um novo lugar mais confortável para morar, a não ser que se esteja disposto a morar muito longe do trabalho e enfrentar longos trajetos entre o emprego e a casa.

O Japão é pobre em recursos minerais e a disponibilidade de petróleo é quase nula. Portanto, os recursos para a geração de energia vêm da importação de petróleo e carvão.

Esse é um dos problemas cruciais, porque envolve não só os gastos com importação como também a questão do crescimento geral do país e a dependência das fontes de geração de energia. Em 2002, metade da energia utilizada no país vinha do petróleo. As soluções internas têm se voltado para a construção de mais usinas para a produção de energia nuclear, como também para o incremento da energia solar. Outras fontes de energia são a geotérmica e a eólica, mas ainda estão em nível embrionário.

Os automóveis japoneses, um dos ícones das últimas décadas do século xx, já correm o risco de perder sua hegemonia tão duramente obtida. É verdade que das dez maiores companhias automobilísticas do mundo três são japonesas: Toyota (a primeira), Renault/Nissan e Honda. No pós-guerra, elas lutaram duramente, conquistaram terreno e acabaram com a hegemonia norte-americana, algo impensável na época, mas coreanos, chineses (de novo) e até indianos já estão colocando suas manguinhas de fora e acenando com veículos mais acessíveis e econômicos produzidos com mão de obra mais barata e igualmente eficiente. O mesmo acontece na área das motocicletas. Um dos setores historicamente mais importantes da economia japonesa é o da construção naval, que, desde 2000, vem ganhando importância também na Coreia do Sul tanto com relação à quantidade de navios entregues quanto às encomendas.

Tanto a indústria automobilística como a naval se utilizam do aço produzido em níveis regulares no país desde os anos 1980, tendo crescido de 22.138 toneladas em 1960, para 117.322 toneladas em 1973, ano que marca o início do crescimento vertiginoso do Japão. Esse número praticamente seria repetido em 2003 (110.322 toneladas), o que diz muito sobre a economia japonesa do milagre e do pós-milagre.

No setor da mecatrônica, o Japão é uma potência com a produção de robôs industriais: em 1985 foram 48.490 unidades, em 2000 esse número chegou a 89.399. A estimativa, segundo a Japan Robot Association, é de que o seu uso, ainda mais restrito à indústria manufatureira, se amplie nas indústrias de biotecnologia, nos serviços públicos, na área médica e no uso doméstico em 2010.

O Japão também é mundialmente conhecido pelas marcas de jogos para computador, *videogames* e sistemas de navegação para automóveis. Nessas áreas, seu crescimento do início dos anos 1990 a 2007 foi espantoso.

Porém, os japoneses não dormem sobre os louros. Preocupam-se hoje com muitas questões que podem comprometer seu futuro. Uma delas é se o Japão vai continuar a crescer do mesmo modo se suas empresas forem obrigadas a enfrentar a concorrência de conglomerados de países cuja mão de obra bastante barata alcança níveis de produtividade semelhantes aos dos trabalhadores japoneses.

A combinação de tecnologia com uma série de inovações organizacionais e administrativas à moda japonesa resistirá daqui para frente aos impactos da globalização

O que vem depois?

dos mercados, dos fluxos transnacionais de investimentos, da mobilidade do capital industrial e financeiro numa corrida irrefreável por mercados estratégicos? E se os sindicatos mudarem sua atitude colaborativa e começarem a bater de frente com os empresários? E se os japoneses, seguindo as tendências internacionais, mudarem seus valores e padrões de comportamento, quiserem mais tempo de lazer e menos de trabalho, diminuindo assim as margens de lucro das empresas? E se daqui para frente quiserem consumir mais e poupar menos? E se começarem a exigir maiores direitos individuais? Ou passarem a questionar mais as decisões do governo? Percebe-se já que muitos jovens estão em busca de outras satisfações que não apenas as profissionais e que, mesmo ao procurar emprego, optam por carreiras mais prazerosas.

A revolução cultural do final do século xx ocorrida em termos mundiais aumentou em muito o peso ideológico do indivíduo perante a sociedade, rompendo com muitos dos modelos de comportamento que moldavam o relacionamento das pessoas com os grupos a que pertencem. Isso afetou em certa medida mesmo os japoneses, criando no país uma grande insegurança com relação ao futuro das convenções sociais e do relacionamento harmonioso entre as gerações.

Desde os anos 1990, sociedades mais tradicionais em geral vivem tensões por conta da erosão provocada pela ideologia do consumismo espalhada pelo mundo no que se refere à ordem social até então aceita sem muitos protestos. As pessoas passaram a achar que tinham direito de sonhar com determinados bens como todo mundo e antigas "justificativas funcionais" para as desigualdades existentes começaram a não ser mais aceitas. Os luxos dos magnatas das empresas e os privilégios dos homens públicos, antes bastante aceitos pela população em geral que os via como decorrências naturais das funções exercidas, passaram a incomodar a sociedade mesmo que a distribuição de renda no Japão fosse mais igualitária que em outras sociedades capitalistas. O contraste mais claro entre as condições de vida dos japoneses comuns (mais modestas que as das classes médias nas potências ocidentais) e as dos japoneses ricos começou a criar um certo mal-estar na sociedade que sobrevive no novo milênio. É só esperar para ver.

NOTAS

[1] Os que assim pensam partem do pressuposto equivocado de que não existem trocas culturais e que certos povos "iluminados" criam sozinhos, sem influências externas, sem aprender nada com ninguém – historicamente, isso nunca ocorreu.

[2] O país só pode ter um contingente mínimo de soldados e armas para assegurar sua defesa.

[3] David S. Landes, A riqueza e a pobreza das nações, Rio de Janeiro, Campus, 1998.

[4] Cf. Maria Edileuza Fontenele Reis, Brasileiros no Japão: o elo humano das relações bilaterais, São Paulo, Kaleidos Primus, p. 51.

[5] Edward Chancellor, Salve-se quem puder: uma história da especulação financeira, São Paulo, Companhia das Letras, 2001, p. 355.

[6] Heisei corresponde à era do imperador Akihito, que sucedeu seu pai Hiroito, morto em 1989. *Heisei* significa "consolidação da paz".

[7] Ronald Dove, Shinohata: a portrait of a japanese village, New York, Pantheon Books, 1978, p. 775.

[8] David S. Landes, op. cit., p. 548.

[9] Henrique Hattner, Revisitando o "milagre" japonês, *Revista Espaço Acadêmico*, n. 28, set. 2003. Disponível em: <www.espacoacademico.com.br>.

[10] David S. Landes, op. cit., pp. 438-9.

[11] Henrique Hattner, op. cit.

[12] Eric Hobsbawm, A era dos extremos: o breve século xx, São Paulo, Companhia das Letras, 1994, pp. 284-5.

[13] Hiroyuki Nitto em "Invigorating Japan" informa também que no mesmo período as indústrias manufatureiras caem de 29,8% em 1980 para 22,1% em 2002. Disponível em: <www.jetro.go.jp>.

 # JAPONESES NO MUNDO

Com exceção do período em que o país adotou deliberadamente uma política de isolamento, os japoneses sempre mantiveram, e de diversas formas, contatos com outros povos. Tanto intercâmbios culturais quando deslocamentos humanos variaram em caráter, qualidade e intensidade ao longo da história japonesa ao sabor das circunstâncias em que ocorreram e dos interesses envolvidos.

No século XIX, diferentemente de outros períodos anteriores, a movimentação dos japoneses deu-se em grande escala, com uma verdadeira emigração de massa. Uma parte significativa da população japonesa deslocou-se de seu país de origem para distintas partes do mundo movida, entre outros motivos, pelas mudanças que estavam ocorrendo no Japão com o processo de modernização iniciado em 1868. Nas duas experiências anteriores em que japoneses deixaram o arquipélago – no século IV, para aprender mais com a China sobre budismo, ciências ou medicina, e no século XVI, com o incremento do comércio internacional – tratava-se de segmentos minoritários, com interesses específicos. Já na segunda metade do século XIX, no período Meiji, é bastante grande o número de nipônicos que deixam o Japão, gente especialmente das camadas mais pobres da população. Nessa época, como no passado, houve muitos que partiram para estudar na Europa ou nos Estados Unidos. Incorporaram conhecimentos tecnológicos e filosóficos. Aprenderam a construir navios e pontes. Tomaram contato com os autores clássicos da literatura ocidental, Conheceram o marxismo e vivenciaram os liberalismos de vários países ou o sistema imperial de outros. E voltaram. Na volta, ajudaram a construir um Japão um pouco mais ocidental na tentativa frenética de colocar o país no ritmo das nações desenvolvidas num momento em que a cultura ocidentalizada aparece como modelo de modernidade a ser seguido, porém não sem as tensões e desentendimentos decorrentes dos debates sobre como fazê-lo no Japão. Os que retornaram do exterior com novas ideias na bagagem tornaram-se formadores de opinião com participação intensa nos embates entre as correntes de pensamento e ação sobre os destinos do país.

Na etapa da história que se inicia em 1868, as mudanças são muito rápidas e o povo japonês precisa se ajustar às diretrizes vindas de cima. A população do campo, por exemplo, é diretamente atingida pela mudança na forma de relacionar-se com o Estado. O modelo tradicional do camponês ligado e subordinado a um senhor foi substituído, num intervalo de tempo muito curto, pelo modelo capitalista em que o trabalhador da terra se torna autônomo, livre para vender a sua força de trabalho, e deve seus impostos em moeda ao governo. No processo de adaptar-se ao novo sistema, as perdas e inseguranças dos menos favorecidos são enormes. Além disso, a economia do país sofre oscilações constantes até a Segunda Guerra Mundial, verificando-se que aqueles com mais recursos – tanto da antiga aristocracia pré-Meiji quanto os novos ricos – aproveitam-se desse cenário de mudanças para relações sociais capitalistas para aumentar os seus patrimônios, comprando terras e arrendando-as aos mais pobres. As famílias camponesas, por sua vez, precisam se desmembrar para sobreviver dentro da economia monetária, enviando filhos para buscar trabalho nas cidades. Como vimos, as cidades recebem jovens que saem do campo para trabalhar em ocupações ligadas ao setor industrial e de serviços.

Os deslocamentos de gente no interior do país não ocorrem apenas por iniciativas privadas ou familiares. O governo também age para realocar pessoas prejudicadas com a Reforma Meiji no sentido de aproveitá-las o melhor possível na configuração de um país economicamente mais desenvolvido. A colonização da ilha de Hokkaido é a primeira etapa de realocação da população. Habitantes das áreas rurais e ex-samurais de baixa estirpe, agora cidadãos comuns que recebem pensão, são o grosso da população que migra para as terras frias para ocupar a ilha. Por sua posição estratégica próxima ao império russo e ao norte da China, interessa aos dirigentes japoneses o povoamento de Hokkaido e a instalação na região de postos militares que deem salvaguarda para a soberania do país.

Paralelamente a esse processo interno há as investidas japonesas no exterior com as guerras de conquista. Elas também são uma válvula de escape para o contingente populacional problemático, ainda sem muito lugar na nova ordem dentro do Japão. As guerras proporcionam não só empregos nas indústrias ligadas à sua preparação como também exigem soldados e colonos para manter a dominação nos territórios ocupados. Assim, com o apoio governamental, há nas primeiras três décadas do século XX um deslocamento contínuo de japoneses para a Coreia, Taiwan, antigas possessões alemãs no Pacífico, Manchúria e mais tarde para a China ocupada, a fim de exercer diversos tipos de ocupação. Assim, abrem-se oportunidades a um grande número de japoneses longe de sua terra natal, que querem se aventurar em terras estranhas, mesmo que a população local seja muitas vezes hostil aos dominadores. A ideia do governo é transferir para os territórios conquistados a mesma estrutura administrativa existente no Japão, a começar pelas escolas e por órgãos de controle como a Polícia e as Forças Armadas.

O navio deixa o porto e todo o passado fica para trás.
O futuro é incerto, mas cheio de esperanças.

Para a manutenção de toda a estrutura nas colônias do Império Japonês, é preciso reforço ideológico: o culto ao imperador é a regra inicial. Famílias inteiras também são incentivadas a se mudar para garantir nos territórios conquistados a hegemonia do modo japonês de ser e viver e o domínio sobre os povos locais.

Outra forma de aliviar as tensões econômicas e demográficas do país era o sistema de trabalho temporário nos territórios conquistados: trabalhadores com contratos temporários saem em busca de salários para o sustento de suas famílias que ficam no Japão e para as quais pretendem voltar.

Empresários japoneses também encontram oportunidades de negócios fora do país e levam consigo outras pessoas interessadas no empreendimento. Por exemplo, naquela época levam a seus vizinhos da Ásia oriental e do sudeste asiático *know-how* para a montagem de infraestrutura, como a construção de ferrovias. Entre tantos que saem para atividades fora do país, há também os que, ao se verem livres de amarras, tiram proveito para ganhar dinheiro com atividades nem sempre lícitas, controlando casas de jogo e explorando a prostituição em diversos lugares.

Ainda uma outra alternativa se abre com a emigração propriamente dita.[1] É o abandono definitivo do país em direção às Américas, para as terras onde poderiam tentar um novo futuro.

NO HAVAÍ E NA AMÉRICA DO NORTE

O primeiro destino dos emigrantes japoneses são as ilhas do arquipélago do Havaí, na época um reino independente. Inicialmente, vão jovens do sexo masculino para atuar como trabalhadores temporários no corte da cana-de-açúcar. Depois, começa um fluxo mais contínuo de japoneses, até se tornar um movimento migratório propriamente dito. Chineses haviam precedido os japoneses no Havaí, depois juntaram-se a esses imigrantes coreanos, portugueses, filipinos, ensinando aos nipônicos a conviver com outros grupos étnicos e outras culturas. Entre 1884 e 1924, cerca de duzentos mil japoneses foram para o arquipélago havaiano. Na ilha de Kona, os japoneses fizeram da plantação de café uma atividade bem-sucedida.

A aventura havaiana abriu caminho para um novo destino: a costa oeste dos Estados Unidos. Primeiro, para a Califórnia, depois, para estados mais ao norte do país e em direção à Colúmbia Britânica, no Canadá. A partir daí, os Estados Unidos e o Canadá passaram a ser os destinos preferidos pelo leque de oportunidades que ofereciam. Basta lembrar que a costa do Pacífico no final do século XIX era vista quase como "terra de ninguém", em que tudo estava por ser construído. Os chineses mais uma vez haviam chegado antes como trabalhadores para a construção de estradas de ferro norte-americanas. Os imigrantes japoneses que primeiro se fixaram nos Estados Unidos vieram do Havaí. Mais tarde, os contingentes japoneses se dirigiram para a região das Montanhas Rochosas e para o Alasca.

O grande problema dos japoneses desde que passaram a emigrar para os Estados Unidos foi a discriminação. A "sociedade branca" norte-americana via com muita desconfiança e preconceito a presença dos que chamava de "amarelos" – chineses e japoneses – em seu território. Na virada do século XIX para o XX, as questões raciais tomavam conta do mundo não só acadêmico, mas estavam presentes também no cotidiano das pessoas. Havia um clima hostil dos que se consideravam "brancos" em relação às chamadas raças inferiores, "negra" e "amarela". Os imigrantes japoneses eram vistos como inferiores pela população local, que mesmo sendo nova na região do Pacífico incorporou a diferenciação racial como um valor a ser preservado.

Na prática, a desvantajosa concorrência com os brancos por postos de trabalho interessantes na nova terra era o maior desafio dos japoneses. Assim que chegavam, dedicavam-se a qualquer atividade que surgisse, sem muita possibilidade de escolha. Muitos vão de lugar em lugar como trabalhadores temporários, especialmente na plantação e colheita de legumes e frutas na Califórnia. Outros seguem para minas em Utah, serrarias no Oregon, fábricas de enlatados de salmão no Alasca.

Quando conseguem poupar, os japoneses compram pequenos pedaços de terra, onde passam a se dedicar à agricultura. Essa atividade em mãos japonesas logo ganha visibilidade. São imigrantes de origem rural que usam nas novas terras os mesmos métodos do Japão pré-Meiji, procurando viver em comunidade, trocando experiências e desenvolvendo um trabalho cooperativo. Introduzem novas espécies de arroz no Vale do Rio Grande, no Texas. Na Califórnia, destacam-se no cultivo de flores e de frutas, como o morango. Os que optam por ir para as cidades em crescimento iniciam sua vida como empregados domésticos e, mais tarde, se conseguem, abrem pequenos negócios próprios.

O trabalho árduo de muitos anos aliado às oportunidades econômicas faz muitas das famílias prosperarem. É comum o imigrante enviar dinheiro para a família no Japão, onde o dólar americano é muito valorizado, especialmente nas pequenas comunidades, permitindo certo conforto aos parentes que ficaram.

O problema do pequeno número de mulheres que migram em comparação com o número de homens, provocando um desequilíbrio demográfico entre os imigrantes japoneses nos Estados Unidos e no Canadá, é resolvido com outra prática que se tornou comum: a das "noivas por fotografia" (em inglês, *picture brides*). Para poder se casar com uma japonesa, o imigrante enviava uma foto sua para os familiares no Japão, que se encarregavam de encontrar uma moça disposta a atravessar o mar para se casar com ele. Muitas das famílias de nipo-americanos se formaram dessa maneira.

Com a exacerbação do movimento antijaponês nos Estados Unidos, os norte-americanos decidem adotar medidas para restringir a imigração e a ação de japoneses em seu território. Em 1907, um acordo (o Gentlemen's Agreement) entre os governos do Japão e dos Estados Unidos é assinado deliberando que novas entradas de japoneses ficariam proibidas dali em diante, com exceção das noivas acertadas. Esse documento é o corolário da nova política norte-americana, agora contrária à entrada de asiáticos no país (já no final do século XIX, os imigrantes chineses haviam sofrido proibição semelhante). Em 1913, o estado da Califórnia, e depois outros, proíbe os japoneses de comprar terras, de se naturalizar e, portanto, de se tornar cidadãos norte-americanos. Como já vimos, em 1924, uma lei proibia definitivamente a imigração de asiáticos no país como um todo.

As famílias de origem japonesa fixadas nos Estados Unidos passam a sofrer perseguições contínuas, como ataques a suas casas e negócios, sempre com justificativas raciais que esgrimem o argumento do "perigo amarelo". A expressão *"japs, go home!"* ("'japas', voltem pra casa!") é usada com frequência por manifestantes nas ruas. A preocupação de Washington com as conquistas japonesas na Ásia, por sua vez, também se reflete no antagonismo com relação aos imigrantes.

Quando, já em 1941, ocorre o ataque a Pearl Harbor, a situação dos japoneses que vivem nos EUA se torna dramática. Passam a ser tratados como os inimigos corporificados, ou seja, de um modo muito pior que no tempo em que a discriminação era dirigida mais contra pessoas ou situações específicas. Do ponto de vista dos EUA, a entrada do Japão na Segunda Guerra Mundial transforma a presença de cidadãos japoneses em seu território num problema de segurança nacional. A costa oeste dos Estados Unidos é a que mais abriga imigrantes, a mais próxima geograficamente da área de conflito, e portanto, considerada a mais vulnerável.

A política adotada então é a de procurar defender o país de novos possíveis ataques japoneses e impedir qualquer elo com o inimigo, ou seja, isolar os japoneses lá residentes. Com isso, partem para uma rápida evacuação das pessoas de origem japonesa de toda a costa do Pacífico, a começar pelos pescadores. Os líderes das comunidades nipo-americanas considerados perigosos são encarcerados em prisões especiais. Os outros são levados como prisioneiros a "campos de internação" localizados em vários estados, como Washington, Oregon, Califórnia, Arkansas, Wyoming, Arizona, a partir de fevereiro de 1942. Famílias inteiras, algumas já com filhos nascidos nos Estados Unidos, vão para lá. Os prisioneiros são obrigados a se desfazer de todos os seus pertences e portar apenas aquilo que podia ser "carregado com as duas mãos". Nos meses que antecedem a ida aos campos, com muito medo e sem saber direito o que os espera, os japoneses vendem tudo o que conseguem a preços irrisórios. Cerca de 120 mil nipo-americanos são encarcerados nos EUA até 1944. Os campos de internação ficam em lugares ermos, cercados de arame farpado e sob vigilância permanente. As pessoas são instaladas em galpões onde tentam criar um mínimo de organização interna para conseguir viver.

Sem pertences e com todos os seus projetos para o futuro abortados, os japoneses nos EUA vivem precariamente no período da internação durante a guerra, o que os marca profundamente. Um dos modos de os descendentes se identificarem é dizer a qual campo de internação os pais ou avós foram enviados. O confinamento e os maus-tratos são um trauma visível nas histórias familiares e individuais que mencionam "o antes" e "o tempo da guerra" como duas vidas completamente diversas. Os nipo-americanos contam com

Capa do livro *Farewell to Manzanar* (Adeus a Manzanar), que conta as agruras dos nipo-americanos obrigados a viver nos campos de internação nos EUA durante a Segunda Guerra Mundial.

relatos escritos sobre a experiência nos campos, como o de Jeanne Wakatsuki Houston e James Houston, *Adeus a Manzanar*, publicado em 1972 e, mais tarde, transformado em filme, assim como documentários e registros de relatos orais, muitos dos quais hoje abertos à consulta no Museu Japonês Americano, em Los Angeles, na Califórnia.

No tempo da guerra, o governo americano põe os japoneses internados à prova com um questionário sobre se renunciariam à sua lealdade ao imperador e se seriam capazes de combater contra o Japão. Os questionários são dirigidos a todos, homens, mulheres, os nascidos no Japão e os descendentes nascidos nos Estados Unidos. Os conflitos entre os internados afloram, criam-se tensões; muitas das respostas, obviamente, não traduzem o verdadeiro sentimento pelo medo da repressão que poderiam gerar, como, por exemplo, a separação de membros das famílias. Um dos resultados do questionário é a formação do batalhão 442 composto por 3.800 descendentes de japoneses incluindo habitantes do Havaí (a maioria). Os oficiais americanos colocaram esse batalhão para combater na Europa em condições piores que a de outros. Apesar disso, 21 de seus soldados recebem a medalha de bravura.

Somente em 1988, depois de uma longa batalha no Congresso, o governo norte-americano aceitou pagar 20 mil dólares a cada um dos oitenta mil em reparação aos sobreviventes dos campos como indenização pelas perdas sofridas durante a guerra. O montante total foi de 1,6 bilhão de dólares. Depois de terminada a guerra, os recém-saídos dos campos recomeçaram a vida, agora com a perspectiva de terem seus direitos preservados. O movimento de reintegração à sociedade norte-americana ocorreu rapidamente. Embora contados como uma das várias minorias no país, os descendentes de japoneses estão hoje inseridos em todos os lugares dentro da sociedade que recebeu seus ancestrais.

NA AMÉRICA LATINA

As relações dos japoneses com o México, estabelecidas já no século XVI, foram uma porta de entrada para a experiência de receber imigrantes japoneses. Houve uma tentativa de empregar japoneses em plantações de café, na província de Chiapas, no sudeste do país em 1897, mas esta não obteve sucesso. Alguns poucos trabalhadores temporários foram para a Cidade do México, enquanto outros ficaram com o intuito de reemigrar para os Estados Unidos no futuro. Durante a guerra, os japoneses residentes no México foram obrigados a se fixar na capital ou em Guadalajara, perdendo tudo o que haviam a conquistado até o momento, como ocorria com seus conterrâneos nos Estados Unidos. Em 1990 eram pouco mais de cinco mil.

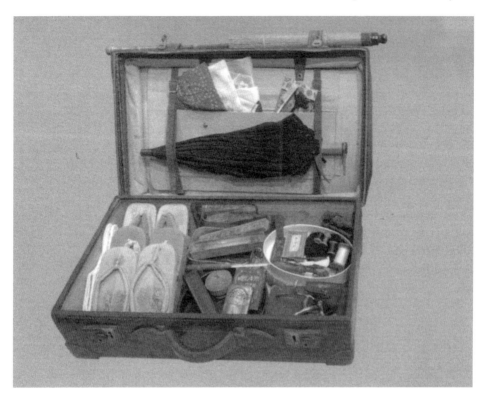

Todos os imigrantes saíam do Japão com pouca bagagem, levando somente o necessário para a nova vida.

O Peru foi o primeiro país da América Latina a manter relações diplomáticas com o Japão. A história da emigração japonesa para o Peru começou em 1899 e o contingente japonês nesse país foi o segundo maior da América Latina, depois do Brasil. Lá também, como nos Estados Unidos, os japoneses foram precedidos pelos chineses. O número total oficial de imigrantes japoneses chegou a 32 mil, deslocados entre 1899 e 1923 para trabalhar em plantações de cana-de-açúcar e algodão no interior do país. Numa segunda etapa de sua permanência, abandonaram as atividades agrícolas e se dirigiram para Lima, onde, como nos Estados Unidos, dedicam-se ao pequeno comércio.

No Peru, a expansão japonesa pela Ásia também criou um clima de animosidade contra os imigrantes, tanto que o governo peruano passou a proibir a entrada de novos imigrantes a partir de 1936. As famílias japonesas recém-chegadas a Lima passaram a ser alvo de discriminação, sofrendo saques em suas lojas e ataques pela imprensa ainda antes do início da Segunda Guerra Mundial. Com o litoral voltado para o Pacífico, o Peru entendeu a presença de japoneses em seu país durante a guerra como uma ameaça. Num acordo feito com o governo norte-americano, o Peru enviou oitocentos cidadãos para os campos de internamento nos Estados Unidos com a justificativa de estar se precavendo de possíveis atos de espionagem e como um alerta àqueles que ficaram. Dos que foram presos nos Estados Unidos, a maior parte acabou deportada para o Japão ao final da guerra.

Depois de 1945, os nipo-peruanos reconstruíram suas vidas visando à fixação definitiva no país. A sua integração é visível até na política, com a eleição em 1990 do descendente de japoneses Alberto Fujimori para a presidência da República.

Paraguai e Bolívia também receberam imigrantes japoneses, mas depois do final da Segunda Guerra Mundial. Países como a Argentina, Chile e Uruguai têm números muito pequenos.

No Paraguai, os japoneses foram responsáveis por uma "revolução" no campo agrícola com a introdução da soja a partir do início da década de1960. Nos outros países, destacaram-se na plantação de legumes, hortaliças e flores, criando nichos econômicos em torno dessas atividades. Antigamente, as barbearias e tinturarias japonesas faziam parte da paisagem urbana de Lima, Buenos Aires, Santiago. Algumas delas se modernizaram com o tempo e se transformaram em lavanderias ou salões de beleza. Outro nicho a que se dedicam hoje os descendentes de imigrantes japoneses nos diversos países da América Latina em que estão presentes são os restaurantes ou os *fast-food* de comida japonesa, como os *sushi delivery*, existentes em todas as grandes cidades.

NO BRASIL

A história da imigração japonesa no Brasil é um capítulo especial no contexto das saídas dos japoneses para o exterior a partir do período Meiji. Dentre os destinos de imigrantes, o Brasil é o principal (mais que os EUA) e o último. Aqui chegaram cerca de 250 mil japoneses, entre 1908 e o final dos anos 1970, quando então a migração diminuiu bastante. Nesse intervalo, o fluxo foi contínuo, com exceção do período entre 1942 e 1945 em razão da guerra.

Ao Brasil foram enviadas famílias inteiras, e não só os jovens do sexo masculino como na emigração para outras partes do mundo. Aqui não houve a necessidade de apelar para as *picture brides* e nem de buscar casamentos fora do grupo, pelo menos até o final da guerra.

A condição prévia para a emigração para o Brasil, até o início da Segunda Guerra Mundial, era a saída de pelo menos três pessoas aptas para o trabalho, sem que outros membros da família fora das condições previstas fossem impedidos de acompanhá-los. Assim, o equilíbrio demográfico – graças à presença de adultos, crianças e idosos de ambos os sexos – é um fator que diferencia o Brasil de todas as outras localidades que receberam japoneses. Para o Brasil, vieram ainda emigrantes de todas as partes do Japão, enquanto em outros lugares, como Estados Unidos e Peru, predominaram os de Kyushu e Okinawa. No Brasil, essa tendência se repetiu, mas províncias da ilha de Shikoku, as do norte, inclusive a recém-colonizada Hokkaido, também mandaram famílias para tentar uma nova vida no país. Podemos dizer que aqui se criou um pequeno Japão, reproduzindo a diversidade cultural e linguística existente na terra natal dos imigrantes.

Os japoneses começaram a vir para o Brasil em caráter experimental a partir de 1908 em viagens subsidiadas por fazendeiros de café. Brasil e Japão tinham um tratado de comércio assinado desde 1895 e era necessário ativá-lo com alguma atividade que fosse do interesse de ambos os países. Do lado japonês, o governo precisava aliviar a carga demográfica e, com isso, diminuir os protestos populares por melhores condições de vida e trabalho no país. Do lado brasileiro, havia o interesse de exportar café para o Japão, apesar de a bebida ser praticamente desconhecida e muito pouco apreciada entre os japoneses,[2] e de receber mão de obra para a lavoura cafeeira.

Depois que as primeiras levas mostraram que o imigrante japonês poderia ser uma alternativa aos italianos (que no começo do século xx já vinham em número reduzido) na lavoura, os japoneses vinham em fluxos mais regulares.

Quando os Estados Unidos proibiram a entrada de japoneses em 1924, o Brasil passou a ser um destino mais procurado. No início do século xx, o Brasil era completamente desconhecido dos japoneses, que mal sabiam onde se localizava o país no mapa. O governo japonês passou a incentivar a emigração subsidiando todas as viagens e divulgando em ampla propaganda a possibilidade de enriquecimento muito fácil no Brasil: local de muita terra em que as pessoas só precisam estender os braços para achar o que comer. A ação governamental surtiu efeito, atraindo especialmente japoneses que levavam uma dura vida no campo, com poucas perspectivas de melhora. A população japonesa em geral começava a sofrer as consequências negativas da Crise de 1929, do militarismo japonês que drenava recursos para a ocupação da Manchúria e da guerra com a China. Com as opções de ir para a Manchúria ou Hokkaido, muitos escolheram o Brasil, já que não era mais possível ir para os Estados Unidos. As enormes extensões das terras brasileiras ainda incultas foram o maior chamariz. Do total de imigrantes que vieram para o Brasil, dois terços vieram entre 1925 e 1942.

Nas fazendas de café

O primeiro trabalho brasileiro de grande parte das famílias japonesas foi nas fazendas de café. Cada família recebia cerca de dois mil pés de café para cuidar. Nem todos tiveram a sorte de trabalhar em fazendas com cafezais novos, com boa produtividade. A produção da família é que pagava as despesas da viagem e os gastos feitos no armazém da fazenda. O que sobrava nesse início era muito pouco, acabando com o sonho comum de enriquecer e voltar para o Japão o mais rápido possível. Antes de se defrontar com a dura realidade das fazendas, os japoneses imaginavam sua volta triunfal à aldeia natal com os bolsos cheios de dinheiro que lhes permitiria um recomeço sem problemas dali para frente. Perceberam imediatamente, entretanto, que o Brasil rural era completamente diferente da propaganda que os fizera sair de suas casas. Mesmo os que tinham experiência no campo constataram que para se dar bem, ou pelo menos sobreviver, teriam que trabalhar muito.

O que dizer dos quase 50% de imigrantes que tinham origem urbana? Trabalhar nos cafezais colhendo os frutos com as mãos, capinando, enfrentando o calor, vivendo em casas de terra de chão batido com paredes de barro e pau a pique foi uma experiência impactante. Mas não havia tempo para melancolia ou desespero, era preciso trabalhar para pagar as dívidas e, quem sabe, sair daquela situação e melhorar de vida...

Todos na família participavam. Crianças com mais de 12 anos já eram consideradas aptas ao trabalho na lavoura, sendo, portanto, "uma enxada" das três necessárias por família. Os mais idosos ajudavam nas tarefas domésticas ou no cultivo das culturas intercalares, de milho ou mandioca, por exemplo, plantados entre as fileiras de café, permitidas pelos fazendeiros. Os japoneses logo se puseram a plantar arroz perto dos cursos de água, que depois era batido em pilões manuais para o consumo familiar. Para não deixar de ter verduras e legumes na dieta, os japoneses desenvolveram pequenas hortas. A proteína vinha da carne dos porcos e do bacalhau seco comprado no armazém da fazenda e preparado na brasa, de forma a lembrar o peixe salgado japonês.

A adaptação no novo lar foi difícil para todos. A alimentação teve que ser adaptada. A língua, aprendida. Os hábitos do dia a dia, como o do banho diário, por exemplo, tiveram que ser adaptados. Para ter carne e gordura, os imigrantes se viram obrigados a passar por cima de tabus seculares ao matar porcos, o que no Japão era considerado tarefa impura, limitada aos marginalizados *burakumin*. O costume brasileiro de comer feijão salgado contrastava com o feijão doce apreciado no Japão; o arroz temperado com gordura de porco e sal estava muito longe da receita japonesa; faltavam várias verduras, legumes, peixes e algas presentes nas refeições diárias que os japoneses deixaram para trás. As mulheres tiveram que mudar a forma como gostaria de se ver, deixando também para trás o padrão de beleza de pele clara, como nas gravuras do *ukiyo-e* ou nas máscaras do teatro *nô*. O trabalho sob o sol tropical as deixava bronzeadas mesmo usando lenços para cobrir a cabeça e o pescoço.

As greves, protestos que ocorreram nas fazendas, foram válvulas de escape para as frustrações que se seguiam, sobretudo depois do primeiro ano de trabalho, quando os rendimentos se mostravam pífios e o volume de esforços estava longe dos resultados obtidos.

Com muito trabalho e muita poupança, as famílias tentavam guardar um pouco de dinheiro para, no futuro, comprar terras próprias. Algumas optaram por fugir para se desvencilhar do contrato de dois anos que as obrigava a permanecer nas fazendas.

Inovação: policultura em pequenas propriedades

A situação fundiária do estado de São Paulo, onde se concentraram as famílias japonesas, facilitou a compra de pequenos pedaços de terra por preços baixos. Em primeiro lugar nas chamadas "bocas do sertão paulista", zonas ainda pioneiras cujo desbravamento começou no final da década de 1910. O sucesso do café no país foi o grande responsável pela abertura de novas terras para seu cultivo; para o seu escoamento, o governo de São Paulo promoveu a ampliação dos caminhos de ferro. As ferrovias cortaram terras virgens e, junto às estações dos trens, foram fundados pequenos núcleos urbanos que, mais tarde, se transformaram em cidades. As terras da boca do sertão tinham de início um preço muito baixo, porque ainda estavam cobertas de mata e eram habitadas por indígenas. Assim, havia disponibilidade de terras baratas a quem se dispusesse a enfrentar a aventura de explorá-las. No final da década de 1920, quando a crise da bolsa de Nova York provocou uma baixa extraordinária nos preços do café no mercado internacional, donos de terras de São Paulo foram obrigados a dividir suas propriedades para vendê-la em partes ou para arrendamento ou meação.

Nos dois momentos em que houve uma mudança significativa na questão de terras no estado de São Paulo, os japoneses aproveitaram para adquiri-las, encontrando uma saída para se tornarem agricultores independentes.

A agricultura independente iniciou uma segunda etapa na vida dos imigrantes. A maior parte deles viveu essa fase no final dos anos 1920 e início dos 1930. Enfrentaram muitas dificuldades para "domar" as terras novas. Primeiramente, cortaram árvores, queimaram o restante, construíram abrigos com troncos. A grande diferença com a etapa anterior foi o fato de ter que "começar do zero", já que, nas fazendas de café, pelo menos havia uma infraestrutura previamente preparada para receber trabalhadores. As terras recém-ocupadas estavam recebendo pioneiros.

Estes se deslocaram em várias direções a partir do núcleo de maior produção do café, que na época era a região Mogiana, ao redor de Ribeirão Preto. De lá, dirigiram-se para as terras ao longo da estrada de ferro Noroeste, que saia de Bauru em direção ao atual estado do Mato Grosso do Sul até a fronteira com a Bolívia. Outro foco de distribuição de pessoas foram as estradas de ferro Sorocabana e Paulista.

As primeiras áreas "limpas" começaram a ser exploradas com plantações de subsistência e, depois, para fins comerciais. Sujeitos aos riscos de doenças tropicais, como a malária e a leishmaniose ("ferida brava"), as famílias japonesas lutaram para conseguir sobreviver com todas as esperanças depositadas no resultado das primeiras colheitas. No início, não podiam contar com a existência de vendas ou tratamento médico nas proximidades. Os caminhos até as cidades mais próximas eram picadas no meio do mato. Assim, os primeiros anos dos pioneiros foram de muita luta e trabalho sacrificado. As muitas memórias escritas sobre o período registram os dramas daqueles tempos. Há relatos de inúmeras mortes por doença, acidentes de trabalho, alimentação diária improvisada (como recorrer ao mamão verde para fazer conservas à moda japonesa) e o uso de folhas de plantas nativas para cozinhar ou para tratamento.

Depois de alguns anos, o quadro de ocupação das novas áreas estendeu-se para além do estado de São Paulo, espalhando-se pelo Triângulo Mineiro e o sul de Mato Grosso do Sul em direção a Campo Grande e norte do Paraná. Famílias japonesas também foram para a região do litoral sul paulista, partindo de Santos em direção ao vale do Ribeira.

Nem todos os terrenos mostraram-se férteis e as dificuldades sem conta fizeram com que muitos abandonassem as terras à procura de novas. Quem não conseguia obter ganhos suficientes, e sempre pensando no bem-estar da família, enfrentava um novo desafio. A mobilidade espacial dos japoneses no Brasil é uma constante em toda a história desse grupo imigrante.

O resultado dessa fase pode ser avaliado pela mudança no perfil da produção agrícola da época, sobretudo em São Paulo. Os imigrantes japoneses colocaram no mercado novos produtos cultivados em escala comercial, destacando-se o algodão. O "ouro branco" espalhou-se rapidamente por ser de cultivo mais fácil e rápido que o café. Em pouco tempo foi possível colher e vender algodão, alimentando com matéria-prima as indústrias têxteis paulistas. Outros produtos, como arroz, batata, chá e banana, destacaram-se entre os que, vindos das terras cultivadas pelos japoneses, passaram a ser vendidos nos mercados.

Dos anos 1930 em diante, os japoneses começaram a ganhar visibilidade pública por sua produção agrícola favorecida pelas condições daquele momento histórico. Com a mudança na estrutura fundiária e o aparecimento de médias e pequenas propriedades,

Os japoneses introduzem novos itens na mesa dos brasileiros, trazendo diferentes sabores e cores para as nossas refeições.

quebrou-se o quase monopólio do café em São Paulo em favor da policultura para fins comerciais. O crescimento urbano da capital e de cidades médias no interior paulista incrementou a formação dos cinturões verdes que, desde a década de 1930, as abastecem com legumes, verduras e frutas. Logo se passou a falar na existência de uma "vocação agrícola" dos japoneses, reforçada com a organização das cooperativas agrícolas, que, desde 1912, chamavam a atenção por sua forma de entender a agricultura como um sistema que engloba desde a produção até a comercialização. Com as cooperativas, outros itens passaram a ser colocados nos mercados, como produtos avícolas – carne de frango e ovos –, uma maior variedade de verduras, frutas e legumes e também flores. Eles substituíram a produção doméstica, pois antes galinhas e verduras dividiam o espaço dos quintais das casas mesmo nas cidades.

Outra inovação implementada pelos imigrantes japoneses e seus descendentes no Brasil foram as "colônias dirigidas". Elas eram planejadas ainda no Japão para facilitar o envio de colonos-proprietários para cá. No Japão, os interessados compravam lotes de terra brasileira (que haviam sido comprados do Brasil pelo governo japonês) e se dirigiram para os locais em que a propaganda do governo dizia estar tudo preparado para recebê-los.

Não aconteceu exatamente assim, conforme nos contam as memórias de quem foi para a colônia de Bastos ou do vale do Ribeira, por exemplo; a infraestrutura era precária e muito teve que ser feito para torná-la adequada.

Entretanto, em poucos anos, essas colônias já tinham uma infraestrutura que destoava da das outras propriedades vizinhas nas mesmas regiões onde se localizavam. Com dinheiro próprio trazido do Japão, os japoneses montavam estações experimentais para o teste de sementes, escolas agrícolas para formar os jovens, armazéns locais adequados, estrutura de estradas internas e até armazéns no porto de Santos. Todo o algodão e o arroz eram beneficiados na própria colônia, prontos para a comercialização. Os primeiros casulos de bicho-da-seda do Brasil saíram das colônias planejadas japonesas diretamente para o Japão; apesar da distância e dos custos, os japoneses no Brasil também contribuíram para o desenvolvimento das indústrias do seu país de origem. No Brasil, o algodão produzido pelos japoneses era vendido para indústrias têxteis como Matarazzo e Crespi.

Perigo amarelo?

Se pensada no seu conjunto, a política de emigração japonesa seguia uma lógica que em alguns pontos se assemelha ao movimento japonês de expansão pela Ásia. Com a experiência de discriminação no Havaí e nos Estados Unidos e tendo observado os problemas vividos pelos chineses imigrantes no Peru, o Japão resolveu desenvolver

Na década de 1930, os japoneses eram vistos como um perigo à nação brasileira. Na foto, capa do livro *A ofensiva japonesa no Brasil*.

formas de proteger seus emigrantes. Em 1896, a Câmara dos Deputados do Japão aprovou a Lei de Proteção aos Emigrantes, que incentivava a emigração oficial e oferecia aos emigrantes uma legislação que os amparava e os defendia.

A Lei de Emigração teve pouco tempo de validade para que pudesse realmente ser colocada em prática nos Estados Unidos, que logo colocaram entraves à emigração dos asiáticos, mas para o Brasil essa lei, entre outras ações do governo japonês, foi importante e fez diferença.

Com relação ao Brasil, o Japão fez realmente algum esforço para amparar seus emigrantes com a organização de companhias de emigração que se incumbiam de todo o processo, desde a propaganda até a chegada ao destino final, as fazendas.

Obviamente a propaganda governamental lançava mão de truques para dar um colorido mais brilhante aos locais para os quais os emigrantes se destinavam. Conseguia convencer lavradores pobres a deixar sua terra para enriquecer rapidamente no Brasil.

Organizadas, as companhias de emigração dispunham de todo o aparato necessário, como navios contratados para o transporte, instalações no porto de Kobe para hospedar os viajantes e providenciar a inspeção sanitária, sem a qual não se podia prosseguir viagem. As companhias também proporcionavam alguns cursos de preparação. Porém, o mais importante para viabilizar a migração foram os subsídios para a viagem. O governo japonês bancava a longa jornada para o Brasil, que durava cerca de quarenta dias, através dos oceanos Pacífico, Índico e Atlântico, passando pela costa africana, pelo Cabo da Boa Esperança e finalmente terminava no porto de Santos.

O sucesso dos japoneses, especialmente nas colônias dirigidas, chamou atenção. Na década de 1930, alguns políticos brasileiros alertaram o governo para "o perigo que o Brasil corria" com a presença desses imigrantes. A preocupação maior era se o Japão tinha planos de introduzir no Brasil esquemas semelhantes aos da Coreia e Manchúria. A rede criada pelo governo japonês no Brasil, com o estabelecimento de instituições de apoio, educação e saúde, de fato provocou receio na elite política brasileira. Diante disso, e movida por preconceitos vários, a Constituição brasileira de 1934 restringiu a entrada livre de japoneses, estabelecendo cotas para novos ingressos.

A intenção de voltar para o Japão era o primeiro sonho de todos os pais e mães que haviam emigrado. Por isso, preocupavam-se em ensinar a língua japonesa, mesmo que com professores improvisados. Para dar o apoio necessário à educação, o governo japonês providenciava livros didáticos e enviava professores, alguns dos quais se tornaram bilíngues depois de estudar em escolas normais brasileiras para poder exercer melhor a sua função. A coisa que mais chamava a atenção das autoridades brasileiras eram as aulas de educação moral e cívica idênticas às ensinadas aos jovens no Japão, com ênfase no nacionalismo e no militarismo.

Outra rede apoiada pelo governo japonês, através de seus consulados, era a da saúde. Doenças tropicais, desconhecidas dos japoneses, foram responsáveis por inúmeras mortes por falta de informação. Para orientar sobre causas, sintomas e tratamento foram escritos livretos e organizadas caravanas de médicos para cuidar dos doentes e distribuir caixas de medicamentos para as associações. Foi erguido um hospital em São Paulo, inaugurado em 1939, e um sanatório para tuberculosos em Campos do Jordão.

Apesar de algumas leis restritivas no Brasil, se comparado aos Estados Unidos ou ao Peru, as demonstrações de discriminação foram mais tênues. A política de nacionalização do governo Vargas no período do Estado Novo limitou as atividades dos japoneses, como o ensino da língua e a publicação em língua japonesa, que na época somavam 33 de circulação regular, dos quais 4 eram jornais semanais. Com a declaração de guerra ao Japão em 1942, alguns direitos dos japoneses e descendentes que aqui viviam foram cerceados. Houve prisões, necessidade de salvo-condutos para se locomover, proibição do uso da língua japonesa, mas não houve nenhuma medida drástica que envolvesse toda a coletividade. Tudo voltou ao normal com o fim da guerra.

Associações

Até o início da Segunda Guerra Mundial, os japoneses no Brasil conseguiram se organizar criando redes de sociabilidade através de associações. Elas se espalharam por onde houvesse núcleos de famílias japonesas. Nelas estavam as escolas, as ligas esportivas e os espaços de lazer. As escolas de língua japonesa seguiam o currículo japonês, pois o sonho do retorno ainda estava na meta de muitos chefes de família. As crianças e os jovens seguiam também o currículo brasileiro dedicando-se aos estudos o dia todo.

As ligas esportivas se formaram por regiões, Alta Paulista, Noroeste, por exemplo, em torno de modalidades como o beisebol, o atletismo, o sumô. São esportes que não necessitam de equipamentos sofisticados e as dependências podiam ser facilmente improvisadas. Os tacos de beisebol, por exemplo, eram confeccionados pelos próprios associados.

As mulheres tinham seu lugar nas associações com o setor feminino, que, entre outras atividades, se encarregava dos lanches e refeições das festas e dos eventos esportivos. Os jovens reuniam-se nas associações juvenis. Mais tarde, formaram-se também as de idosos.

Dizia-se no passado que bastava reunir dois japoneses para se ter uma escola e uma associação. O associativismo entre os imigrantes japoneses é sinônimo de esporte, trabalho coletivo, lazer e, por que não, disputas, fofocas...

Todas eram setores das associações japonesas de cada cidade. Elas copiavam o modelo japonês de hierarquia, dando a direção aos mais velhos e aos moradores mais antigos. A associação era o espaço da socialização e da confraternização, lugar onde as famílias se encontravam depois do trabalho em suas terras. Havia confraternização também entre as cidades e as regiões. Campeonatos de beisebol ou de atletismo, por exemplo, começavam nas seletivas por cidade e depois por região, até os campeonatos nacionais. Havia também concursos de oratória em japonês, de canto e dança, que mobilizavam toda a comunidade.

 Os encontros promovidos eram oportunidades de fazer amigos, trocar ideias, de sentir orgulho de fazer parte do lugar que era o novo lar da família. Eram também uma forma de conhecer outros japoneses com quem estabelecer laços, arrumar casamentos, fazer negócio.

As sedes e as escolas de língua japonesa eram construídas pelo sistema de mutirão. O pagamento dos professores das escolas era dividido entre os pais. Quando tinham recursos, os imigrantes construíam também pistas de atletismo ou campos de beisebol. Nas sedes eram comemorados os aniversários do imperador, o Ano-Novo, a homenagem aos finados, realizavam-se as festas de casamento e os velórios.

As associações japonesas foram os centros de referência para todas as comunidades japonesas no Brasil e continuam a ser até hoje. Nas cidades e até em bairros onde há alguma concentração dessas famílias, há associações de cunho esportivo e escola de língua japonesa.

O pós-guerra e os *niseis*

A derrota do Japão na guerra mudou os rumos dos emigrantes e de seus descendentes, os *niseis*. O sonho do retorno foi enterrado com a rendição. As reações pela derrota foram diferentes. Uns tiveram a iniciativa de ajudar os parentes e conhecidos enviando alimentos e remédios através da Cruz Vermelha. Outros resistiram à ideia da derrota. Alguns dos que se alinhavam com nacionalistas japoneses criaram grupos, organizando perseguições e assassinando os que aceitaram os fatos da derrota. Um desses movimentos foi a Shindo Remmei. A maior parte decidiu que ficaria no Brasil, e, para isso, era preciso continuar trabalhando e estudando.

Após a guerra, o Brasil continuou a receber imigrantes japoneses. O novo contingente era pequeno, e o perfil, diferente do período anterior. Eram jovens, com média de idade de 25 anos, do sexo masculino, na maioria solteiros com qualificação profissional obtida nas escolas técnicas ou nas faculdades. A falta de empregos estáveis

O café do cerrado brasileiro. Os japoneses investiram muito dinheiro e energia humana no projeto que mudou a paisagem de parte do território do Brasil, que antes era de "terra que não presta".

À esquerda, o "pastel de feira" que todos conhecemos. Esse foi um dos meios dos pais japoneses colocarem os filhos nas universidades. À direita, o *little Brazil* em Hamamatsu (no Japão), cidade que concentra um enorme contingente de brasileiros.

no Japão os atraiu para os *open spaces* da América Latina, especialmente para o Brasil pela facilidade criada com a presença de conterrâneos vivendo no país. A propaganda funcionou novamente, mas, dessa vez, os jovens viajavam com o intuito de ficar. Eram contratados para trabalhar em indústrias que o Japão começava a abrir no Brasil tanto no setor privado como no das indústrias de base, como na indústria siderúrgica (Usiminas/MG) e construção naval (Ishibrás/RJ). Os agricultores se encaixavam no mesmo perfil dos que foram para o Paraguai e Bolívia na mesma época: iam com o objetivo de colonizar terras até então pouco exploradas. No Brasil, dirigiam-se para o Centro-Oeste e a Amazônia abrindo novas fronteiras agrícolas.

Na década de 1970, os japoneses e seus descendentes começaram a explorar o cerrado num projeto conjunto com o governo brasileiro, estendendo as áreas cultiváveis do país. Produziram maçãs e peras no sul do Brasil, frutas tropicais para a exportação

Festa junina japonesa? A integração dos descendentes é evidente nos dias de hoje.

no Nordeste, desenvolveram a cultura da juta e da pimenta-do-reino na Amazônia, continuando a reforçar a "vocação" agrícola dos seus antecessores de antes da guerra.

Como nos outros países que receberam imigrantes japoneses, no Brasil de hoje os descendentes estão integrados à sociedade brasileira, participando de atividades em todos os setores da vida nacional, até no futebol.

Depois da guerra, o movimento de urbanização dos imigrantes e da geração dos descendentes, os *niseis*, foi bastante acentuado. Mais de metade das famílias "deixou o sítio" e se dirigiu para as cidades, a maior parte para a capital de São Paulo ou para cidades de porte médio do estado de São Paulo. Procuravam melhorar seu padrão de vida e, principalmente, oferecer estudo para os filhos.

Nas cidades, inicialmente, exerceram profissões que exigiam pouco capital, que não necessitasse muito conhecimento da língua portuguesa (pois eram raros os que a falavam fluentemente) e que pudessem contar com o trabalho dos familiares (para não ter que pagar empregados). Tornaram-se donos de tinturarias, quitandas, mercearias, barbearias ou barracas de feira.

Para a maioria, os esforços tiveram retorno: os filhos e netos abandonaram as profissões dos pais e avós e começaram a ascender socialmente, frequentando cursos superiores – Medicina e Engenharia são ainda hoje os que têm mais *status* entre os japoneses – e passando a atuar nos mais diversos ramos.

Desde meados da década de 1980, brasileiros descendentes de japoneses têm migrado para o Japão para trabalhar, criando uma comunidade brasileira que atinge cerca de trezentos mil no início do século XXI. Junto com os peruanos, formam o grupo de latino-americanos reconhecidos pelo termo *dekasegui*. Quase todos trabalham em indústrias. A tendência é de famílias migrarem e muitos permanecerem no Japão. Há até mesmo nichos de concentração desses brasileiros, *"little Brazil"*, em algumas províncias no Japão.

NOTAS

[1] Algumas fontes confiáveis de informações sobre a emigração de japoneses: o site <www.discovernikkei.org>; a Encyclopedia of Japanese Descendants in the Americas: an illustrated history of the nikkei, de Akemi Kikumura-Yano, ed. Walnut Creek, AltaMira, 2002; Banco Interamericano de Desarrollo, cuando Oriente llegó a América: contribuciones de inmigrantes chinos, japoneses y coreanos, Washington, 2004.

[2] Algumas poucas lojas foram abertas em Tóquio para a venda de café.

TIPICAMENTE JAPONÊS?

Como definir o que é tipicamente japonês? Ou o que no Japão recebeu influências estrangeiras, mas ainda assim parece ser "muito japonês"? Alguns aspectos especialmente pinçados do universo desse povo nos contam um pouco sobre a dinâmica da cultura e ajudam a entender quem são os japoneses. São eles a língua, os regionalismos e o associativismo.

LÍNGUA

A língua japonesa é fascinante. Aos que não nasceram ouvindo seus sons, ela se apresenta difícil e misteriosa. Entretanto, revela-se riquíssima aos que se aventuram na epopeia que é o seu aprendizado: por trás das palavras, formas de ver o mundo, maneiras de se comunicar, especificidades e universalidades.

A língua é um dos principais elementos da identidade nacional japonesa. À primeira vista, a sua forma escrita, composta basicamente de ideogramas, parece ser a mesma da chinesa. No entanto, o japonês não é igual ao chinês nem na leitura, nem no som das palavras ou na entonação das frases. Apenas os conceitos dos ideogramas japoneses são semelhantes aos dos chineses. Toda a estrutura da escrita japonesa teve inspiração na China, mas foi moldada por modificações significativas conforme se desenvolveu no Japão. Assim, a menos que um tenha estudado a língua do outro, um chinês não entende o que o japonês fala, e vice-versa.

Além dos ideogramas (*kanji*), a língua japonesa possui dois alfabetos fonéticos, o *hiragana* e o *katakana*. E é possível "traduzir" os ideogramas para a linguagem fonética. Esses dois alfabetos têm 48 letras cada um. As crianças aprendem os dois na escola. O *hiragana* é a tradução fonética dos *kanji*. O *katakana* só é utilizado para palavras de origem estrangeira. Esse alfabeto é encontrado com cada vez mais frequência na escrita e leitura cotidiana dos japoneses, em jornais, revistas e letreiros de todo o país, apontando para a tendência de incorporar palavras estrangeiras na língua japonesa.

Originalmente, os alfabetos estavam voltados para as mulheres, que, sem muito acesso aos estudos, podiam escrever de forma mais simples imitando os sons das palavras com letras que reproduzem sons simples ou sílabas. Já os homens, com maior educação formal, escreviam em ideogramas (ou em *katakana* para as palavras de origem estrangeira). Hoje todos podem usar tudo.

Como tantas outras, o japonês é uma língua viva e atual. Muda com o tempo, com os usos. Ganha novas palavras e formas de expressão enquanto outras caem no esquecimento. Depois da Segunda Guerra Mundial, por exemplo, a língua incorporou vocábulos estrangeiros, principalmente do inglês, ou para acrescentar palavras antes não existentes, como "computador" (pronunciado *compiutaa*, do inglês *computer*), ou mesmo para substituir o vocábulo japonês pelo inglês. O mais impressionante foi a substituição da palavra *gohan* (que quer dizer "arroz cozido") pela palavra *raissu* (de *rice*, que é "arroz" em inglês) no uso cotidiano. Essa substituição desagradou os mais conservadores pelo lugar de destaque que o arroz tem na cultura japonesa, tanto que os japoneses têm palavras diferentes para se referir ao arroz cru e ao cozido.[1] Assim como ocorreu com *gohan*, centenas de outras palavras do japonês falado antigamente estão sendo substituídas por outras baseadas em vocábulos estrangeiros. Não se costuma mais falar *kaban* ("mala", em português), mas *baggu*, palavra baseada em *bag* do inglês. "Mesa" em japonês atual é *teiburu*, palavra que vem de *table* ("mesa", em inglês). "Ônibus" é *bassu*, de *bus*. "Impressão" é *porinto*, de *print*. "Enquete" é *anketto*, por conta da palavra francesa *enquête*. Por outro lado, os japoneses inventaram palavras próprias para novidades modernas que já tinham nome em outros países, como o metrô, que no Japão é chamado de *tikatetsu*.

A incorporação de elementos estrangeiros na língua japonesa não se restringe ao período posterior ao fim da Segunda Guerra Mundial. No passado, palavras estrangeiras constantemente enriqueceram a língua, a começar por vocábulos originalmente chineses ou coreanos.

O budismo trouxe consigo várias palavras de textos sagrados traduzidos do chinês. A linguagem dos sutras, entretanto, ficou por muito tempo restrita a uns poucos japoneses que iam estudar na China ou Coreia a partir do século VI. Esse grupo tornou-se uma elite letrada, distanciada do povo das aldeias, mas próxima da corte em Nara e em Kyoto. O domínio da escrita permitiu aos mosteiros budistas terem uma grande influência no curso da história japonesa. Com o tempo, todos os burocratas, começando pelos funcionários ligados à corte e se estendendo pelas instâncias inferiores até chegar aos chefes de aldeia do período Tokugawa, tinham acesso à escrita, diferenciando-se do restante da população. Registros e contabilidades lhes permitiam administrar a economia e controlar os súditos com maior facilidade.

HIRAGANA

ん	わ	ら	や	ま	は	な	た	さ	か	あ
	り			み	ひ	に	ち	し	き	い
		る	ゆ	む	ふ	ぬ	つ	す	く	う
		れ		め	へ	ね	て	せ	け	え
	を	ろ	よ	も	ほ	の	と	そ	こ	お

KATAKANA

ン	ワ	ラ	ヤ	マ	ハ	ナ	タ	サ	カ	ア
	リ			ミ	ヒ	ニ	チ	シ	キ	イ
		ル	ユ	ム	フ	ヌ	ツ	ス	ク	ウ
		レ		メ	ヘ	ネ	テ	セ	ケ	エ
	ヲ	ロ	ヨ	モ	ホ	ノ	ト	ソ	コ	オ

Os alfabetos *hiragana* e *katakana* têm o mesmo número de letras. Na primeira coluna da direita, de cima para baixo, se lê: a, i, u, e, o. Na coluna seguinte é ka, ki, ku, ke, ko. Depois sa, shi, su, se, so. E assim por diante. Existe uma "lógica" fonética nesses alfabetos. É só não se assustar e tentar entendê-los. Quando as crianças estão se alfabetizando, costuma-se "traduzir" os ideogramas para a linguagem fonética do *hiragana*. Ao lado dos *kanji* são colocadas as letras que correspondem ao som da palavra. É um truque para facilitar a leitura.

Cardápios como o da foto são muito comuns e mostram a fusão do Oriente com o Ocidente. O *cake set,* anunciado na parte de cima, combina o bolo com alguma bebida. Abaixo, os vários sanduíches, as pastas (macarrão ocidental), o *curry.* Na mesa, as réplicas dos pratos, ao centro, um "prato japonês": hambúrguer, arroz à moda japonesa e o *missoshiro* (sopa de pasta de soja).

Nessa época, a população camponesa não sabia escrever e a sua linguagem cotidiana era totalmente diferente da língua culta. Somente a partir da era Meiji é que a escrita se disseminou entre as massas graças à educação obrigatória.

Na língua japonesa, um vocábulo é composto de mais de um ideograma, há combinações de sons chineses com sons japoneses, ou um mesmo ideograma pode ter duas leituras. Por exemplo, "água" é *mizu* em japonês, mas o mesmo *kanji* pode ser lido como *sui* (som chinês), que também significa "água"; o *kanji* para a palavra "novo" pode ser lido como *atarashii* (som japonês) ou como *shin* (som chinês). As duas leituras são usadas na língua japonesa.

As primeiras obras literárias japonesas escritas são exemplos da combinação das línguas descritas: tanto os *Registros de assuntos antigos* como as *Crônicas do Japão*, ambos do século VIII, relatam a história mitológica do Japão até aquele momento, mas o primeiro usa foneticamente os caracteres chineses para dar a pronúncia em japonês, enquanto o segundo usa estritamente caracteres chineses. Na evolução natural da língua, a presença chinesa permanece.

No período em que os portugueses e espanhóis ficaram no Japão, no século XVI, incorporaram-se palavras como *igirisu* (inglês), *pan* (pão), *shabon* (sabão), *tabako* (tabaco), *koppu* (copo), *botan* (botão).

Interlocutores

Os modos de tratamento entre dois interlocutores são muito rígidos na língua japonesa. A hierarquia que sempre predominou nas relações sociais reflete-se também na linguagem, mesmo hoje, no mundo globalizado. São resquícios do passado feudal, quando os diferentes segmentos da sociedade possuíam formas diferentes de usar a língua com vocabulário que nem sempre era comum a todos. Os membros das cortes imperiais e xoguns, samurais, comerciantes e burocratas tinham formas distintas de se comunicar. Os membros da família imperial, até o final da Segunda Guerra Mundial, usavam entre si uma língua japonesa particular, praticamente incompreensível para as outras pessoas.

Existe diferença de tratamento entre homens e mulheres, entre pai e filho, entre filho e mãe, entre jovens e idosos, chefes e subordinados, professores e alunos, e assim por diante. Há algumas palavras que são específicas de cada grupo e o seu uso indica intimidade e semelhança. Por outro lado, existem palavras que as mulheres nunca usam, porque fazem parte do vocabulário estritamente masculino.

Um exemplo das nuances da língua japonesa é o uso do "eu". Para se referir à própria pessoa, os japoneses usam o "eu" de acordo com o interlocutor: *watashi* é o

Os japoneses se cumprimentam abaixando a cabeça e curvando o corpo para frente. Quanto mais se curvam, maior o grau de respeito que demonstram ao outro. Nas situações do dia a dia, basta baixar um pouco a cabeça.

termo mais usual e neutro, mas os homens em muitas situações informais usam *boku* ou *ore*, expressões que não podem ser usadas pelas mulheres em nenhum caso. Entre as mulheres, tratar a outra ("você") de *anta* é usual, mas, em situações que exigem mais formalidade, elas usam *anata* ou, ainda mais formal, falam o sobrenome da pessoa, homem ou mulher, acrescido de *san*. Os homens, conversando entre si (entre iguais) ou se dirigindo a alguém hierarquicamente inferior, costumam usar o *omae*, outra palavra "proibida" às mulheres.

Os sufixos e prefixos utilizados na língua japonesa denotam também o grau de intimidade ou de reconhecimento de posição superior. Do mesmo modo, o quanto um japonês se curva para cumprimentar a outra pessoa diz sobre o tanto de reverência, respeito, que ele tem pelo outro. Na linguagem falada ou escrita, usa-se o prefixo *o* (para coisas) para dar formalidade à fala.[2] *San, kun, sensei, sama* são sufixos (usados

patrulhar v.i. junkai 〈巡回〉 suru. — v.t. junshi 〈巡視〉 suru, patorōru 〈パトロール〉 suru.
patuscada f. 1 enkai 〈宴会〉, en'yū 〈宴遊〉. 2 asobi 〈遊び〉.
pau m. 1 zaimoku 〈材木〉, ki 〈木〉 (tábua). 2 bō 〈棒〉, bōkire 〈棒切れ〉 (haste, vareta). 3 taibatsu 〈体罰〉 (castigo corporal). 4 sao 〈竿〉 (vara). 5 B. fu·gōkaku 〈不合格〉 (reprovação). 6 kuruzeiro 〈クルゼイロ〉 (dinheiro). 7 kurōbā 〈クローバー〉 (de baralhos). — a. 1 Fam. taikutsu 〈退屈〉 na, omoshiroku·nai (maçante). 2 yakkai 〈厄介〉 na (embaraçoso). abrir nos ~s, B. nigeru 〈逃げる〉. a dar com ~, taryō 〈多量〉 ni. assentar o ~ em = meter o ~ em. dar por ~s e por pedras, are·kuruu 〈荒れ狂う〉. jogar com ~ de dois bicos, nimai·jita 〈二枚舌〉 o tsukau 〈使う〉. levar ~, B. shiken 〈試験〉 ni ochiru 〈落ちる〉. meter o ~ em ..., 1 ... o naguru 〈殴る〉 (espancar). 2 B. ... o waruku 〈悪く〉 iu 〈言う〉, hinan 〈非難〉 suru (falar mal de). 3 ... o fu·gōkaku ni suru (reprovar). 4 ... o rōhi 〈浪費〉 suru (esbanjar). mostrar a ... com quantos ~s se faz uma canoa, ... ni sekkyō 〈説教〉 o suru, ... o imashimeru 〈戒める〉. ~ pobre, higuchi 〈火口〉, tsuke·gi 〈付け木〉. pegar no ~ furado, B. 1 heieki 〈兵役〉 ni tora·reru 〈取られる〉. 2 sensō 〈戦争〉 ni iku 〈行く〉. ser ~ para toda a obra, arayuru koto ni yaku 〈役〉 ni tatsu 〈立つ〉. sujeito ~, urusai yatsu, iya 〈嫌〉 na yatsu. É (fica) ~ fazer isso! Sonna koto o suru to mittomonai!
paul m. numachi 〈沼地〉, shitchi 〈湿地〉.
paulada f. bō 〈棒〉 de utsu 〈打つ〉 koto.
paulatino a. 1 noroi, osoi 〈遅い〉. 2 yuruyaka 〈緩やか〉 na, jojo 〈徐々〉 no (feito aos poucos).
paulista a. 1 San·pauro·shū 〈サンパウロ州〉 no (ni kan·suru 〈関する〉). 2 Fig. gōjō 〈強情〉 na (teimoso). 3 B. RS. utagai·bukai 〈疑い深い〉 (desconfiado). — m., f. San·pauro·shū no hito 〈人〉.
paupérrimo a. kiwamete 〈極めて〉 mazushii 〈貧しい〉, binbō 〈貧乏〉 na.
pausa f. 1 kyūshi 〈休止〉, chūshi 〈中止〉, teishi 〈停止〉 (interrupção temporária). 2 noro·sa (lentidão). 3 ki 〈木〉 no hari 〈梁〉 no kankaku 〈間隔〉 (intervalo entre as vigas). 4 jōro no kuchi 〈口〉 (peça dos regadores). 5 Mús. kyūfu 〈休符〉. caminhar com ~, yasumi·yasumi 〈休み休み〉 aruku 〈歩く〉. fazer uma ~, naka·yasumi 〈中休み〉 o suru. ~ cômica, Teat. ai·kyōgen 〈間狂言〉.
pausado a. yuruyaka 〈緩やか〉 na, osoi 〈遅い〉 chōshi 〈調子〉 no, ma 〈間〉 o totta 〈取った〉.
pauta f. 1 keisen 〈けい線〉. 2 shitajiki·yō·keisen·shi 〈下敷き用けい線紙〉. 3 Mús. fuhyō 〈譜表〉. 4 hyō 〈表〉, ichiran·hyō 〈一覧表〉 (lista, relação). 5 nittei 〈日程〉 (ordem do dia). 6 kanzei·hyō 〈関税表〉 (tarifa aduaneira). 7 Com. sō·ba·hyō 〈相場表〉 (lista das cotações fixadas nas bolsas). O assunto em ~ hoje é .... Kyō 〈今日〉

no gidai 〈議題〉 wa ... desu. Isso não figura na ~ das exportações dos EUA. Sore wa Amerika 〈アメリカ〉 no yushutsu·kōmoku 〈輸出項目〉 ni notte·i·nai 〈載っていない〉.
pautado a. keisen 〈けい線〉 no haitta 〈入った〉. papel ~, keishi 〈けい紙〉.
pautar v.t. ... ni keisen 〈けい線〉 o hiku 〈引く〉.
pavana f. pavānu 〈パヴァーヌ〉, kujaku·mai 〈くじゃく舞〉.
pavão m. Ornit. kujaku.
pavilhão m. 1 azumaya 〈あずま屋〉 (quiosque). 2 barakku 〈バラック〉, tento·bari 〈テント張り〉 no yatai 〈屋台〉 (tenda). 3 hanare·ya 〈離れ家〉, bekkan 〈別館〉 (construção isolada). 4 rinji·tenji·jō 〈臨時展示場〉 (edifício provisório para exposição, etc.). 5 Rel. seiden 〈聖殿〉 no maku 〈幕〉. 6 Anat. gaiji 〈外耳〉, jikaku 〈耳殻〉 (~ da orelha). ~ de exposição, pabirion 〈パビリオン〉, tenji·kan 〈展示館〉.
pavimentar v.t. 1 hosō 〈舗装〉 suru (ruas, estradas). 2 haru 〈張る〉. ~ o chão com ladrilhos, tairu 〈タイル〉 de yuka 〈床〉 o haru, yuka ni tairu o haru.
pavimento m. 1 yuka 〈床〉 (revestimento do chão, dentro de uma construção). 2 hosō 〈舗装〉 (de ruas e rodovias). 3 tatemono 〈建物〉 no kai 〈階〉 (andar de edifício).
pavio m. 1 tōshin 〈灯心〉, shin 〈芯〉. 2 rōsoku. de fio a ~, hajime 〈始め〉 kara owari 〈終わり〉 made, sukkari.
pavonear v.i. [kujaku no yō·ni] sondai 〈尊大〉 ni aruku 〈歩く〉. — v.t. 1 mie 〈見え〉 o haru 〈張る〉. 2 kirabiyaka·ni kazari·tateru 〈飾り立てる〉. — v.p. jiman 〈自慢〉 suru, ibaru 〈威張る〉.
pavor m. zotto suru yō·na odoroki 〈驚き〉, kyōfu 〈恐怖〉, osore 〈恐れ〉. ter um grande ~ de, ... o hidoku osoreru. viver com ~ das doenças, itsu·mo byōki 〈病気〉 o osorete·iru. // **pavoroso** a. osoroshii 〈恐ろしい〉, monosugoi 〈物すごい〉, zotto suru yō·na.
paz f. 1 heiwa 〈平和〉, heian 〈平安〉 (ausência de guerra). 2 chian 〈治安〉 (segurança). 3 heion 〈平穏〉, seion 〈静穏〉 (tranqüilidade). 4 nakanaori 〈仲直り〉, wakai 〈和解〉 (restabelecimento das relações amigáveis). 5 kōwa 〈講和〉 [jōyaku 〈条約〉] (tratado de paz). 6 shizuke·sa 〈静けさ〉, ochitsuki 〈落ち着き〉 (silêncio, sossego). deixar alguém em ~, ... o sotto shite·oku. em ~, yasuraka 〈安らか〉 ni, heion·ni. fazer as ~es com ..., to wakai suru. estar em ~ com a consciência, 1 ryōshin 〈良心〉 ni togameru koto ga nai. 2 kōmei·seidai 〈公明正大〉 de aru. juiz de ~, chian·hanji 〈治安判事〉. ~ de alma, anshin 〈安心〉. viver em ~ com, ... to naka·yoku 〈仲よく〉 kurasu 〈暮らす〉. tempo de ~, heiji 〈平時〉, nai·ji jidai 〈時代〉.
pé m. 1 ashi 〈足〉. 2 ashidai 〈脚台〉, dodai 〈土台〉 (de mesa, etc.). 3 nemoto 〈根元〉 (pedún-

---

Página de um dicionário português-japonês romanizado. "Paz" é *heiwa* ou *heian*, sons grafados no alfabeto romano que correspondem aos dos ideogramas entre parênteses.

para pessoas) que também apontam a posição hierárquica do interlocutor. *Sama* é o mais formal, usado para alguém muito superior, tanto que quando os japoneses se referem a um deus (não importa a religião) dirigem-se a ele dizendo *kami sama*.

Com o término da Segunda Guerra Mundial, o Japão se volta cada vez mais para o exterior e, nesse movimento, a tendência é de incorporar palavras e expressões estrangeiras usando o *katakana*. Chegou a haver no país discussões sobre a abolição dos ideogramas para dar lugar a um alfabeto que pudesse ser aprendido com mais facilidade pelos ocidentais. A solução intermediária é o *romaji* (escrita romanizada), mas é muito pouco usada. Se, para os ocidentais, as letras do alfabeto japonês precisam ser decifradas, para os japoneses o movimento é oposto e apresenta o mesmo grau de dificuldade.

Por outro lado, os japoneses deram-se conta de que precisavam aprender algumas línguas ocidentais se quisessem se comunicar com estrangeiros. Além das viagens, dos estudos e dos negócios internacionais que exigem a comunicação, os japoneses convivem desde o final do século XX com um grande número de imigrantes vivendo no Japão.

O inglês não é a única língua estrangeira estudada, embora sua predominância seja evidente, como em outras partes do mundo. Porém, o coreano, o chinês e o português também atraem muitos estudantes japoneses. Nos locais onde há concentrações de brasileiros – Nagoya, por exemplo –, letreiros e avisos sonoros em trens e metrôs empregam o japonês, o inglês e o português para indicar estações e entroncamentos de linhas. É uma inovação que há alguns anos não se verificava no Japão. A xenofobia japonesa está se quebrando com a inevitável presença dos imigrantes.

Dialetos

Dialetos distantes da língua-padrão que se instituiu no Japão depois da Segunda Guerra Mundial ainda sobrevivem, apesar da tendência à uniformização. A pronúncia-padrão é a de Tóquio. As diferenças regionais na fala estão presentes em todas as partes, mas algumas são bastante contrastantes com as estruturas e pronúncias de Tóquio. O dialeto de Okinawa, por exemplo, é praticamente incompreensível para pessoas de outras regiões. O mesmo ocorre com os dialetos de regiões que tiveram influências de línguas estrangeiras como a de Tsushima, distrito de Nagasaki, que incorporou inúmeros vocábulos coreanos. A língua de Kyushu e de Okinawa é rica em palavras e expressões que combinam o chinês, o coreano e línguas ocidentais como o holandês. No norte, em Hokkaido, há um amálgama de dialetos, pois a ilha só foi colonizada no século XIX e japoneses de todas as partes do país se mudaram para lá. As províncias montanhosas do norte de Honshu, por sua vez, mantiveram o chamado grupo de dialetos de Tohoku, um dos quais, o de Fukushima, é conhecido como *zuzu bem*, devido aos seus sons sibilantes.

Os sotaques e as expressões regionais são bastante nítidos e identificam a pessoa perante o outro. Esse pode ser um motivo tanto de congraçamento como de discriminação. Alguns sons regionais contrastam com a língua-padrão e podem criar constrangimentos, pois quem fala pode ser considerado atrasado por não ter incorporado ainda a pronúncia "oficial" ou por desconhecer vocábulos em inglês. A padronização da língua está abafando as particularidades locais e deixando para trás os séculos de cultura presentes na língua, dando lugar à realidade do Japão do mundo globalizado.

O contraste ente as diversas línguas japonesas pode ser verificado pelo interesse que linguistas japoneses têm dedicado aos emigrantes radicados em outros países, principalmente no Brasil. A língua japonesa falada pelos que se mudaram no início do século XIX para o Brasil é a língua do período Meiji e Taisho, que foi transmitida aos descendentes, de forma que o japonês falado nos países de emigração não acompanhou as mudanças do país de origem na mesma velocidade. Os primeiros emigrantes levaram consigo os dialetos e os sotaques que depois de décadas de convívio com japoneses de outras origens regionais tenderam também a se apagar. Mesmo assim, estudiosos japoneses conseguiram resgatar em estudos no Brasil o japonês falado e escrito antes das mudanças ocorridas após a Segunda Guerra Mundial. Muitos dos imigrantes mais velhos sabiam escrever os ideogramas na forma antiga, ainda de antes da reforma da escrita.

REGIONALISMOS

Na contramão da tendência à criação de um Japão uniforme, o regionalismo aparece como uma forma de resistência à homogeneização. Ela se manifesta de várias formas, até com uma conotação mercadológica para chamar a atenção de turistas, possíveis compradores. Mas não abre mão da importância de valorizar aquilo que é o "típico" de cada região, tal como tem sido há séculos.

O local de nascimento é um dos elementos que identificam os japoneses e os agregam a seus conterrâneos. Como se sabe, no Japão, o pertencimento a um grupo é algo muito valorizado.

A geografia nipônica recortada por montanhas, pequenos vales, litoral acidentado e inúmeras ilhotas tem seu papel no fomento dos regionalismos. As características geográficas de cada lugar são prontamente reconhecidas e valorizadas por seus habitantes. Os desenhos naturais do relevo formam pequenos mundos particulares, caros a todos que nasceram ou vivem neles. A natureza, da maneira como é vista no Japão, também os define, pois as árvores, a cor do céu, as águas de cada região dão a cada uma delas sua peculiaridade prezada pelos habitantes.

A valorização do regional se expressa por palavras, escritas ou não, ou imagens que tentam captar a "alma" do lugar. Se os turistas japoneses no exterior estão sempre grudados às suas máquinas fotográficas, será que não estão procurando captar também a essência do lugar que visitam, como costumam fazer em seu país? Não seria a forma contemporânea de se inserir como homem, diante da natureza, tal como no poema *Flor de cerejeira* que vimos no início do livro?

Para o japonês, cada pedacinho do Japão tem sua história, sua paisagem específica, sua gente característica, seus costumes, todos com sentido e graça, a ponto de inspirar poemas e pinturas. Ao conversarmos com um japonês, percebemos rapidamente o orgulho que ele sente em pertencer a determinado lugar do país. A região de origem é uma referência importante, uma espécie de carta de apresentação da pessoa. Ao se iniciar um diálogo com um desconhecido, uma das primeiras perguntas que se faz é o lugar onde seu pai ou sua mãe nasceram. Tal pergunta é um adendo ao cartão de visitas (*meishi*) trocado a cada novo contato e um traço valorizado da etiqueta japonesa.

A identidade local é alimentada ainda no século XXI, entre outras coisas, com a manutenção de símbolos: cada província e cada cidade têm o seu símbolo, a "sua" árvore, "sua" flor e "seu" pássaro.

Origens históricas, arte e poesia

Na história japonesa, o localismo predomina desde tempos imemoriais. A organização em clãs, por exemplo, foi decorrência da geografia, além dos movimentos migratórios do exterior, dos deslocamentos internos e das constantes lutas. A questão regional alicerçava o domínio político de terras. A esfera de influência de um senhor estava intimamente ligada ao controle das pequenas vilas e das terras ao seu redor onde procurava alocar administradores de confiança.

Para tentar diminuir um pouco o peso dos senhores locais, a Reforma Taika, no século VII, estabeleceu a divisão administrativa das *kuni* (províncias) – cerca de sessenta unidades administrativas que procuravam combinar paisagens geográficas diferentes como planícies costeiras, planícies interiores e montanhas, formando uma região. As províncias são pequenas amostras da geografia do país. No decorrer dos séculos seguintes, essas *kuni* foram tratadas diferencialmente de acordo com sua distância da capital, Nara e depois Kyoto, demonstrando o quanto o estabelecimento de regiões administrativas estava relacionado com o processo de centralização do poder. A residência do imperador era então o ponto de partida para identificar não só unidades administrativas como também para classificar o poder dos senhores e, por conseguinte, do grau de "nobreza", importância, de cada região. Nessa classificação, a ilha de Honshu era simbolicamente o centro do qual se irradiam as províncias para leste, oeste e norte. O núcleo de tudo era a região de Kansai, onde se situa Kyoto. As terras do norte de Honshu eram chamadas de "terra dos *ainu*" numa nítida conotação de "região dos selvagens" ou "terra de ninguém".

No período Tokugawa, o regionalismo se acentuou novamente com a pulverização do poder nos feudos. Ao final, quando foram feitas as reformas da era Meiji, o Japão contava com trezentas províncias que na realidade era o número de feudos existentes. Em 1888, com a extinção dos feudos, o número de províncias foi reduzido para 47 e foi mantido desde então.

A partir do momento em que o poder imperial se consolida e se fixa na capital Kyoto, no século VIII, verifica-se que, apesar de o país ser praticamente agrário, as regiões que têm maior prestígio e influência são as que estão ao redor das cidades: a capital, Osaka e, no período Tokugawa, Edo (futura Tóquio). De fato, o núcleo político da vida japonesa desde o século VIII gira em torno das cidades das regiões de Kansai e Kanto. Kansai é cosmopolita: de sua localização, no centro do mar Interior, fluem todos os acontecimentos importantes da história japonesas desde a chamada pré-história. O reino de Yamato, Nara (a primeira capital) e Kyoto localizam-se todos na região de Kansai. Ali estão também os templos e santuários de todas as seitas budistas e xintoístas e os palácios. A tradição política e religiosa convive com a atividade comercial das cidades de Osaka e Kobe. O refinamento da corte de Kyoto, berço da literatura clássica e da cerimônia do chá, contrasta desde tempos muito antigos com a efervescência das cidades comerciais. Com o incentivo de Toyotomi Hideyoshi, no século XVI, Osaka transformou-se no centro comercial do país onde se instalaram os maiores comerciantes. Kobe seguiu a mesma vocação, estando mais voltada para o comércio exterior.

Com os Tokugawa, a capital se muda para Edo. Capital desde o século XVII, a cidade e o seu entorno tornaram-se um centro administrativo, comercial e financeiro. Quando os Tokugawa impuseram a permanência dos senhores feudais durante seis meses na cidade juntamente com família e servos, Edo cresceu ganhando novas habitações e novas casas de comércio para atender a todos os segmentos da população. Diferentemente de Kyoto, que oferecia prioritariamente requinte, Edo tinha também o seu lado popular. Em Edo nasceu no século XVII o teatro *kabuki*, que combina canto

O teatro japonês com seus cenários e vestimentas:
a estilização do drama, a elaborada maquiagem usada por seus atores
e os cuidados com os detalhes são características marcantes.

e dança e se caracteriza pela atuação de atores do sexo masculino mesmo nos papéis femininos (a performance de mulheres no teatro era proibida pelos xoguns Tokugawa, por isso todos os atores eram homens). O *kabuki* era (e continuou sendo) uma forma de lazer popular, tanto que era conhecido como o divertimento do "povo da beira do rio". As peças, que duram de duas a quatro horas, contam episódios da história do Japão, dramas pessoais, histórias de amor, e são acompanhados de instrumentos de percussão, flauta e o *shamisen* (instrumento japonês parecido com um banjo de três cordas). Os atores usam uma maquiagem com a pele do rosto coberta com uma grossa camada de pó branco e os olhos são pintados de vermelho e preto.

Outra manifestação popular da arte que se desenvolveu em Edo foi a xilogravura (*ukiyo-e*). A tradução literal de *ukiyo-e* é "mundo flutuante", no sentido de que a arte capta pessoas e paisagens num exato momento (como mais tarde passou a fazer a fotografia). Um dos nomes mais importantes dessa arte, Hiroshigue (1797-1858), fez uma série de 53 retratos da estrada Tokaido, que liga Tóquio a Kyoto. Dos 500 km dessa estrada, Hiroshigue escolheu 53 situações em que retratou a particularidade dos lugares, sua variedade humana e diversidade natural. Nesse conjunto, procurou mostrar como cada lugar tinha uma história.

Séculos antes, Matsuo Basho (1644-1694), em diversas viagens pelo país, havia retratado as suas impressões de cada região em forma da poesia. Seus haicais (poemas de 17 sílabas) retratam a sensibilidade do poeta diante dos estímulos de cada local. Sobre o norte da ilha de Honshu, Basho escreveu o belíssimo *Sendas de Oku*.

Culinária regional

A culinária é um dos aspectos do regionalismo que mais chama a atenção. As estações de trem são uma das melhores vitrines das variedades culinárias regionais. Em cada estação e dentro dos trens-bala (Shinkansen) há a exibição dos pratos típicos em bandejas prontas para o consumo. São os *bentos*, uma refeição fria completa que serve de opção alimentar para quem viaja. Os japoneses, de tão familiarizados com eles, não se incomodam de abrir os *bentos* e comer dentro dos trens, sentados em bancos de jardins ou até no teatro enquanto assistem a algum espetáculo. Os alimentos cortados em pedaços pequenos são facilmente manuseados.

Cada região tem algum tipo de conserva ou cozido com ingredientes ou temperos que a diferencia. As conservas usam os ingredientes próprios dos lugares e o seu tempero varia desde o mais simples, como o sal usado para macerar legumes e verduras, até os mais elaborados, como o saquê utilizado na conserva de pepino de Nara.

"Comer com os olhos" faz parte do ato de apreciar a comida japonesa. Os doces, como estes de Kyoto, revelam o cuidado com a aparência.

Cada grande região, Hokkaido, Kanto, Shikoku, por exemplo, tem a sua culinária. Mas cada pequena parte dessas grandes regiões tem também seu próprio prato típico. A variedade de pratos à disposição dos japoneses, portanto, é enorme. O tempero pode ser mais adocicado, salgado ou mais ácido, a partir do padrão da cozinha de Tóquio. Pratos como o macarrão *lamen* (de origem chinesa), o *udon*, o *somen* e o *soba* têm inúmeras versões na maneira de preparar e temperar o caldo e nos ingredientes que finalizam o prato. Em algumas regiões, o caldo é ralo, quase transparente; nas regiões mais frias, é preparado com *misso* (pasta salgada de soja), que o torna mais consistente; em outras, o caldo é temperado com shoyu (molho de soja). No verão, o macarrão é comido frio ou gelado. Mesmo o arroz, unanimidade nacional, ganha combinações regionais no seu preparo.

Dentre os pratos típicos, os doces são um mundo à parte. A decoração de cada tipo, assim como os ingredientes, identifica seu lugar de origem. Cada região tem a

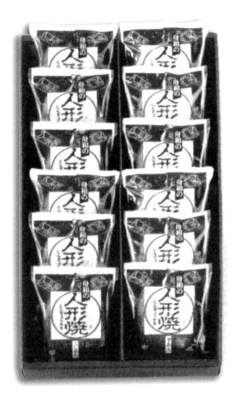

Nas fotos, a massa adocicada do feijão *azuki* utilizado como recheio dos doces.

sua receita de *manju*, um bolinho recheado com feijão *azuki* adoçado ou com feijão branco. A massa mais comum é feita com arroz do tipo *moti*, às vezes coberta com farinha de soja.

A apresentação de cada doce é o ponto que mais chama a atenção para a diversidade. O apreciadíssimo *senbei*, um biscoito chato feito com pasta de arroz, ganha formatos (geralmente redondos), tamanhos, cores (principalmente o vermelho e o branco para imitar a bandeira) e sabores distintos, podendo ser doces ou salgados, cobertos ou não com alga.

Num país de tradição rural, ingredientes também variam de acordo com a sua disponibilidade. Conforme a região, o mesmo prato pode ser preparado com batata-doce, inhame ou batata comum. Os peixes e frutos do mar são usados em cada região também de acordo com o que a pesca oferecia no passado. No norte em Hokkaido, o salmão é usado nos pratos típicos, mas ao sul, em Kyushu, as receitas usam peixes de águas mais quentes. Em Kyushu e Okinawa é comum o uso da carne de porco, enquanto em outras regiões o seu uso, praticamente desconhecido no passado, é bem mais restrito. Pela escassez de terras para o cultivo, o uso de plantas colhidas nas florestas no passado tornou-se parte da dieta habitual, exemplo do broto de bambu, de folhas, raízes, das várias espécies de cogumelos – *shiitake*, por exemplo –, assim como das tantas espécies de algas.

Algumas comidas têm "grife", como o chá de Shizuoka. O chá verde produzido nessa província, afirmam os especialistas, não tem competidor. O mesmo acontece com a maçã de Aomori e o saquê de Fushimi (Kyoto).

Artesanato

Tão evidente como na culinária é o regionalismo presente no artesanato. Como em vários países, o Japão é pródigo em variedade de peças artesanais.

Antes do advento das indústrias, obviamente o artesanato tinha funções utilitárias. A cerâmica, os trançados de palha e a tecelagem faziam parte das tarefas anuais dos moradores das aldeias. Nos meses de inverno, a rotina era de prover as casas dos utensílios necessários para o resto do ano usando o material disponível no local: *tatamis* (colchão feito de palha de arroz); potes de diversos tipos, de cerâmica crua ou queimada, ou de madeira para guardar as conservas e todo tipo de alimentos, inclusive o arroz; peças de vestuário ou calçados feitos de madeira – os *gueta* –, que eram usados para o trabalho fora de casa, ou de palha, *zoori*, usados dentro de casa.

Um outro grupo de peças artesanais chama a atenção pelo seu cuidado no processo de confecção. Algumas são peças utilitárias, mas apresentam um alto grau de requinte na forma e na decoração. Com a competição dos produtos industrializados, os tradicionalmente feitos à mão e seus artesãos passaram a ser protegidos pelo governo japonês na Associação para a Promoção do Artesanato Tradicional subordinado ao Ministério da Economia, Comércio e Indústria, tal a importância que se dá a esse segmento que combina arte e artesanato. Todos os anos, em Tóquio, há uma exposição dos artefatos produzidos de forma tradicional, com os mesmos materiais e ferramentas usadas há séculos.

Cada região tem o seu artesanato típico originado das necessidades diárias. Com o tempo, diversos produtos ganham especialistas que os desenvolvem há gerações. Cada artefato tem a sua história registrada, mostrando como a arte se aperfeiçoou e foi preservada.

Muitas vezes, essas histórias acompanham a história da aristocracia, pois todo o aparato de requinte cultivado na corte, em Kyoto por exemplo, apoia-se em grande

Cada vez menos artesãos se dedicam a artes milenares como a cerâmica.
Veja o detalhe de acabamento do telhado do templo.
Cada um tem a sua própria decoração.

parte no trabalho artesanal. Para aprimorar a decoração das peças são desenvolvidos estilos e técnicas distintas. O biombo é um bom exemplo: neles estão estampados acontecimentos ligados à vida da família que habita o palácio ou a casa de maneira para lembrar a importância de seus moradores.

Nos séculos do período Edo, na era Tokugawa, quando a cidade de Edo era o centro de toda a vida nacional, os senhores que residiam na capital por seis meses procuravam viver com todo o requinte. Assim, o artesanato fino se desenvolveu para que eles pudessem ostentar, de preferência, as riquezas e a cultura de seus locais de origem. Houve, então, um franco movimento para patrocinar os artesãos, dotá-los de técnicas e materiais novos que dessem a cada feudo uma identidade para além de seu emblema. Os templos e santuários também se diferenciavam não apenas pela construção em si, mas pelo detalhe na decoração das telhas que os cobria: a extremidade externa tem desenhos diferentes para cada um, fruto do trabalho de artesãos especializados neste tipo de decoração. Os templos budistas e os santuários xintoístas exigiram dos artesãos um trabalho refinado para a sua decoração. As enormes imagens de Buda e os altares finamente decorados são produtos de diversas artes combinadas. Elas vão desde a escolha das madeiras, o corte e encaixe (os construtores japoneses não usavam pregos, apenas encaixavam as peças, mesmo as de estrutura) até o entalhe, a decoração em ouro e bronze.

Há ainda manifestações de artesanato local que foram deixando seu uso original para assumir outra finalidade. Em Beppu, na província de Oita, na ilha de Kyushu, são produzidos cestos de bambu. Eram usados desde o século XIV por mascates para levar seus produtos. Como Beppu é um local com águas termais, sempre recebeu muitas pessoas de fora, que usavam cestas para acondicionar arroz e peneirar o *misso* de forma a facilitar a estadia. Hoje são levados como lembranças, *omiyague*, para parentes ou conhecidos. Em Iga, na província de Mie, na ilha de Honshu, a cerâmica começou a ser feita no século VII para guardar sementes. A mesma técnica passou a ser usada para fabricar telhas e, mais tarde, para utensílios da cerimônia do chá, o que se tornou uma especialidade regional.

Em diversas regiões do Japão, a tecelagem tem um lugar de destaque. A seda é a matéria-prima mais importante, seguida do algodão e da lã. Há técnicas muito localizadas, como a dos tecidos feitos na ilha de Amami, em Kagoshima, por exemplo, que remontam ao século VII – chegou da Índia, passou por Java e Sumatra até alcançar essa ilha próxima a Okinawa. O tecido de Amami leva de seis meses a um ano para ficar pronto, e o seu tingimento utiliza barro e essência de rosas. Na ilha de Okinawa, usam-se folhas de bananeira para a tecelagem de panos leves apropriados para o clima da região.

Tipicamente japonês? | 279

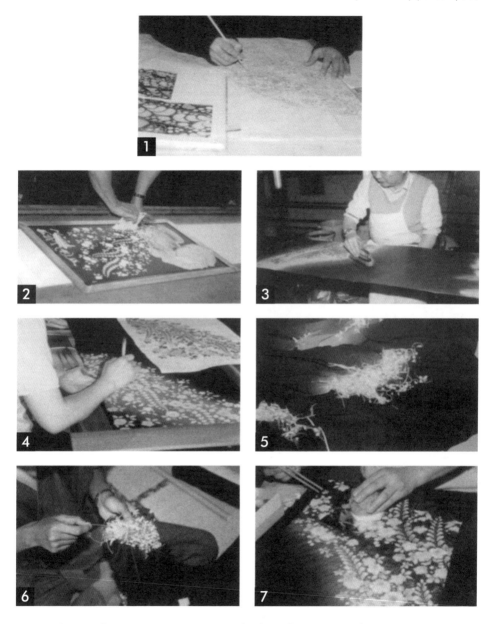

Para se fazer um quimono, o tecido de seda é preparado por etapas.
Primeiro o estêncil com o desenho da estampa (1 e 2), depois a cola sobre
a qual se coloca o estêncil (3), a fixação e o desenho sobre o tecido (4),
o tingimento de cada cor e de cada detalhe do desenho (5) e o acabamento
bordado (6 e 7). É por isso que o quimono de seda custa tão caro.

Estes quimonos são os populares, vendidos a preços baixos e confeccionados com tecido sintético.

Toda a arte do vestir um quimono, o traje tradicional japonês, está ligada ao tecido de que é feito, já que o corte é sempre igual com a silhueta reta e mangas largas, estas mais ou menos curtas. O segredo de cada quimono está na estampa e na espessura da seda.

A arte de estampar tecidos por tingimento foi desenvolvida nas diferentes regiões do país requerendo dos artesãos paciência e dedicação. Tecelões de Kiryu, província de Tottori, por exemplo, guardam em sua história a fabricação do tecido da bandeira de Ieyasu Tokugawa na batalha de Sekigahara em 1600.

Os trabalhos em laca e papel também são diferenciados por local de produção. A laca foi, no Japão antigo, exportada como produto de luxo. O papel, no Japão, é usado também como componente no acabamento das casas, forrando as portas de correr e as janelas. Antigamente, a fabricação do papel exigia o trabalho de muitas comunidades durante os invernos. O papel especial produzido na ilha de Shikoku é ainda uma referência.

Junto com o papel, a tinta, o tinteiro e os pincéis são considerados os quatro tesouros da escrita. Tal era a sua importância na época feudal que os senhores controlavam a sua produção. A tinta tipicamente japonesa era sólida, devendo ser diluída em água, por isso a necessidade dos tinteiros. Artesãos de Nara confeccionavam os pincéis com dez tipos diferentes de pelos, enquanto na província de Hiroshima eles eram feitos com pelo de cabra. Essa manufatura existe até hoje. A tinta obtida da queima do pinheiro adicionada à gordura animal foi, desde o século VIII, produzida em Suzuka, na província de Mie. Os tinteiros de Akama, em Yamaguchi, e de Ogatsu, em Miyagi, no norte de Honshu, comportavam pedras trabalhadas para dissolver as tintas.

O bambu que, junto com o papel, faz parte da construção das casas em estilo tradicional tem também outras serventias no artesanato. Há algumas gerações, artesãos da região ao redor de Tóquio, por exemplo, preparam varas de pesca com comprimentos adaptados a cada tipo de peixe, mas o detalhe é que cada vara é toda coberta em laca, formando cores e desenhos. Em Miyasaki, os artesãos são ainda hoje especialistas em fazer arcos de bambu para a prática da arqueria.

Identidade regional, identidade nacional

A ênfase dos japoneses nas peculiaridades regionais está também ligada à questão da identidade nacional.

Vimos como o Japão reagiu à influência ocidental no século XVI com a perseguição aos católicos e pouco mais tarde ao fechamento do país aos estrangeiros; depois, do

282 | Os japoneses

Produtos regionais de Himeji e Kurashiki.

período Meiji até a Segunda Guerra Mundial, o país encontrava-se na encruzilhada do caminho para a modernização dentro dos padrões ocidentais e a preservação das tradições, o que se traduziu em intensos debates sobre o grau desejável de ocidentalização ou manutenção dos padrões tradicionais. O desfecho foi o militarismo e a guerra. No pós-guerra, por imposição dos vencedores, o Japão caminhou para a entrada definitiva no cenário mundial, incorporando-se como o ator asiático aliado das potências capitalistas ocidentais. Dentro desse novo quadro, passaram a ser definidos os limites do que pode ser considerado japonês dentro das tantas trocas culturais que o Japão passou a fazer com os países vizinhos e com o ocidente.

Uma das soluções encontradas pelos japoneses para encontrar o "tipicamente japonês" é a procura do que as histórias locais contam. Muitos empenham-se em encontrar no local aquilo que, no âmbito nacional, já não se consegue perceber com tanta clareza. Ao fazê-lo, procuram esquecer que nenhuma cultura é imutável e nem alheia a trocas, pelo contrário, é permanentemente dinâmica.

Vimos anteriormente que as grandes regiões que compõem o país foram delimitadas administrativamente para que o poder imperial pudesse exercer certo controle sobre um território todo dividido pela hegemonia de clãs. Com o tempo, o aspecto essencialmente político-administrativo abriu espaço também para o associativismo e para o regionalismo na medida em que o sistema necessitava da força local para se manter. O desenvolvimento do associativismo esteve ligado ao pagamento de impostos: era preciso união para atender as demandas do poder central. Mais tarde, o desenvolvimento do comércio no período Tokugawa contribui para o regionalismo: cada local tinha que desenvolver produtos que atraíssem compradores. A ostentação dos senhores, que servia como uma espécie de propaganda para vender seus produtos, foi mais um motivo para acirrar os regionalismos. Já no momento de abertura do Japão ao Ocidente, o regionalismo adquiriu um caráter de resposta, revelando a riqueza cultural existente em todos os cantos do país. No pós-guerra, o regionalismo ainda é uma resposta e também resistência à quase irreversível adesão aos valores do Ocidente.

POR QUE OS JAPONESES ANDAM EM GRUPO?

É muito comum, e até motivo de chacota dos ocidentais, ver japoneses em viagens de turismo pelo mundo sempre andando em grupos. Consumidores vorazes e fotógrafos incansáveis, seus grupos chamam a atenção. E a cena se repete há centenas de anos. A explicação é que o grupo tem um lugar preponderante na vida dos japoneses em todos os círculos da vida social e em todas as etapas da existência.

Explicações na geografia e na história

Com a modernização Meiji, o Japão se defrontou com um conjunto de valores vindos do Ocidente no qual o individualismo era um dos mais difíceis de ser entendido e incorporado. Até então, a vida girara em torno das aldeias, regrada por normas pelas quais o indivíduo estava atado à família e à comunidade local. Não existia lugar para a pessoa decidir seu próprio destino nem de se destacar. Houve alguns poucos heróis, sim, como os chefes de clãs ou samurais cujos nomes ficaram gravados na história. Mas eram raros. Os grupos dentro das aldeias predominaram, portanto, até que o problema da liberdade individual surgiu com "os bárbaros".

A partir do período Meiji até a Segunda Guerra Mundial, houve um esforço para abafar as tentativas de adotar o individualismo à moda ocidental, enfatizando o pertencimento dos indivíduos aos grupos como um valor e um dever. O imperador

Não dá para deixar de registrar a novidade para mostrar em casa! Fotografar muito – e em conjunto – faz parte da rotina de viagem dos japoneses.

ficava no centro de um sistema em torno do qual gravitavam todos os outros círculos, criando, assim, um circuito de deveres e obrigações de cunho moral e religioso. A transgressão a essas regras era considerada uma traição à nação e aos antepassados.

Essa fórmula foi eficiente porque colocava cada indivíduo atado ao círculo familiar, à escola, ao trabalho, e explica a devoção com que os japoneses se empenharam em cumprir o seu papel de súditos do imperador que descende dos deuses. É evidente que o aparato de controle também era rígido e eficaz. Qualquer manifestação que fugisse às regras era prontamente cortada. Bom súdito era aquele que obedecia e se empenhava em construir um novo país do qual cada um pudesse se orgulhar. Assim, são compreensíveis os sacrifícios que a população foi capaz de fazer durante todo o período até o final da Segunda Guerra.

Alguns consideram os soldados japoneses dessa época fanáticos, mas é preciso entender que eles haviam sido socializados num clima em que quanto maior a fidelidade aos projetos da nação japonesa, maior o reconhecimento e maior a satisfação pessoal e de toda a nação. Explica-se, assim, por que Hiroo Onoda, tenente do exército japonês, ficou escondido durante trinta anos nas selvas das Filipinas para não se render aos inimigos ou por que tantos soldados tenham preferido o suicídio à rendição.[3]

No Brasil há o episódio da Shindo Remmei, no qual um grupo de imigrantes, não acreditando na derrota do Japão, perseguiu e assassinou seus compatriotas por entenderem que jamais o Japão se renderia aos inimigos.

As ações de extrema violência e de desrespeito aos direitos dos que impediram o caminho do Japão em direção aos seus objetivos podem ser minimizadas se pensadas como o resultado de anos de pregação e de insistência na grandiosidade do país do sol nascente.

A geografia também tem o seu papel na conformação da atitude de preservação dos valores de grupo, pois a terra é um dos bens mais preciosos para os japoneses. Durante muito tempo em sua história, a maioria esmagadora dos japoneses tirava seu sustento vivendo em aldeias situadas nos vales entre montanhas, nas pequenas planícies e nas ilhotas, onde se vivia da pesca e do uso das poucas terras disponíveis para o cultivo. Até o início do período Meiji, as comunidades se autossustentavam com poucas interferências externas, excetuando as raras visitas dos comerciantes com produtos de fora, especialmente nos lugares mais distantes da planície de Kanto e Kansai. No dia a dia, as comunidades precisavam tirar o máximo proveito dos recursos disponíveis, contando para isso com a cooperação de todos os seus membros. Os mecanismos de controle dos Tokugawa reforçaram ainda mais o sistema associativista das aldeias: diante da imposição da cota de impostos, as aldeias tiveram que se organizar em círculos de cooperação em que o trabalho comunitário era essencial para a sobrevivência de todos. Havia um sistema rígido de diferenciação social que implicava quase nenhuma possibilidade de sair do *status* adquirido no nascimento.

No processo de modernização, todos os japoneses passaram a ser considerados iguais por lei. Foram abolidas as denominações de samurais ou nobres e a diferenciação obrigatória no vestuário. Todos passam a ter nome e sobrenome, tal como nos países ocidentais. Do dia para a noite, mudanças na maneira de cada indivíduo se localizar socialmente foram impostas e tiveram que ser colocadas em prática. Houve uma profunda necessidade de redefinições e de adaptações, inclusive na projeção do futuro de cada um. Não mais protegidos e guiados pelos senhores, os trabalhadores rurais encontraram nas associações da aldeia um ponto de referência.

Pesos e vantagens da vida comunitária

O peso da vida comunitária não pode ser desprezado porque faz parte de uma "cultura" que existe há séculos e que permanece mesmo com as mudanças ocorridas.

Até hoje, os japoneses têm associações que nasceram no tempo das aldeias. Outras reproduzem seus modelos desde o século VIII. São associações voluntárias de profissionais, esportistas, artistas, mulheres, idosos, jovens. Elas se baseiam na cooperação entre os seus membros. Cooperar significa dividir, solidarizar-se, ensinar e aprender, decidir, apontar caminhos, julgar, entre outras tantas atribuições. Nessas associações, em geral, existe uma hierarquia que é respeitada e obedecida sem restrição. Como na concepção confuciana adotada no período da modernização, cada membro tem uma função perante o coletivo, cada associação tem o seu papel visando o bem comum. Atividades como o combate de incêndios, abertura de estradas, construção de pontes, são comuns em todas as aldeias, e até os tempos atuais. As brigadas de incêndio funcionam como trabalho voluntário nos bairros das grandes cidades até hoje.

No tempo das comunidades feudais, o bem comum significava produzir e cumprir com as obrigações. Com o processo de modernização, as associações locais passaram a se mobilizar para acompanhar e incorporar inovações a fim obter maior produtividade. Exemplos: novos fertilizantes, novas técnicas de irrigação e de aproveitamento das encostas e a introdução de novas culturas. A dificuldade de obter crédito junto aos bancos é solucionada localmente com a instituição de um fundo financeiro comum. Cada membro deposita uma quantia nesse fundo, que é usado para as tarefas corriqueiras de compra de instrumentos agrícolas, máquinas, fertilizantes, transporte; os estudos para o desenvolvimento agrícola são pagos pela comunidade. Os participantes também recebem crédito em situações de necessidade. Por exemplo, os funerais e a ajuda à família são responsabilidades da associação. Quando necessário, o fundo adianta a quantia que é depois reposta.

Uma das formas que o espírito de associação assume no meio urbano é bem nítida no mundo do trabalho, na maneira como funciona a maioria das empresas japonesas. O modelo do emprego vitalício é um exemplo de como há uma reprodução do antigo cooperativismo na cultura empresarial. Mais do que emprego, o trabalhador japonês tem com a empresa uma ligação que ultrapassa o ganho de salário. Ele é parte dela e, como tal, conhece o seu funcionamento, é chamado para opinar e recebe bônus, pagos duas vezes ao ano, que se adicionam ao seu salário. O recrutamento ocorre no término do curso superior ou técnico, ou seja, são jovens que desde o início da vida profissional se engajam na vida da empresa. O seu desempenho profissional e a lealdade à empresa vão abrindo caminho para promoções, melhoria nos ganhos mensais até a aposentadoria. Os mais velhos têm prioridade nas promoções. O trabalhador vê a empresa como extensão de sua família, sem riscos de ser demitido. Por isso ele é tão fiel à empresa, como eram os samurais dos tempos feudais ao seu senhor. Ele age rigorosamente seguindo o "estandarte" de sua empresa, como faziam os guerreiros do passado. Se requisitado, muda de cidade ou de país, muitas vezes deixando sua família.

Tipicamente japonês? | 287

Uma das tarefas que envolviam todos da comunidade das aldeias desde o passado longínquo era a manutenção das pontes que garantiam a ligação com o mundo.

Nas grandes cidades, diariamente as estações de metrô ficam lotadas perto da meia noite, hora em que muitos funcionários dedicados finalmente interrompem seu trabalho. Há filas de táxis no entorno das estações centrais para apanhar funcionários de empresas. Os funcionários participam de confraternizações que são também reuniões em bares ou restaurantes depois do horário de trabalho com colegas e empregados de outras empresas. Nessas ocasiões, comem, bebem (e muito, misturando uísque, cerveja, saquê) e trocam ideias que acabam sendo uma extensão da prática de dar tudo de si pelo trabalho.

Uma das grandes queixas dos ocidentais com relação aos japoneses diz respeito ao longo tempo que levam para tomar de decisões. Os japoneses esperam até que haja uma palavra final, e para atingirem essa etapa são feitas reuniões e até os escalões inferiores são consultados. É mais um exemplo de como, no Japão, o grupo tem preferência

Os estudantes parecem todos iguais entre si, mas seus uniformes os distinguem como grupo dentro da sociedade.

sobre o indivíduo. Os desvios existem, obviamente. Entretanto, em geral, são vistos como negligência ou até traição.

Essa ideia da negligência e da traição ao grupo como práticas sumamente condenadas tem suas raízes no passado. Desde a época feudal até o século XX, as comunidades rurais mantinham o seu equilíbrio assentado na obediência de cada um às normas da coletividade. Assim, qualquer transgressão desequilibrava toda a vida dos moradores. A instituição do *mura hachibu* era uma forma de ostracismo imposta pelo conselho comunitário quando a harmonia e a paz da aldeia eram ameaçadas por alguém da comunidade. Lançava-se mão dela em casos graves, como incêndios provocados por falta de atenção, assassinato, mas também como punição pela não participação em alguma atividade ou pelo não cumprimento de uma ordem. As sanções comunitárias afetavam toda a família. Não se previa a expulsão, mas proibia-se, por exemplo, a participação nas atividades comunitárias. Assim, a carga moral diante dos outros já era um grande castigo. Arranjar casamento tornava-se um problema não só para o transgressor, que fica com o nome "sujo", mas para todos os membros de sua família.[4]

Nas escolas, no trabalho e até mesmo dentro de casa, os japoneses se veem diante da imposição de regras que identificam a sua inserção nos grupos. Os uniformes, por exemplo. Os estudantes japoneses usam uniformes até a entrada na faculdade. São sempre de cor azul-marinho, as meninas usam saias, meias três-quartos. O uniforme dos meninos se assemelha ao dos militares. Quando os estudantes saem em grupos organizados, são guiados por bandeiras coloridas ou por chapeuzinhos que os identificam no meio da multidão. Todos andam em filas ordenadamente.

Os empregados de escritório vestem-se com ternos todos parecidos, como se fossem comprados na mesma loja. Preferem cores sóbrias, preto ou azul marinho, camisas brancas, gravatas discretas. Operários, trabalhadores de serviços públicos, de manutenção, todos usam uniformes, normalmente azuis.

Cabelos coloridos e convenções sociais

É evidente que a transgressão no mundo do século XXI não é castigada como no passado das aldeias, mas continua sendo malvista pela sociedade. A mídia tem sido pródiga em apontar os jovens japoneses usando cabelos coloridos, com roupas extravagantes, mas essa não é a regra. Eles chamam a atenção, mas não incomodam porque não subvertem a ordem. Em Tóquio, há os quarteirões, como Harajuku e Yoyogi, onde se reúnem. Usam o espaço público para se exibir, frequentar danceterias, comprar roupas e adereços para compor um visual que também os identifica como grupo. Mesmo no vaivém das ruas, porém, eles cumprem as mesmas regras que todos os pedestres cumprem. Nas calçadas das grandes metrópoles japonesas, existe uma corrente que vai de um lado e outra que anda em sentido contrário. Não há esbarrões, muito menos gente falando ou cantando alto. Há uma disciplina dentro daquilo que os jovens gostariam de apresentar como bagunça. O "protesto" ou "rebeldia" se materializa na aparência, não no comportamento. Ao entrar nos trens e metrôs, esses jovens se diluem dentro da multidão. Ninguém os olha diretamente ou os repreende em público. Ao atingir uma certa idade e quando adquirem outro *status* dentro da sociedade, os membros desse grupo espalhafatoso desaparecem. Não se vê nenhum funcionário de empresa ou proprietário de estabelecimentos comerciais usando cabelos coloridos ou roupas chamativas.

A grande questão está na maneira como o japonês usa a sua liberdade individual dentro das regras impostas pela sociedade. Nada o impede de agir e de buscar seus próprios

290 | Os japoneses

Retratos de 1899 e 2005. Dois tempos, duas mulheres, duas realidades. O que sente uma jovem do século XXI recriando a imagem de uma ancestral do século XIX? Na foto inferior, o jovem *punk* no bairro de Harajuku, em Tóquio. Seu penteado e suas roupas podem ser sinais de rebeldia, de modernidade ou de identidade pessoal.

caminhos, desde que obedeça às normas de comportamento dos grupos de que participa. A transgressão expulsa o indivíduo de dentro do grupo, o que significaria uma releitura do ostracismo do passado. A cooperação faz parte da vida do indivíduo desde a infância, tanto que, a partir da escola primária, os alunos são incumbidos da limpeza da sala de aula, os pais participam das associações do bairro em que residem, atuam nas brigadas de incêndio e organizam a coleta de lixo do quarteirão ou do condomínio.

Associativismo levado na mala

A mesma forma de pensar o grupo e o indivíduo pode ser encontrada nos países de destino dos que emigraram do Japão. A imigração é particularmente interessante porque ajuda a salientar traços da maneira de ser de um povo justamente pelo contraste com a sociedade que os recebe. Os imigrantes tendem a reproduzir em outras terras aquilo que lhes é familiar, o código de valores é levado junto com as suas malas. Assim, no exame do que os japoneses levaram para os países que emigraram, ressalta a quase imediata organização de associações. Em todos os países em que existem descendentes de japoneses há inúmeros *nihonjinkai* ou "associações de japoneses".

A associação nas terras dos imigrantes tem a finalidade de garantir educação a crianças e jovens, espaço de sociabilidade às mulheres e atividades de lazer para todos. Enfim, criar condições para que seus membros tenham respaldo para as suas atividades. A construção da escola, da sede social, das quadras de esportes, envolve a comunidade, todos contribuindo com trabalho e dinheiro para concretizar os projetos. Todos participam de festas ou torneios esportivos, cada um ajuda com aquilo que sabe e gosta de fazer. São criadas comissões que têm um chefe que comanda o grupo encarregado da tarefa. São atividades voluntárias que têm uma divisão de tarefas entre homens e mulheres. Estas ficam encarregadas de providenciar a alimentação, a decoração dos locais com bandeirinhas, flores, além de participar dos números de danças que são ensaiadas durante todo o ano. Elas também se encarregam do vestuário, muitas vezes costurando e ajudando a vestir os quimonos. Os homens montam os palcos, as barracas, e as crianças carregam mesas e cadeiras e ajudam as mulheres.

Desde que chegaram aos diversos pontos da América, os *nihonjinkai* são as marcas da presença de famílias japonesas no seu entorno. Nos primeiros tempos como imigrantes em países desconhecidos, a cooperação na esfera do trabalho tornou-se um instrumento de sobrevivência e de defesa dos interesses de todos. A colaboração e a ajuda mútua foram dois elementos que sustentaram o esquema das cooperativas agrícolas, que, em países como o Brasil, impulsionou alguns setores como a produção de hortaliças, legumes, frutas, flores e a avicultura. As cooperativas agrícolas e os *nihonjinkai* se espalham em países de imigração mais recente como no Paraguai, Bolívia e Argentina, constatando-se que o associativismo está presente em diferentes momentos da história dos japoneses fora de sua terra natal.

A imagem de que o japonês é um "povo unido" é uma referência recorrente originada de séculos de prática que foi transposta para fora de seu país. Entretanto, a união dos imigrantes japoneses contribuiu para que a discriminação se acirrasse porque, ao se reunirem nas associações e cooperativas, estavam indo contra toda a política dos países de recepção, de assimilação dos imigrantes, e, durante a Segunda Guerra Mundial, a situação se agravou com o receio de uma possível invasão japonesa. Após a guerra, o quadro se reverteu e o associativismo passou a ser ressaltado como exemplo de eficiência, de desprendimento para atingir o bem comum. Mais uma vez a história nos ensina a pensar como a conjuntura "lê" um mesmo fenômeno de maneiras diferentes.

NOTAS

[1] Os japoneses diferenciam o arroz cru, *kome*, do arroz cozido. O arroz branco sem misturas era o *shiroi gohan* (hoje é *raissu*), mas ao misturar algum outro ingrediente a ele usa-se o nome do ingrediente incluído mais o termo *gohan*. Existe também o *motigome*, o arroz para se fazer o *moti* (os bolinhos de arroz do Ano-Novo).

[2] O prefixo *o* é usado mesmo em palavras corriqueiras como *mizu* (água), que com o prefixo fica *omizu*.

[3] Hiroo Onoda, Os trinta anos de minha guerra, São Paulo, Empresa Jornalística S. Paulo Shimbun, s. d.

[4] Robert Smith, The Japanese Rural Community: norms, sanctions and ostracism, em American Anthropologist, v. 63, pp. 522-33, 1961.

ESTRUTURA FAMILIAR

Com o final da Segunda Guerra Mundial, a família japonesa sofreu profundas modificações. Uma delas refere-se à tendência de se nuclearizar, ou seja, restringir-se a pai, mãe e filhos (e não mais a famílias extensas do passado, em que noras e sogras ou irmão casado, por exemplo, dividiam o mesmo teto). Outra é a de contar com um número cada vez menor de filhos. Essas duas transformações dão o tom da vida privada japonesa das décadas finais do século XX e início do XXI.

PASSADO ANTIGO E MEDIEVAL

No período Jomon, os grupos humanos eram nômades e as famílias, nucleares. Com o processo de sedentarização – iniciado no período Yayoi, três séculos antes da era comum –, junto com o despertar da cultura do arroz, surgiram os clãs (*uji*), que eram patrilineares. Nos primeiros tempos dos clãs, os casamentos não implicavam necessariamente coabitação (o marido podia visitar a esposa e depois retornar à sua família). A poligamia (homem com mais de uma mulher) e a poliandria (mulher com mais de um marido) eram ambas práticas aceitas.

Entre os séculos V e VII e.c., quando o Estado de Yamato administrava as terras férteis da planície de Kanto, ainda predominava essa forma de organização autônoma, local e familiar. Mas, à medida que as terras ao redor de Yamato foram sendo ocupadas, os *uji* maiores e mais importantes passaram a receber títulos honoríficos hereditários (*kabane*) acompanhados da função de administrar sua região em nome do reino. Um Código Civil instituído em 645 obrigava todas as unidades familiares a se registrar a cada seis anos para que o Estado pudesse controlar a produção de arroz. Em troca, o imperador oferecia melhorias, como a construção de canais de irrigação e de caminhos em torno dos quais se formaram vilas dirigidas pelo chefe do *uji*. O chefe, por sua vez, passou a organizar as pessoas de seu clã de forma a poderem pagar os impostos e se manter na terra. Nessa organização, preservou-se a estrutura de famílias extensas e a sucessão pelo lado masculino.

Os chefes dos *uji* começaram a se destacar num sistema em que o domínio de terras significa poder político. Tornaram-se os senhores das terras, aristocratas que

Uma avó convivendo com a neta é uma imagem cada vez mais rara no Japão contemporâneo. No passado, como nesta foto, era comum a convivência de três gerações morando na mesma casa.

controlavam as famílias dos camponeses. Estes, dependentes do seu senhor, estavam ligados à terra que cultivavam e retribuíam a proteção com o fruto de seu trabalho, entre outros deveres. No Japão, o cumprimento das regras sociais e a lealdade ao senhor eram garantidos também pela religião dos deuses ancestrais do *uji*; o abandono do lugar e do senhor significava uma ruptura com esses deuses e sua proteção. Como o senhor presidia o culto aos antepassados, era ele o detentor também do poder religioso da comunidade sob seu domínio.

Famílias aristocráticas

As famílias aristocráticas organizavam-se de acordo com um sistema denominado *ie*. No topo estava o senhor de terras, chefe do clã, com sua família-tronco (a principal, *honke*) e abaixo deles grandes unidades familiares (nas quais nem todos os membros eram parentes por laços de sangue) subordinadas à família-tronco e ao chefe, o senhor. Nessas unidades incorporavam-se as famílias samurais.

Estrutura familiar | 295

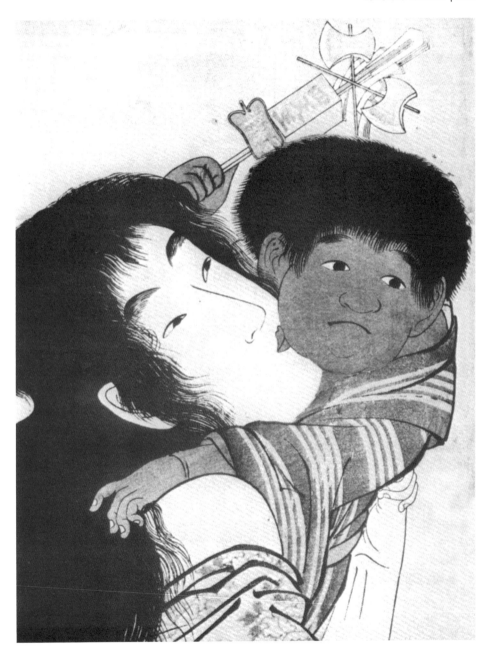

As famílias precisavam de filhos para manter o seu *status*. Os filhos sempre foram muito valorizados porque deles dependia a continuação do nome da família. Na ilustração, demonstração de carinho da mãe.

As famílias ("tronco", "subordinadas", e até as dos camponeses, mais abaixo na hierarquia) no Japão medieval eram patriarcais, monogâmicas e patrilocais (a esposa torna-se membro da família do noivo, deixando para trás a sua família de origem).

Quando a situação econômica era favorável, as terras eram divididas igualmente entre todos os filhos de sexo masculino do senhor. Quando não, prevalecia a primogenitura. Em ambas as circunstâncias, os atributos simbólicos do chefe da família extensa continua com o chefe do *honke*. Cada herdeiro podia fundar um novo *honke*, apesar de isso não se constituir uma regra. Criar novos *honke* era uma estratégia das famílias nobres de manter controle sobre extensões grandes de terra e, ao mesmo tempo, poder contar com os laços com a família de origem para manterem-se todos em destaque. Com a criação de outros *honke*, surgiam novos samurais que acompanhavam seus senhores. Com o tempo, as famílias samurais começam a ter maior destaque na hierarquia social, tornando-se ramificações da família-tronco de seus senhores.

No Japão medieval, os casamentos eram conveniências sociais e políticas, uniões que passavam por cima de qualquer ligação afetiva entre os noivos. As famílias aristocráticas perpetuavam-se graças aos arranjos de casamento entre famílias do mesmo nível, que traziam vantagens para os dois lados. As famílias da aristocracia valiam-se de intrincadas redes de casamentos para assegurar também uma proximidade com a família imperial.

Os japoneses não tinham a prática do dote como moeda de troca com a família do noivo. Num casamento havia apenas trocas simbólicas de presentes. Os filhos gerados pelo casamento eram elos entre as famílias nobres e, por isso, seu nascimento era muito festejado. Na falta de filhos, o casamento não tinha muito sentido e podia ser interpretado como uma quebra de contrato. Assim, podia ser desmanchado e a noiva voltava a viver com sua antiga família.

Sendo a continuidade da linhagem o ponto central na montagem da família aristocrática japonesa, a adoção era uma prática bastante comum na ausência de filhos. Ela podia ocorrer para ambos os sexos, mas com predominância para os homens. O filho adotado passava a ter os mesmos direitos do filho legítimo, mesmo os de um primogênito. A adoção ocorria também entre famílias em que só havia filhas mulheres. Nesses casos, quando a jovem se casava, seu marido é que passava a fazer parte da família da noiva (e não o contrário, como era de praxe); esse marido teria todos os direitos, inclusive de herança e, com a morte do patriarca, poderia exercer o papel de chefe da unidade familiar como se fosse o herdeiro direto do patriarca.

Muitas vezes, para não haver quebra de laços entre irmãos, seus filhos (primos) eram levados para viver com a família do tio, geralmente na família *honke*.

As unidades familiares no Japão medieval abrigavam também alguns criados ou servos que eram incluídos na parentela. Há registros de crianças dadas ou vendidas às famílias poderosas para serem por elas criadas. Outras ficavam sob a guarda de famílias mais ricas por alguns períodos, como Toyotomi Hideyoshi, que, de uma família sem recursos, começou a sua carreira como servo de Oda Nobunaga. O próprio Ieyasu Tokugawa foi mandado aos 6 anos para viver por dois anos junto à família de Nobunaga e, depois, viveu por doze anos com a família de um outro senhor, como foi visto em nota do capítulo "Unificação do Japão".

Essas observações mostram como o conceito de família entre os aristocratas estava estritamente ligado à necessidade de manter as terras, dominar e expandir os feudos. Além das lutas, as alianças familiares eram instrumentos para aumentar o poder dos senhores e consolidar a diferenciação social.

No decorrer do período Tokugawa, com a paz interna e o isolamento por três séculos, a estrutura familiar herdada dos tempos anteriores só tendeu a se consolidar.

Entre a plebe

Alguns esquemas válidos para a aristocracia e para os samurais, aos poucos, começaram a valer para as famílias dos camponeses que procuraram repetir a fórmula da autoridade do filho mais velho como chefe da unidade familiar e dos casamentos arranjados para garantir a sua sobrevivência. Era uma estratégia que, contando com o trabalho de toda a família extensa (por exemplo, dos parentes dos irmãos do chefe) sob uma autoridade bem definida, garantia o alimento e o os recursos necessários ao pagamento de impostos aos senhores que a protegiam.

O chefe da família camponesa era o representante familiar junto ao conselho da aldeia, onde eram tomadas as decisões da comunidade. Era também o responsável por registrar a família junto às autoridades do governo e aos templos budistas.[1] Nos registros, como nas famílias aristocráticas e samurais, o nome do chefe e das pessoas de sua família principal vinham em primeiro lugar, em seguida os dos membros das famílias dos irmãos, formando um desenho semelhante a uma árvore em que o tronco é a família do chefe, e os ramos, as dos irmãos.

As famílias eram numerosas, mas a expectativa de vida era muito baixa. Nos tempos feudais, eram muito frequentes as mortes em batalha ou por fome quando as plantações eram destruídas. As mulheres camponesas tinham de gerar filhos para dar continuidade à linhagem. Entretanto, quando os períodos de fome eram muito longos, o infanticídio era permitido e praticado, especialmente o de meninas.

Entre as famílias camponesas era necessário o trabalho conjunto de todos os membros para cumprir as obrigações com o governo e ainda sobreviver na nova ordem no período Meiji (1899).

O padrão de estrutura familiar repetia-se com algumas diferenças entre as famílias dos comerciantes. Os negócios, apesar de espalhados geograficamente, eram dirigidos pelos mais velhos que mantinham a sua rede sob comando. As casas de comércio, os armazéns de mercadorias, as casas de câmbio (que mais tarde seriam transformadas em bancos), eram atividades cuja propriedade era individual e herdada pela linha masculina. Muitas das fortunas que mais tarde se transformam nos *zaibatsu* começaram como negócios entre irmãos, como foi o caso, por exemplo, da riqueza de Takatoshi Mitsui (1622-1694), o fundador do grupo Mitsui. Embora tivesse sido o mentor intelectual, teve que esperar por 25 anos até a morte do irmão primogênito para assumir os negócios. Ao morrer, quebrou com a tradição ao deixar uma cota para cada um dos herdeiros para que a administrassem em favor do grupo familiar.

Hierarquia, harmonia

Manter a harmonia, conforme os preceitos do confucionismo, era a justificativa desse conjunto de práticas relacionadas à família. A harmonia seria alcançada pela convicção de que cada membro tem um papel a cumprir para o bem de todos. Na terminologia dessas relações familiares extensas, o titular do *honke* era sempre chamado de "pai" e sua esposa, de "mãe". O "pai" guardava os objetos dos ancestrais e todos os registros familiares, presidia a festa de Ano-Novo, quando era visitado por toda a parentela que o presenteava. Era o "pai" que oficiava os casamentos, os funerais e a cerimônia em homenagem aos ancestrais falecidos no dia de finados (*obon*). Essa prática medieval manteve-se até meados do século XX.

No budismo, a homenagem aos mortos começa no funeral e é renovada anualmente até o 16° ano. Acima, foto de um funeral tradicional. Abaixo, imagem de um túmulo no início do século XX.

Nas relações de trabalho, até a primeira metade do século passado, as terminologias de tratamento inspiravam-se nas relações familiares: o patrão era chamado de "pai" pelos subordinados, que por ele eram chamados de "filhos". A prática, que ainda existe no Japão, de todos os funcionários oferecerem presentes de Ano-Novo ao chefe ou patrão lembra o ritual simbólico de respeito e lealdade para com o chefe da família medieval. Mesmo nas empresas *high-tech* do século XXI continua viva, em alguns gestos e costumes, a memória da estrutura familiar de séculos.

PERÍODO MEIJI

Na época da Restauração Meiji, os governantes consideraram que o modelo tradicional de família precisaria ser modificado para se adaptar à modernidade. A nova imagem promovida pelo governo era nada menos que a estrutura piramidal do Japão como uma grande família liderada pelo imperador – o "pai" de todos – sem diferenciação entre aristocratas, samurais e camponeses, como antes.

O crescimento das cidades, o êxodo rural, a participação em guerras contra China e Rússia, os movimentos de colonização das terras conquistadas, a possibilidade de ascensão social individual, o fim das desigualdades legais de nascença, tudo isso provocou a desagregação do antigo sistema de família.

A família presa às obrigações da terra, com a estrutura montada para dar sustentação ao regime feudal, não se adequava à industrialização nem à urbanização. No campo, as terras cultiváveis passaram a escassear, fazendo com que só o primogênito pudesse permanecer por lá. Os outros filhos eram obrigados a sair para as cidades, migrar para o exterior ou partir para lutar como soldados.

A Constituição promulgada em 1890 retomou a obrigação dos registros familiares, entendendo que o afastamento do *honke* não significa ruptura com as obrigações que os membros das famílias-ramos, os "filhos", têm com os "pais" da família-tronco. Os "filhos" continuavam obrigados a respeitar os "pais", mesmo que, nesses tempos de mudanças, não mais vivessem juntos ou próximos. O primogênito continuava como o guardião das relíquias familiares e o seu nome encabeçava o registro. Por esse Código Civil, só com o consentimento do chefe (não do pai biológico) é que homens com menos de 30 anos e mulheres com menos de 25 podiam se casar. O divórcio, que antes ocorria sem prescrição legal, tornou-se um instrumento legalizado. Um dos motivos aceitos para a separação continuava sendo a ausência de herdeiros. A mulher só era de fato reconhecida como parte da família do marido quando gerava algum herdeiro.

O nascimento de uma criança era sempre comemorado com visita a um templo para agradecer pela nova vida. O viajante inglês Richard Gordon Smith flagrou esta cena em 1899.

O Código Civil previa a partilha da herança por todos os herdeiros, mas o primogênito teria direito a pelo menos metade dos bens, sendo que a outra metade seria dividida entre todos os outros filhos do sexo masculino. As filhas poderiam entrar na partilha se houvesse acordo entre os irmãos, já que elas não eram consideradas membros da família de nascença, mas pertencentes à família do marido.

No caminho para o militarismo das primeiras décadas do século XX, gerar "filhos para o grande Japão" era motivo de orgulho e sinal de patriotismo. O Estado era visto como uma extensão da família. E a família era um Estado reduzido. A formação das crianças era completada nas escolas, que lhes ensinavam obediência e lealdade aos diversos "pais" a elas atribuídos: a começar pelo imperador, depois os governantes, em seguida os professores, os organizadores do quarteirão onde residiam, os avós, o pai biológico, os irmãos mais velhos.

Quando um irmão mais novo retornava à sua terra natal depois de algum tempo de ausência, tinha a obrigação de dar ao irmão mais velho primogênito quase todo o dinheiro que havia ganhado como prova de sua ligação com a família ancestral. Guardava um mínimo para si e para sua família.

Os laços da família japonesa eram tão arraigados que não se rompiam facilmente, nem com a imposição de leis. Reproduziam-se também em outros ambientes levados pelos emigrantes. Estes, na sua grande maioria, eram filhos não primogênitos que, mesmo muito distantes, continuavam fiéis aos seus parentes mais importantes. A primeira geração nascida no país de destino procurava cumprir com rigor muitos dos rituais ensinados por seus pais. Os casamentos eram realizados através de arranjos entre duas famílias, passando pelos mesmos rituais da apresentação do noivo e da oferta de presentes simbólicos pela família da noiva. Até o fim da Segunda Guerra Mundial, nascimentos, casamentos e mortes eram registrados nos consulados japoneses, muitas vezes em detrimento do registro nos cartórios do país de destino. Nos casos de morte, as cinzas do parente falecido eram guardadas para serem levadas ao Japão e colocadas junto às dos ancestrais, mesmo que tivessem se passado muitos anos. O funeral nas famílias japonesas não era só a despedida e o enterro, mas também a inscrição do falecido no panteão dos ancestrais, seguido dos rituais de queima de incenso em sua homenagem.

A CONSOLIDAÇÃO DA FAMÍLIA NUCLEAR

A Constituição do pós-guerra, sob a ocupação norte-americana, pôs fim em todos os resquícios da antiga ordem tradicional arquitetada até então. A concepção de família extensa ficou definitivamente no passado, associada ao retrocesso que impedia o desenvolvimento da liberdade individual. O *ie* foi abolido e deu lugar à total igualdade de todos os membros da família, tanto vertical (dos ancestrais para os descendentes), como horizontal (na relação entre irmãos e primos). O culto aos ancestrais tornou-se uma opção religiosa particular, não mais uma norma que obrigava a subordinação ao depositário dos registros familiares. A figura do primogênito, com toda a simbologia que carregava, perdeu sua relevância.

Com a promulgação do Código Civil de 1947, marido e esposa passaram a ter os mesmos direitos. O casamento ganhou a possibilidade de ser por livre escolha dos noivos, sem necessitar obrigatoriamente do consentimento de outrem. A mulher passou a ter o direito a uma parte no patrimônio da família. Obteve também direitos políticos como o homem.

Estrutura familiar | 303

Este desenho mostra a família de pai, mãe, três filhos
e um amigo numa cena comum no pós-guerra.

Foram mudanças drásticas que afetariam a longo prazo as mentalidades. É evidente que mudanças forçadas por lei levam tempo para se consolidar, apesar de os japoneses do pós-guerra aceitarem sem muita discussão a incorporação de seu país aos padrões familiares ocidentais.

A reconstrução das cidades no pós-guerra também deu força à constituição de famílias nucleares e independentes. Nesse processo, houve uma nova onda de saída maciça do campo para as áreas urbanas e o consequente crescimento de polos como Tóquio e Osaka. Os poucos espaços disponíveis eram disputados entre as indústrias, serviços e as moradias, elevando o preço dos imóveis. Isso se tornou um empecilho para a existência de lares habitados por pessoas de três gerações; era difícil encontrar uma casa onde todos coubessem. Apesar de, no pós-guerra, terem surgido muitos prédios de apartamentos no lugar de casas, a questão da moradia continuou (e permanece) um problema para os japoneses. Uma solução foi dar aos idosos sua própria moradia, enquanto os casais jovens, vivendo separados dos pais em espaços diminutos e distantes dos centros, passaram a ter menos filhos.

Nessa nova sociedade em que as desigualdades sociais passaram a ser muito menores, as chances eram praticamente iguais para todos. Assim, a competição apresentou-se como um elemento novo para a geração do pós-guerra. Antes, o nome dos ancestrais e um pedaço de terra davam ao indivíduo a sua referência, a sensação de pertencer a um lugar e a um passado. Cada família reconhecia um brasão (*mon*) de si própria, no caso dos aristocratas, ou de seu senhor, no caso dos plebeus, como um símbolo que a identificava há gerações. A quebra dos privilégios, no século XIX, e a igualdade para todos, em meados do século XX, terminaram com as antigas obrigações, mas também com a proteção que era dada a cada um pela família extensa do passado. De certo modo, foi transferido para a escola, a empresa e para os grupos comunitários aquilo que seus antepassados encontravam junto aos parentes.

Os mais idosos (da geração pré-1945) passaram a contar com um seguro social para os aposentados e uma poupança privada (uma das mais altas do mundo) que garantem a sua independência financeira com relação aos filhos e um bom padrão de vida. No dia a dia, os idosos se engajam em grupos de trabalho voluntário, associações e, na esfera privada, auxiliam filhas e noras no cuidado dos netos. Os idosos, cuja expectativa de vida cresceu no Japão até chegar, na virada para o século XXI, aos 80 anos para as mulheres, são um problema de âmbito nacional cujo desfecho ainda é uma incógnita.

NOTA

[1] Quando o cristianismo se espalhou e o governo passou a reprimi-lo, toda a população foi obrigada a se registrar nos templos.

VIDA PRIVADA

A esposa caminhando atrás do marido ou a figura etérea e solícita da gueixa e das personagens de filmes como *Sayonara* ou *Casa de chá sob o luar de agosto*: até pouco tempo atrás, no Ocidente, essas eram as duas imagens que vinham à tona quando se pensava em mulheres japonesas. Tanto uma como a outra são visões que o Ocidente tomou logo após o fim da Segunda Guerra para confrontar o que seriam dois tipos femininos distintos: a mulher europeia ou norte-americana de um lado e a japonesa de outro. Num momento em que a segunda onda do movimento feminista ainda não tinha se manifestado, era confortável para as sociedades ocidentais verificarem que, do outro lado do mundo, no país derrotado por eles, as mulheres eram completamente submissas e sufocadas pelos homens. A divulgação dessas imagens justificou de forma indiscutível o artigo da Constituição de 1947, promovida pelos vencedores, que dava total igualdade a homens e mulheres perante a lei. Como se os norte-americanos tivessem libertado as mulheres japonesas de séculos de opressão!

A pergunta que fica no ar é: as mulheres japonesas se sentiam de fato submissas diante do marido e das normas numa sociedade que, até então, tinha como código de referência a obediência aos inúmeros segmentos hierárquicos?

O FOGO DOMÉSTICO NO JAPÃO PRÉ-MODERNO

Como em outras sociedades pré-modernas, o fogo doméstico (a cozinha) era o lugar do encontro, das refeições, das decisões da família. No Japão havia o braseiro (*iori*) que esquentava a casa e ao redor do qual a família se reunia depois do dia passado nas plantações ou no mar. Antes de entrar, todos tiravam os calçados usados fora de casa, trocando-os por chinelos, pois a sujeira de fora não deveria ser trazida para dentro (até hoje, ao entrar em qualquer casa japonesa, mesmo nos grandes centros urbanos, as pessoas cumprem esse ritual centenário que marca a separação entre o mundo exterior e o lugar onde a família desfruta do calor do lar).

O estereótipo da mulher japonesa submissa, cristalizado pelo Ocidente, foi retratado em livros (e depois em filmes), como *Sayonara*.

Era dentro desse ambiente que a mulher exercia o seu papel de esposa, mãe, responsável pelo fogo doméstico. Apesar de estar sempre servindo o jantar, de ser a última a comer ou tomar o banho de imersão (*ofurô*), a esposa e mãe tinha um lugar de destaque na dinâmica da família. Ela era o símbolo do calor, do conforto. A administração do lar no meio rural significava que era dela o controle da quantidade de arroz disponível para ser consumido naquele ano, era ela que costurava as roupas, cuidava da limpeza e dos filhos pequenos. A máxima popular da "boa esposa e mãe sábia" norteava de forma integral a vida das mulheres dentro dos domínios da casa. A autoridade familiar, por outro lado, era do marido, o responsável pela vida fora de casa.

Vida privada | 307

Momentos de intimidade da família. Na figura superior, reprodução de uma cena pós-parto. A figura inferior mostra que era em torno do fogo que aconteciam reuniões e refeições.

FEMINILIDADE E CASAMENTO: DA ERA MEIJI À SEGUNDA GUERRA

Desde o início da abertura para o Ocidente, na época Meiji, uma das manifestações de resistência aos ventos ocidentais procurou colocar como modelo a ser seguido por toda a sociedade o comportamento das famílias da aristocracia e dos samurais. Apesar da extinção dessas categorias, os samurais e os aristocratas foram tomados como símbolos que refletiam plenamente a "alma japonesa".

As mulheres da aristocracia tinham tempo para estudar (algumas chegaram a produzir obras literárias em japonês antes do advento do xogunato Tokugawa) e cultivar um determinado padrão de beleza em que a pele clara era um dos valores. No Japão Meiji, todas as japonesas abraçariam os valores de mulheres que há muitos séculos viviam longe do trabalho com a terra ou o comércio, dedicando-se às artes, distantes dos efeitos do sol. A mulher do povo jamais conseguiria se igualar a elas, mas o ideal agora estava em seu horizonte, ou pelo menos em seus sonhos.

Nos anos entre o início da era Meiji (1868) até o fim da guerra em 1945, as mulheres foram incentivadas a gerar filhos pensando no progresso da nação que se formava e, mais tarde, como contribuição às Forças Armadas. O número de filhos nesse período chegava à média de cinco por família.

O casamento era considerado crucial na vida das mulheres, tanto como forma de sobreviver como de servir à pátria. Tinha ainda função social, mais que afetiva. O calor simbólico do *irori* vinha do cumprimento das tarefas ligadas ao casamento, e não do amor entre o marido e a mulher como na visão ocidental do amor romântico.

No meio urbano, o ideal do *irori* ganhava adendos. Por exemplo, para se tornar uma boa noiva, a moça da cidade se preparava fazendo cursos paralelos ao estudo formal: aprendia *ikebana* (arranjo floral), cerimônia do chá, caligrafia, artes seculares antes restritas às mulheres da aristocracia. Para serem consideradas boas esposas, agora necessitavam também de conhecimentos especiais, como a forma correta de vestir o quimono, pentear-se, escolher os adereços adequados. Era um conjunto de práticas que, mesmo com a onda de ocidentalização (ou por causa dela, para fazer-lhe frente), foram valorizadas e reproduzidas.

Os casamentos em todos os estratos sociais continuavam a não ser frutos de escolha pessoal, mas intermediada por alguém que, primeiro, sugeria os nomes dos noivos aos pais e, depois, formalizava a apresentação dos pretendentes. Na cerimônia de casamento

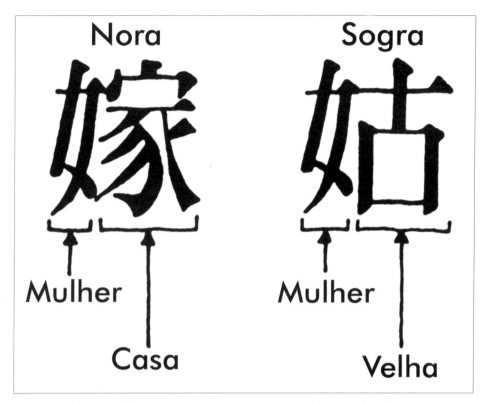

A língua explicita que a jovem esposa é quem deve cuidar da casa: "nora" é composto pelos ideogramas "mulher" e "casa", enquanto "sogra" é a junção de "mulher" e "velha".

budista, por exemplo, o intermediário tinha um lugar de honra no momento dos três goles de saquê trocados entre os noivos para selar a união.

Depois do casamento, se o marido era um filho primogênito, levava a esposa para viver com seus pais. Se não era, formava com ela um novo domicílio. Assim, a jovem casada com um primogênito tinha que conviver na mesma casa que os sogros. Por conta desse costume, a "sogra japonesa" tem, até hoje, uma imagem bastante estereotipada como a megera que desconta na esposa do filho tudo aquilo que sofreu nas mãos de sua sogra; a esposa trabalha e a sogra critica, pois esta continua sendo uma "mãe sábia".

As pessoas se casavam entre 20 e 25 anos e habitavam uma unidade doméstica onde conviviam pelo menos três gerações.

OS LARES DO PÓS-GUERRA AO SÉCULO XXI

A nova ordem do pós-guerra provocaria grandes mudanças nos lares japoneses. É o fim da imagem da mulher andando obrigatoriamente a dois passos atrás do marido, muitas vezes ainda carregada de embrulhos e segurando as crianças pelo braço. A visão de maridos empurrando carrinho de bebê pelas ruas, que não causa espanto nos dias de hoje, contrasta vivamente com o que ocorria com as famílias antes da guerra. Um homem ocupar-se de um bebê em público era algo inconcebível para os valores tradicionais japoneses. Poderia ser até motivo de humilhação. Demonstrar afeto e cuidar de um filho eram tarefas exclusivas das mulheres.

A legislação da família, que introduziu a igualdade entre homens e mulheres, colaborou para modificar em muitos aspectos as relações de gênero, mas não foi o único fator. As transformações no mercado de trabalho, decorrentes da industrialização e do crescimento acelerado das cidades, abriram oportunidades de emprego fora do lar para as japonesas. As indústrias leves, como a têxtil, por exemplo, eram grandes empregadoras de mão de obra feminina (de 60% a 90%) já no final do século XIX. Entretanto, como a casa e a família eram consideradas prioridade na vida da mulher, elas deixavam o trabalho assalariado ao se casarem (a não ser que "o país" necessitasse de seus esforços ou que seu lar fosse mesmo muito pobre).

De fato, desde muito antes da Constituição "ocidental" de 1947, as japonesas, embora não votassem, tinham acesso ao espaço público e não eram vistas como simples reprodutoras; trabalhavam, poupavam, administravam o orçamento doméstico e já eram encaradas como consumidoras. Nas guerras, não lutavam – assunto militar "é coisa de homem" –, mas serviam como enfermeiras e colaboravam de várias formas com o esforço nacional.

A nova lei lhes acresceu o direito de voto, o que não foi pouco. O pós-guerra também lhes possibilitou um diálogo maior com mulheres de outras partes do mundo, outras visões, outros valores. Logo as japonesas verificaram que a ideia de igualdade com relação aos homens significava também a oportunidade de ascender socialmente pela competência: primeiro, nos estudos, depois, como consequência, no mercado de trabalho urbano qualificado. A taxa de natalidade é o indicador mais objetivo para demonstrar, entre outras coisas, como as mulheres passaram a encarar a sua vida de cidadãs: em 1947, a média de filhos por casal era de 4,5. Dez anos depois caiu para 2,0.[1]

A discriminação das mulheres no Japão sempre foi "parcial e pragmática", como avaliou um historiador.[2] Até meados do século XX, elas não tinham direitos políticos, mas isso também ocorria em muitos países ocidentais. Tarefas domésticas eram atribuições femininas, também em nada diferente do que ocorria na França, na

Vida privada | 311

A mulher japonesa do pós-guerra parece se sentir livre das amarras do passado, muito diferente da mãe do século XIX.

Inglaterra ou nos Estados Unidos (e em escala maior nos países árabes). As japonesas sofriam discriminação no mundo do trabalho, como no Ocidente (e muito menos que nos países árabes).

Casamento à japonesa

Até hoje é a mulher quem simbolicamente "mantém vivo o fogo doméstico". Mesmo com os avanços tecnológicos ligados às tarefas domésticas – refrigeradores (no final da década de 1950), máquinas de lavar roupas, aquecedores elétricos, aspiradores de pó, panelas elétricas, fornos de micro-ondas etc. –, diversas atividades atribuídas às mulheres no lar se assemelham às de outras épocas: alimentar a família, limpar a casa, cuidar do marido, fazer compras cotidianas, cuidar das roupas, bater e arejar os acolchoados, ser a cuidadora preferencial das crianças pequenas e dos idosos da família.

Apesar das mudanças ocorridas na acomodação entre o novo e o tradicional, o ideal da mulher japonesa como "boa esposa e mãe sábia" pouco mudou e, em certos aspectos, foi acentuado.

As grandes desigualdades de gênero apoiadas pelo confucionismo dos séculos XVIII e XIX ficaram no passado. Vai longe o tempo em que mulheres não tinham acesso à escrita como os homens, quando seus trajes sofriam limitações legais para que mantivessem a humildade ou quando eram obrigadas a pedir permissão para se manifestar.[3] Os casamentos no Japão não são mais arranjos entre famílias. A escolha do parceiro é livre, mas também não se assemelha aos casamentos ocidentais movidos pelo ideal do amor romântico. Continuam sendo a conveniência de uma vida em comum em que o homem e a mulher têm cada qual algumas vantagens.

Em geral, o marido japonês vê prioritariamente na esposa a reprodução do calor doméstico assim como seu pai e avô. Ao descalçar os sapatos na entrada da casa, o marido busca encontrar na esposa um refúgio, e não necessariamente uma companhia com quem compartilhar sonhos e angústias. É em casa que o homem descansa, procurando não levar nada relacionado aos problemas do trabalho. Ao calçar os chinelos, ele entra no mundo doméstico onde é autoridade e espera ser servido. Mal conversa enquanto lê jornal, vê TV, relaxa, enquanto a mulher lhe traz o chá e oferece comida.

As mulheres adotam também em casa uma postura diferente daquela que têm na rua. Em casa, as japonesas são donas de casa despojadas ao passo que, nas ruas das grandes cidades, é cada vez mais raro encontrar mulheres vestidas com descuido e sem maquiagem. Seja na produção extravagante da moda das jovens de Harajuku, em Tóquio, ou nas vestes impecáveis das funcionárias de escritórios e lojas, as japonesas denotam muito cuidado ao se apresentar no espaço público. Elas não têm o menor pudor em se maquiar diante de estranhos, especialmente nos transportes coletivos. Parece ser uma obsessão coletiva, especialmente entre as jovens solteiras, ficar se olhando no espelho o tempo todo. Quando as bolsas são abertas dentro dos trens e metrô, vê-se que carregam potes de cremes e muitos produtos de maquiagem. Em casa, porém, as mulheres se despem da sua apresentação externa, retiram a pintura, usam roupas simples; as donas de casa, invariavelmente, usam longos aventais. Dentro do lar, a mulher assume o papel de esposa e mãe, não sendo mais aquela pessoa que gosta de roupas e acessórios modernos e a consumidora voraz de produtos de beleza. Em casa, enfim, ela se assemelha à sua mãe e avó de outros tempos.

Imagem de sucesso. A mulher moderna da década de 1950, feliz com o acesso a bens de consumo que suas mães e avós nem sonhavam ter.

De maneiras distintas, fica claro que, para homens e mulheres, casa e rua são mundos separados. Essa separação é muito marcada não só pelas diferenças de gênero, mas também pelo modo de vida que as grandes cidades impõem aos japoneses. Mesmo que não seja da sua vontade (mas culturalmente isso não se discute), os homens ficam muito pouco tempo dentro de casa. O trabalho e as reuniões com amigos ou de negócios fora do escritório ou da fábrica são prioridades na vida cotidiana masculina. Além disso, há o enorme tempo que eles gastam nos transportes até chegar em casa (as moradias, em Tóquio, estão numa média de 50 km de distância do centro da cidade). Assim, a rotina masculina é trabalhar muito tempo, chegar tarde da noite, exausto, com os filhos já dormindo e, no dia seguinte, repetir tudo de novo. Durante a semana, os maridos não fazem nenhuma refeição com a família e o diálogo com a esposa se restringe basicamente a assuntos ligados aos filhos (que o pai vê cada vez menos, aumentando a responsabilidade da mãe).

Como fica então a esposa diante dessa rotina? A fala popular diz que, para ela, é bom que o marido se mantenha "saudável e ausente". A "ausência", pelas circunstâncias descritas acima, mesmo que não desejável, é um problema quase sem solução, pois o mundo do trabalho tem prioridade sobre o familiar; um marido "ausente" significa um marido empregado com salário condizente e que não solicita os favores da mulher durante o dia ou dá palpites em seu tempo livre. A "saúde" é uma reminiscência da tradicional obrigação feminina de manter o bem-estar do marido, sendo ainda hoje função da esposa japonesa oferecer a ele alimentos preparados, roupas lavadas, casa limpa e um ambiente aconchegante no lar para que ele possa dar, em troca, o dinheiro que mantém a família.

Com o desenvolvimento econômico do Japão, os salários dos homens preenchem com folga as necessidades materiais da esposa e dos filhos, estes em número cada vez menor. Essas necessidades materiais têm também limites: existe uma expressão em japonês repetida constantemente – *motainai* –, que poderia ser traduzida por "é pena desperdiçar", no sentido de reaproveitar, não jogar fora. Embora se possa argumentar que o nível de consumo japonês seja bastante alto e que ir às compras para os japoneses de todas as faixas etárias da população é uma espécie de *hobby* dos mais prazerosos, não se verifica desperdício nas casas. O tipo de consumismo no Japão é diferente do ocidental. É bem verdade que aparelhos domésticos, principalmente, são trocados com bastante frequência. Mas isso se deve também ao custo dos consertos e à necessidade de ter produtos cada vez menores. Por outro lado, não há desperdício de comida. Desde que começam a comer alimentos sólidos, as crianças são ensinadas a não deixar um grão sequer de arroz na tigela, o que é interpretado como falta de educação. O grão de arroz tem um significado ainda mais profundo: os pais passam para os filhos do

A nova geração de mulheres como a jovem à esquerda, vestida, penteada e maquiada para se exibir em público.
Em casa as mulheres usam avental e até lenço na cabeça para executar as tarefas domésticas.

século XXI a lembrança dos tempos antigos em que os alimentos eram escassos. Enfim, é um consumismo "à japonesa".

O trabalho feminino é, na realidade, apenas um complemento na organização das finanças familiares, porque o salário do marido é suficiente e o emprego não deve ser prioridade da mulher. Ela trabalha fora até o nascimento do primeiro filho e pode, se quiser, voltar a trabalhar quando os filhos estão crescidos. O mercado de trabalho japonês oferece oportunidades para as mulheres poderem dedicar-se primeiro à família e depois ao trabalho, num movimento oposto ao dos homens. Com o marido ausente durante todo o dia, os filhos na escola do começo da manhã até o meio da tarde, a facilidade com que realiza o trabalho doméstico, a disponibilidade cada vez maior de comida saudável acessível, a mulher tem muito tempo disponível para si.

Os *part time jobs* (emprego de meio período, média de 35 horas semanais) são os que mais se adaptam à realidade das esposas e mães. Mesmo para as que têm educação superior, a opção de se afastar do trabalho de tempo integral e dividir o seu dia entre os deveres familiares e a realização pessoal não é entendida como um fardo. O rendimento obtido pelo trabalho feminino é direcionado para a poupança da família ou para despesas particulares da própria mulher, para viagens ou para emergências: é um extra de que a família (ou a esposa) dispõe. A poupança média mensal é de cerca de quinhentos dólares; quando ambos no casal trabalham, ela dobra. Há assim, uma boa quantia anual para usufruir com os gastos extras. Os empregos de meioperíodo estão basicamente voltados para o setor de serviços em lojas, escritórios, ou para setores mais especializados como educação ou saúde. As horas de folga das mulheres podem ser preenchidas também com o engajamento em associações das mais diversas ou em trabalhos voluntários, atividades que proporcionam sociabilidade, convivência, desfrute de interesses comuns.

Para a minoria que não demonstra muito entusiasmo pelo casamento ou que quer fazer algo com seu diploma universitário (bravamente obtido, num ambiente escolar extremamente exigente) além de guardar de recordação, existem os empregos executivos hoje abertos a mulheres. Mesmo assim, elas encontrarão limites nas possibilidades de ascensão na carreira. E, apesar das atenções masculinas (coisa que não falta para as solteiras), terão dificuldades em encontrar um companheiro que as aceite dedicando-se à profissão tanto quanto ele.

"O cordão da bolsa"

Hoje se diz que a mulher é como "o cordão que abre e fecha a bolsa", ou seja, é ela quem controla o orçamento doméstico, realiza os gastos cotidianos e economiza na medida do bem-estar da família. Se antigamente as mulheres controlavam a quantidade de arroz para o consumo diário, hoje, em tempos de informática, fazem o mesmo com o salário do marido.

Quando os salários eram pagos em dinheiro, os maridos levavam para casa os envelopes fechados e os entregavam à esposa. Era ela quem separava a quantia de cada um, inclusive a do marido. Calculava os gastos com o transporte, alimentação e o dinheiro que o homem poderia dispor com bebidas, jogos ou até mesmo com outras mulheres. Com a ascensão das transferências eletrônicas, a mulher japonesa mantém o seu papel. Essa prática pode parecer bizarra em outras sociedades, mas é corriqueira e certamente poucas japonesas abrirão mão dela. É no controle dos rendimentos do

A bolsa que complementa o quimono é também
a que controla as finanças familiares.

marido que a mulher japonesa exerce literalmente o seu papel de "rainha do lar", como dizem os brasileiros.

Com o controle das finanças familiares, a mãe tem condições de presentear os filhos ou adquirir roupas para si, ou utensílios para casa, sem ter que consultar o marido.

O que querem as mulheres?

Para as jovens japonesas, o marido ideal é aquele que preenche os três "h" usando expressões em inglês: "*high income, higher education, physical height*". Ou seja, ele tem boa educação formal, ótimo salário e é alto (pelo menos 1,75 m). Não há nenhuma menção a sentimentos, o importante é a presença de um marido saudável e ausente, que, por sua vez, espera da esposa apenas o cumprimento de seu papel. No mercado matrimonial japonês, os homens concorrem para encontrar uma esposa. O quadro demográfico japonês aponta para um maior número de homens. Por isso, a taxa de homens solteiros é alta, e preencher os requisitos dos três "h" é algo real na escolha das jovens que querem se casar. De forma muito pragmática, elas buscam maridos que podem lhes proporcionar uma vida confortável.

Isso se torna um problema para rapazes que são agricultores. Para eles, o mercado matrimonial se restringiu com a urbanização e a saída de boa parte das jovens em idade de casamento para as cidades. Além disso, os rapazes ligados à terra são para as moças uma lembrança dos tempos de suas mães e avós, do sistema em que a mulher vivia exclusivamente em função do lar e trabalhava duro e demais. As jovens, na sua maioria, preferem deixar o passado para trás e tentar uma experiência diferente da de suas ancestrais. Desse modo, os jovens das áreas rurais acabam recorrendo a noivas não japonesas: coreanas, tailandesas, filipinas.[4]

Nas cidades, os casamentos ocorrem com frequência entre colegas de trabalho ou de escola; muitas vezes as próprias empresas promovem reuniões informais para que seus funcionários possam se conhecer melhor. A frequência a ambientes fora dos grupos é pequena e, portanto, são poucas as chances de as pessoas estabelecerem contato, a não ser nos locais em que passam boa parte do tempo.

Dentro desse aspecto dos casamentos é preciso entender que os japoneses encaram a vida de modo diferente dos ocidentais. Nada para o japonês é 100%: nem a felicidade, nem a infelicidade. Assim, no plano das expectativas com relação ao parceiro, o casamento não significa uma totalidade, mas o preenchimento de uma parte da vida de cada um dos cônjuges. Há uma separação dos diferentes papéis que cada indivíduo exerce, um dos quais é o de ser parte do casal. Isso pode explicar a baixa taxa de divórcios se comparada a sociedades ocidentais. Prevalece ainda a noção tradicional da esposa. Mas, quando a mulher quebra com seu papel tradicional, o divórcio se estabelece e a maioria deles ocorre ou entre casais jovens sem filhos, ou entre casais com mais de vinte anos de casamento. Em ambos os casos, o pedido de separação parte mais frequentemente da mulher. Não é por acaso o fato de, nessa época da vida, a mulher gozar de certa autonomia financeira. Assim, se comparado com o do mundo ocidental, o número de separação é baixo. Mas, se comparadas entre si, as mulheres que mais pedem a separação são aquelas que têm condições de se sustentar. São indícios que sugerem mudanças importantes no cenário familiar no Japão da era da globalização.

No caso da jovem sem filhos, podemos pensar que o casamento frustrou a sua concepção de amor romântico que, obviamente, deve estar cada vez mais presente nas

Vida privada | 319

Os casamentos por amor, como entendemos no Ocidente,
são ainda pouco comuns entre os japoneses.

gerações mais jovens. Os divórcios entre os casais mais velhos ocorrem com mulheres que voltaram ao mercado de trabalho depois que os filhos já estavam suficientemente crescidos, o que lhes assegura autonomia financeira, ou com mulheres que durante o tempo de casamento pouparam para se garantir no futuro. Essa forma de poupança lembra as bolsinhas amarradas à cintura sob o quimono nas quais as mulheres guardavam dinheiro antigamente. Na ausência de alguma dessas formas de renda, existe ainda uma pensão pública que lhes permite viver sem o dinheiro do marido. Até o casamento, as jovens estudam conforme as possibilidades financeiras dos pais – as taxas para quatro anos de universidade correspondem a um ano inteiro do salário bruto de um assalariado, sem contar com as despesas de moradia e alimentação – e do seu desempenho pessoal. Poucas ainda são as mulheres que se dedicam a uma carreira profissional, dividindo o seu tempo entre o trabalho e a família. Até o nascimento do primeiro filho, elas trabalham e são comparadas a flores dentro de um escritório: são bonitas, mas passageiras. Tornar-se uma "mãe sábia" tem total prioridade sobre o sucesso profissional das mulheres, embora o casamento tenha se adiado para dar lugar a mais anos de trabalho. Verifica-se que a idade de casamento aumentou em cerca de cinco anos em relação à do pré-guerra tanto para os homens como para as mulheres. A opção por um número menor de filhos abre dois aspectos na vida da mãe: a sua relação mais intensa com o(s) filhos(s) e o maior tempo livre.

A mãe é a responsável e intermediária entre o pai e as crianças, lembrando a letra L, na qual o pai está no eixo superior e a mãe está na intersecção entre o pai e o(s) filho(s) na ponta inferior. Já nas sociedades ocidentais, pai e mãe são igualmente responsáveis pelo(s) filhos(s), lembrando a letra T. Com os pais japoneses ausentes, toda a carga em torno da educação dos filhos fica nas mãos das mães. O objetivo da família no Japão é formar filhos bem-sucedidos que possam ingressar numa boa universidade, obter bons empregos. Seus filhos têm de vencer, e por isso os jovens recorrem cada vez mais a aulas de reforço pagas, administradas fora da escola.

Prazeres do tempo livre

Nas horas em que o marido e os filhos estão fora de casa, a esposa/mãe que concluiu seus afazeres domésticos se dedica aos estudos que as mulheres do passado faziam para se preparar para o casamento. Praticam artes tradicionais como o *ikebana*, cerimônia do chá, caligrafia, pintura, além de fazer cursos de línguas, fotografia etc. É muito comum também o encontro com amigas em restaurantes e casas de chá, também compras, passeios curtos e outras atividades que preenchem o tempo livre.

Vida privada | 321

No quesito alimentação as opções vão desde a refeição tradicional
até os sanduíches que o mundo todo conhece.

Com o advento dos aparelhos domésticos e mudanças na alimentação, calcula-se que o tempo de trabalho das mulheres em afazeres domésticos caiu de sete para cinco horas por dia de 1959 para 1989. Essas horas incluem todo o serviço interno de limpeza, cuidado com as roupas, cozinha, além das compras quase diárias de comida.[5]

Os hábitos alimentares se modificaram combinando a tradicional culinária japonesa e a ocidental. O cardápio básico é constituído de arroz branco, uma sopa de missô (pasta de soja), peixe, chá, legumes e verduras na forma de conserva ou salada fresca, preparados de formas variadas e de acordo com o gosto de cada região. A essas refeições foram adicionados o leite, o pão, a carne bovina e toda a sorte de produtos encontrados nos supermercados da Europa ou Estados Unidos. O macarrão é encontrado nas mais diferentes formas, seja nos pratos "orientais" como no *udon, lamen* (de origem chinesa), *soba* (de trigo sarraceno, obrigatório no dia 31 de dezembro), como também na forma da "pasta" ocidental. Todos esses produtos são encontrados prontos ou semiprontos numa oferta que chama a atenção pela enorme variedade. As grandes lojas de departamentos têm os andares inferiores dedicados exclusivamente à venda de alimentos, onde os pratos são preparados à vista do comprador em pequenos quiosques. O consumo também é grande, o que faz crer que as mulheres cozinham cada vez menos. Lado a lado com as grandes redes de venda permanecem ainda as quitandas e o pequeno comércio de bairro em que os proprietários são geralmente casais idosos que mantêm a lembrança do passado das grandes cidades.

Uma das questões que surgem com o tempo livre das mulheres é a dos casos extraconjugais. O marido ausente dá espaço para as aventuras femininas fora do casamento. E os índices têm aumentado entre as mais jovens. Estas são as que estudaram, tiveram empregos antes de se casar ou trabalham nos empregos de meio período e desfrutam dos meios de contracepção e da liberação do aborto. São mulheres que têm ou tiveram independência econômica. O marido lhes garante a segurança financeira, e com seus parceiros, colegas ou ex-colegas de trabalho ou de universidade buscam satisfação sexual.

Uma pesquisa comparativa entre os Estados Unidos e o Japão[6] constatou que, diferentemente dos americanos, para os japoneses (homens e mulheres) a satisfação sexual não é um ingrediente considerado muito importante num matrimônio. Há uma nítida separação entre sexo e vida conjugal. Assim, para obter satisfação sexual não é necessário romper um casamento e procurar por outro.

Essa mentalidade tem raízes no passado recente, quando os casais faziam sexo no casamento com vistas à procriação. Eram funções da esposa obedecer ao marido, proporcionar-lhe herdeiros (homens) para a perpetuação do nome e dos bens da família extensa e garantir a reprodução da mão de obra. Todos os arranjos para os casamentos eram feitos para preencher esses requisitos e nada mais. Era esperado que a noiva fosse virgem, contrastando com os períodos anteriores à era Meiji, quando as jovens tinham menos restrições em relação ao sexo antes do casamento e havia uma liberdade sexual entre homens e mulheres, tanto entre os da aristocracia como entre os camponeses.

No período Meiji, enquanto as esposas e mães eram instadas a promover o aconchego no lar, o calor doméstico, os homens buscavam preencher suas necessidades afetivas e/ou sexuais nas casas de entretenimento dos mais variados tipos. Em ambos os espaços, as mulheres exerciam o papel de dar apoio ao homem seja como esposa/mãe ou como gueixa, garçonete dos incontáveis bares, amante, ou prostituta. Havia uma separação de papéis socialmente legitimados sem qualquer conotação de desvio ou de julgamento moral tanto por parte do homem como da mulher.

Como vimos, mesmo depois de passar por mudanças, no casamento japonês o amor romântico não entra no rol das expectativas. Para dar certo, é necessário apenas que os cônjuges busquem viver em harmonia, tal como nos ensinamentos de Confúcio.

CRIANÇAS

A distância do local de trabalho do chefe da família afasta o pai da convivência com os filhos. Apenas nos fins de semana ele empurra o carrinho do bebê, sai para passeios com a sua família, além de desfrutar de todos os itens de conforto e consumo que o seu trabalho pode proporcionar. Até a obsessão pelas fotografias dos turistas japoneses se transfere para a esfera da família nuclear. As fotos são o registro dos poucos momentos de lazer e de companhia que pai, mãe e filhos desfrutam juntos. Porém, talvez elas não sejam suficientes para substituir afeto, já que hoje em dia verifica-se a emergência de distúrbios psicológicos na relação mãe/filho resultantes da ausência do pai.

Por conta de mudanças iniciadas ainda na era Meiji, o Japão desenvolveu uma concepção de infância um tanto diferente da dos ocidentais. A ênfase na educação escolar é muito grande, mas numa educação específica que privilegia ainda hoje, especialmente nas primeiras séries, a coesão grupal. Essa característica estimula os professores japoneses a usar a vergonha como tática disciplinar, sem grandes preocupações com o que isso pode acarretar na autoestima das crianças. Assim, eles

No dia de Ano-Novo, alguns pais fazem questão de seguir
o ritual tradicional mesmo no Japão da alta tecnologia.

não veem mal algum em anunciar perante toda a classe que esse ou aquele aluno não foi bem na prova de matemática, por exemplo. Se, por um lado, esse estilo de educar favorece as performances nos exames, por outro cria alunos bastante estressados.

As crianças são pressionadas a ser bem-sucedidas na escola também pelos pais. Entre os argumentos ainda utilizados nas casas está o de que o filho deve sair-se bem para honrar o nome da família e dos ancestrais. Pais que fazem questão do sucesso acadêmico dos filhos sacrificam-se e trabalham duro para promover não só os estudos dos jovens, mas também os momentos de lazer para que os garotos, mais descontraídos, saiam-se bem nas provas.

As taxas de natalidade japonesas estão entre as mais baixas do mundo (e, como já vimos, no Japão o aborto não é proibido). Há quem diga que, com isso, a criança individualmente tornou-se uma "*commodity*" preciosa na família.[7] Muito mais do que antes, hoje a família investe muito nela. E cobra resultados.

A perspectiva de ter que atender as altas expectativas de sucesso de pais e professores cria nos jovens – e até nas crianças – uma carga tão intensa de frustração que explica o número muito elevado de suicídios nas faixas etárias até os 20 anos em comparação com outras partes do mundo. O número menor de filhos por família aumenta ainda mais o stress infantil e juvenil.

Desde o momento em que o Japão optou pela educação como forma de ingressar na modernidade e tornar-se uma potência econômica, a opinião de professores e especialistas sobre a maneira mais adequada de educar e cuidar de crianças passou a ter um grande peso social. Com isso, pais e familiares perderam um pouco de sua autoridade e autonomia com relação aos filhos para o Estado e a escola.

Porém, mesmo com sucessos óbvios retratados, por exemplo, no nível educacional da população japonesa, os debates entre educadores não pararam no tempo. Problemas são detectados. Algumas críticas são feitas ao aprendizado um tanto mecânico, burocratizado, ou à preponderância do grupo sobre o sujeito. Surgem vozes japonesas defendendo um estímulo maior da individualidade e da criatividade entre os estudantes.

Se nos pautarmos pela história japonesa, podemos dizer que, diante dos novos desafios e questões, o Japão responderá procurando aprender com outras sociedades ao mesmo tempo em que respeitará muitas de suas especificidades culturais.

NOTAS

[1] Sumiko Iwao, The Japanese Woman, Cambridge, Harvard University Press, 1993, p. 130.
[2] David S. Landes, A riqueza e a pobreza das nações, Rio de Janeiro, Campus, 1998, p. 472.
[3] Para saber mais sobre as relações de gênero no Japão da pré-história até o século XIX, ver Peter N. Stearns, História das relações de gênero, São Paulo, Contexto, 2007.
[4] Sumiko Iwao, op. cit., p. 66.
[5] Idem, p. 33.
[6] Virginia Slims Report, Josei ishiki chôsa: Nichibei hikaku (*Survey* sobre a atitude das mulheres: uma comparação entre Estados Unidos e Japão), Tokyo, Virginia Slims Repoto Jikko Jinkai 1990, apud Sumiko Iwao, op. cit.
[7] Peter Stearns, A infância, São Paulo, Contexto, 2006.

SAMURAIS

Se existe um ícone que se associa ao Japão, esse é o do samurai. Sua figura está na base da identidade japonesa, sendo uma referência em muitos momentos da história do Japão desde o século XIX.

Por que o XIX? Porque é a partir daí, mais propriamente na segunda metade, que a identidade nacional passa a ser uma necessidade, justamente quando o país se abre ao contato com o Ocidente. Antes, não havia por quê. O país estava voltado para dentro, a não ser em ocasiões pontuais (como a tentativa malograda de conquista da Coreia por Hideyoshi ou quando os europeus chegaram ao Japão no século XVI). Esses contatos, no entanto, como todos os anteriores, com a China ou a Coreia, não atingiam todo o território ou afetavam toda a população, não demandando, portanto, a contrapartida da necessidade de uma união nacional. Quando, no século XIX, o Japão tem diante de si o desafio de se tornar Estado-Nação, deve mostrar uma face para seus interlocutores. E encontrar respostas para si mesmo. Quem são os japoneses? – essa é, então, a nova pergunta.

Para a construção de uma identidade nacional foi preciso recorrer a elementos reconhecidos pela população de todo o país. Um deles é a figura do imperador, como vimos. Havia, entretanto, um fosso entre o imperador e o povo, pois aquele era intocável e divino. Para dar humanidade ao projeto, nada melhor que recorrer à figura do samurai – não a do samurai concreto, cuja extinção estava sendo orquestrada, mas a de um samurai ideal, construído na medida das novas necessidades.

E por que o samurai? Porque, no imaginário japonês, era ele quem havia demonstrado, durante os séculos passados, que o indivíduo, mesmo sendo parte de um grupo unido e coeso, pode se destacar por sua coragem e lealdade. Que melhor figura simbolizaria as virtudes do povo esperadas pelos governantes? Daí para frente, os vários dirigentes do período Meiji definem e propagam um modelo a ser seguido, fazendo cada japonês acreditar que, de muitos modos, qualquer filho do país do sol nascente poderia ser um samurai.

Não importa – ou melhor, é até bom – que os samurais concretos deixem de existir exatamente nessa época. A partir de 1871 (pela nova legislação), não se veem mais

O *do*, "caminho", é um ensinamento de disciplina, aprimoramento. É por isso que no *kendo* (o caminho da espada), apesar do uso da espada, a intenção não é machucar, mas desafiar o lutador a manejá-la sem ferir o adversário.

desses homens perambulando com espadas à vista.[1] É a memória da figura heroica do samurai que serve agora à "pátria japonesa". Se antes do período Tokugawa os samurais eram capazes de dar o sangue por seu senhor, dos samurais da modernidade são esperadas ações semelhantes com relação às diretrizes vindas do Estado.

Funcionou. O resgate dos preceitos do *bushido* (sobre os quais falaremos mais detalhadamente adiante) na era moderna japonesa foi uma das grandes estratégias de sustentação do regime que, para os padrões ocidentais do final do século XIX, parecia inteiramente anacrônico. As elites japonesas, por sua vez, manipularam elementos – que diziam ser da "alma japonesa" – num movimento de sintonia fina, de acordo com seus interesses em cada questão: quer para impor aspectos de modernidade, quer para evitar que os valores japoneses tradicionais sucumbissem totalmente à onda de ocidentalização.

Mesmo quando viu que a derrota do Japão na Segunda Guerra Mundial era iminente, o soldado Hiroo Onoda continuou fiel ao ideal dos samurais, preferindo se esconder nas selvas das Filipinas a se entregar.

Algumas décadas mais tarde, nos tempos do ultranacionalismo militarista, os dirigentes recorreram à expressão *Yamato damashii* ("espírito japonês") – note-se o emprego do nome do reino de origem da linhagem imperial –, aplicando o mesmo tipo de estratégia de "usar a história".

O apelo à ética samurai deu bons resultados no sentido de fazer os japoneses trabalharem para o bem comum (ou o que os dirigentes lhes diziam ser o bem comum). Até as crianças e os jovens participavam do esforço nacional estudando sob o véu protetor do Estado e divulgando as mensagens nacionalistas que recebiam na escola. O ideal samurai aplainou os caminhos, justificou os sacrifícios e as renúncias e se contrapôs com sucesso aos defensores de valores como democracia, liberdade de expressão e direitos individuais. As vitórias militares contra a China e o império russo ajudaram a reforçar a ideia de que o Japão estava no caminho certo e aguçaram o espírito guerreiro adormecido no país desde o século XVII. A população colonizada de Taiwan e da Coreia, os conquistados da Manchúria, da China e de territórios do sudeste da Ásia sob a Esfera da Coprosperidade e todos os prisioneiros dos japoneses foram vítimas desse espírito guerreiro e seus excessos.

O espírito samurai renasceu também no desenvolvimento das artes marciais cujo cerne é o *do* (caminho). Esportes como o ju*do*, ken*do*, aiki*do* ("caminho suave", "caminho da espada" e "caminho da energia vital", respectivamente) têm as suas regras oficialmente estabelecidas na década de 1920, no início da fase mais aguda do militarismo japonês. Essas artes marciais completavam os ensinamentos das aulas de Moral e Cívica nas escolas, orientando os jovens sobre "o caminho" e a disciplina com nítida inspiração samurai.

Na Segunda Guerra Mundial, embora tenha contagiado praticamente toda a sociedade, o *bushido* teve sua maior expressão na ação dos kamikazes. O armistício e a ordem para depor as armas criaram nos soldados dúvidas terríveis, pois lhes havia sido ensinado que o guerreiro deve lutar até o fim. Render-se significava tanta vergonha que o suicídio mostrava-se mais honroso. O dilema era tão grande que o próprio imperador teve que se manifestar e declarar a derrota para evitar suicídios em massa, como vimos.

Na época, o espírito do guerreiro se manifestava também fora do Japão, como entre imigrantes no Brasil. A partir da metade da década de 1930, um número alto de jovens deixou suas famílias para se alistar como voluntários no exército japonês. Para as famílias isso era um dilema, pois ao mesmo tempo em que necessitavam da força de trabalho do filho também entendiam que era seu dever enviar soldados para honrar os ancestrais e servir à pátria. Houve a necessidade de intervenção do cônsul para limitar as saídas, argumentando com os imigrantes que os jovens podiam demonstrar sua lealdade para com o Japão de muitas outras formas permanecendo no Brasil. No final da guerra, alguns patriotas japoneses inconformados com a derrota do Japão e sua aceitação por parte dos imigrantes reagiram tomando parte no movimento Shindo Renmei, que não deixava de pautar-se, à sua maneira, também por valores samurais.

O desfecho da Segunda Guerra Mundial quebrou o espírito samurai no que tinha de bélico, agressivo, guerreiro *stricto sensu*. Mas ele seria reciclado, por outros meios e com outros objetivos, como no movimento de reconstrução do país, dentro das empresas japonesas, nas escolas, nas brincadeiras infantis, nas artes marciais, nos esportes e até na cultura *pop* (em filmes, jogos eletrônicos, quadrinhos, desenhos animados etc.). Permanece até hoje como uma das marcas fortes da cultura japonesa e tem admiradores e adeptos pelo mundo todo.

Porém, em meio a tantas referências e adaptações, é bom voltarmos às bases e saber o que diz o *bushido*, o código de ética samurai.

A ÉTICA SAMURAI

Os alicerces do *bushido* são sobriedade, disciplina e lealdade. O significado – *bushi* = guerreiro, *do* = caminho – agrega não só o sentido da luta, mas uma norma de conduta. Esse código, nunca escrito na íntegra, pode ser compreendido pela leitura de algumas obras como a de Miyamoto Musashi (1584-1645), *Livro dos cinco anéis*, e a de Yamamoto Tsunetomo (1659-1719), *Atrás da folhagem*. Esses dois autores eram samurais que, no final de suas vidas, resolveram escrever sobre aspectos do *bushido*.

Para o samurai, cada dia deve ser encarado como se fosse o último. Por isso, a pessoa tem de perseguir a sabedoria, a honra, a coragem e o dever como se não fosse ter mais nenhuma outra oportunidade para fazê-lo. A sabedoria samurai está em saber viver plenamente o presente trilhando o caminho, o *do*, para a elevação. A elevação é alcançada com disciplina, obediência e retidão moral.

A luta por si não tem significado, não é o objetivo último. Ser guerreiro é mais do que ser hábil nas técnicas de combate, saber empunhar uma espada, matar o inimigo ou vencer uma batalha. A verdadeira vitória é aquela sobre si mesmo, numa sólida combinação entre físico e espiritual. Ambas as dimensões devem ser cultivadas igualmente, uma não existe sem a outra: é preciso exercitar o físico até a exaustão, mas sabendo que sem uma forte base espiritual o verdadeiro samurai não existe.

A ética samurai constitui-se também por referências do budismo, do xintoísmo e do confucionismo.

Pela reflexão budista, o samurai aprende qual é o momento de matar ou morrer. O budismo prega que a vida se refaz através da reencarnação, ou seja, que a morte não deve ser encarada como o fim, mas a transição para uma outra vida, até que seja alcançada a iluminação. Portanto, a crença de que aquele que morre renasce, mesmo que não seja em forma humana, faz da morte uma etapa de um ciclo, encarada como um passo para a iluminação.

O xintoísmo, por sua vez, remete à ancestralidade comum de todos os japoneses nascidos da deusa-mãe, sendo que dela advêm os deuses das comunidades locais e o culto aos ancestrais da família, que permanece até os tempos atuais.

Ensina que o presente é o fruto do trabalho e da dedicação aos ancestrais, por isso a pessoa deve se pautar por uma conduta sábia e reta a fim de não desonrar tudo o que recebe. A lealdade é uma decorrência e ela se estende não apenas aos deuses da comunidade que a protege, mas ao senhor que administra os cultos à divindade local (ao chefe). No topo está o imperador, o descendente direto da deusa-mãe, a quem todos são subordinados. É em nome da lealdade que o samurai luta para defender as terras que abrigam a comunidade a que pertence. Por ela, o samurai deve ser capaz de matar e de morrer. Na batalha, ele dá o seu testemunho de lealdade lutando até o fim para honrar o seu nome, dos ancestrais e dos descendentes, para não se envergonhar diante de si e dos outros.

Quando seu senhor falece, quando perde uma batalha ou quando se sente envergonhado por alguma outra coisa, o guerreiro samurai mostra ser alguém honrado cometendo o suicídio, ritual conhecido como *seppuku* ou *harakiri* (hara = ventre, kiri = corte).[2] Corta primeiro o ventre, considerado a morada da alma, longitudinalmente, da direita para a esquerda e depois um pouco para cima e, ao final, a seu pedido, é decapitado por um subordinado. É um ritual porque há geralmente uma preparação prévia, com a escolha adequada do local, a indumentária de cor branca e testemunhas para presenciar o ato de honra. O *harakiri* combina a lealdade xintoísta com a atitude de conformismo diante da morte.

A contribuição do confucionismo para o *bushido* está na ênfase posta na obediência ao superior e na responsabilidade para com o mais humilde. Nessa rede de relações, a benevolência tem um papel fundamental, pois pressupõe que aquele que cumpre com os seus deveres para com quem convive aprimora dentro de si a compreensão das fraquezas humanas e procura superá-las, ajudando-se e ajudando os outros.

Para entender a profundidade de todos esses ensinamentos, o guerreiro precisa, antes de tudo, se conhecer. Aí entra o *zen*-budismo. Essa filosofia aponta caminhos para o autoconhecimento. A sua prática é a meditação, sem livros ou sutras. No *zen*, o exercício contínuo da meditação é o caminho para a purificação da mente. Com ela, o samurai saberá buscar a sua própria sabedoria, que o guiará por todo o caminho.

O caminho do guerreiro é de aprendizado permanente, por isso a vida do samurai não se reduz à prática das artes da espada e do arco e flecha. O samurai é aquele que sabe tanto cortar delicadamente um galho de planta para montar um *ikebana* como decapitar rapidamente o inimigo com sua espada afiada: são faces do mesmo homem.

O homem pleno não desdenha atividades simples como praticar a caligrafia (*shodo*: *sho* = caligrafia + *do* = caminho) ou a cerimônia do chá (*chado*: *cha* = chá + *do* = caminho). Preparar um chá ou escrever são atos corriqueiros, mas, para os samurais japoneses, essas atividades são especiais e desafiadoras. O mais importante é o processo do fazer, a satisfação encontra-se em realizar a tarefa bem feita. A repetição é imprescindível para que, a cada tentativa, o resultado possa ser melhor. A procura do aprimoramento exige uma forte dose de concentração e de humildade.

Na caligrafia são usados pincel e tinta sobre um papel artesanal. A qualidade do material faz diferença no resultado final. A arte do calígrafo está na maneira como prepara a tinta, como dosa sua quantidade para aquele papel específico, a pressão sobre o papel para, enfim, escrever algumas letras sem rascunho ou retoque.

Na cerimônia do chá, todo o ambiente, o vestuário, os utensílios, cada movimento, tudo é cuidadosamente estudado a fim de que, no momento em que se prepara o chá e se serve a uns poucos convidados, a pessoa consiga transmitir serenidade.

A ESPADA

A arte da espada (*katana*) é um capítulo especial na vida do samurai. Ela é uma arte porque extrapola o simples manejo da espada como arma, que garante a vida ou o conduz à morte, mas é o símbolo que o acompanha mesmo nos tempos de paz. Significa, na verdade, um modo de vida e a representação visível do *bushido*.

É a espada que identifica o seu dono. Cada samurai tem a sua. O *katana* é confeccionado um a um por artesãos que, ao longo do tempo, foram se esmerando para obter espadas que não se reduzem apenas à forja, mas que sejam o resultado de um longo processo à procura da perfeição. Um *katana* envolve o trabalho de vários especialistas, cada um responsável por uma etapa, começando pelo mais importante, o forjador, cuja tarefa é "transformar o minério bruto em lâmina de aço que tenha pureza de material e de forma, rigidez e flexibilidade e alta capacidade de corte".[3]

Para poder iniciar o trabalho, o forjador recebe de outros o minério de ferro em blocos de durezas diferentes. Antes de começar, ele se purifica com água, tal como se faz nas visitas a qualquer templo. Purificado o corpo e o espírito, o mestre forjador executa o minucioso trabalho de bater e rebater os blocos para dar forma à lâmina. As várias etapas para confecção da lâmina da espada são minuciosamente cumpridas para que, no processo da têmpera – quando o metal é coberto com argila

334 | Os japoneses

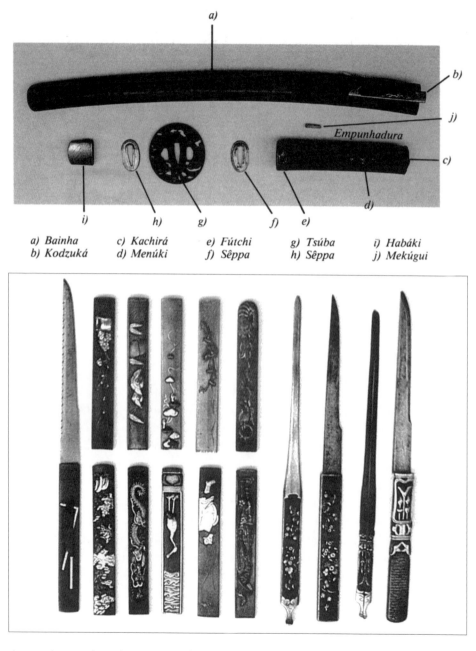

a) Bainha c) Kachirá e) Fútchi g) Tsúba i) Habáki
b) Kodzuká d) Menúki f) Sêppa   h) Sêppa j) Mekúgui

A espada é a alma do samurai. Ela não é apenas a arma que cortava a cabeça dos inimigos, mas também uma obra de arte dos artesãos que ao confeccionarem tal instrumento deixavam uma parte de sua alma no trabalho.

e levado ao fogo em partes, depois imerso em água para dar choque térmico –, se formem desenhos variados que dão "personalidade" à lâmina. O mestre forjador assina o seu nome na própria lâmina, tal a certeza de ter se dedicado ao máximo para aquela peça em particular.

Depois de forjada, a lâmina passa para o mestre polidor, que usa pedras de granulações diferentes para realçar cada detalhe deixado pela forja. É ele que dá brilho e o acabamento final. Todo o processo, da forja ao polimento, leva de três a seis meses. Depois, passa-se para a etapa do acabamento que também não é simples. A empunhadura, ou o cabo de madeira, cuidadosamente encaixada para dar sustentação à lâmina, é enrolada com um fio de seda e sustentada por metal nas suas duas pontas. Essas peças de acabamento são feitas de ferro ou bronze e decoradas em alto ou baixo relevo, quando a criatividade do artesão entra em cena.

Ainda há o *tsuba*, ou a guarda da espada, colocada entre a lâmina e a bainha para dar uma melhor sustentação à espada. Até a era Tokugawa, o *tsuba* era uma roda ou quadrado feito em metal com um furo por onde passava a lâmina. Mas com o passar do tempo ele se torna mais um elemento de decoração a personalizar a espada. São enfeitadas com laca ou com incrustações de ouro, formando desenhos dos mais variados, plantas, cenas de batalha, havendo até alusões ao cristianismo com Nossa Senhora e o menino Jesus no colo. As guardas e as bainhas são hoje em dia consideradas objetos de arte tal a variedade de temas, técnicas e materiais utilizados. Ao longo do tempo, os artesãos se especializaram na confecção de cada parte que constitui a espada, criando escolas com estilos diferentes para oferecer ao samurai a melhor possível. Todo esse processo explica a existência das associações de artesãos especializadas, com o mestre e os aprendizes que durante anos se empenham em aperfeiçoar na arte a que se dedicam. São vidas inteiras consagradas à confecção de partes da espada que dará ao samurai a sua identidade de guerreiro.

JUDÔ

A concepção inicial do judô remonta ao final do século XIX e reflete bem o espírito reinante na época: a insegurança quanto à identidade do Japão. Foi mais uma fórmula de resgate do passado à luz daquele momento.

O jiu-jítsu, por sua vez, já existia como a luta corporal dos samurais desde a época das guerras feudais. Logo no início do período Meiji houve resistências a tudo o que fosse associado ao passado, de modo que o jiu-jítsu foi deixado de lado por lembrar a velha ordem.

No judô (caminho suave) o objetivo é saber usar as potencialidades do corpo e do espírito durante a luta. No sumô – esporte muito antigo que ainda conserva rituais xintoístas –, o primeiro a tocar o chão com qualquer parte do corpo, exceto os pés, ou pisar fora do *dohyo* perde a luta.

A gestação do judô esteve ligada à renovação e, ao mesmo tempo, ao resgate do passado: era uma nova modalidade de luta, mas obedecia aos princípios da ética dos samurais. Assim, novamente os japoneses conseguiram intercalar o novo e o velho sem conflitos aparentes.

Quando o nome da nova luta usa o sufixo *do*, está demonstrando que, embora nova, respeita os ideais do passado japonês em vez de se entregar às formas de luta dos ocidentais. Ao propor respeito à hierarquia, a lealdade aos membros do grupo a que pertence (da mesma faixa colorida), está repetindo a fórmula da sociedade japonesa dos tempos medievais, quando a posição de cada indivíduo estava claramente demarcada. Ao mesmo tempo, adapta-se também à ideologia Meiji, que resgata o confucionismo como um dos princípios que regem a prática do samurai.

O judô alcança grande popularidade internacional a partir do momento em que se torna esporte olímpico, justamente nas Olimpíadas de Tóquio, em 1964. Foi o primeiro esporte de origem oriental a ser disputado em competições de cunho mundial.[4]

É praticado como esporte em muitos países, ampliando o alcance da cultura japonesa no mundo. Ironicamente, na disputa pela primeira medalha de ouro olímpica na categoria dos superpesados, o lutador japonês perdeu para um holandês, repetindo a história de que, muitas vezes, os alunos são capazes de superar os professores.

NOTAS

[1] Como os anos Meiji são de transição, os samurais ainda recebem pensões do governo. Elas só são extintas em 1945, com a ocupação norte-americana.

[2] O primeiro *harakiri* registrado data de 1170, foi praticado por Tametomo Miyamoto. Cf. José Yamashiro, História dos samurais, São Paulo, Aliança Cultural Brasil-Japão/Massao Ohno, 1987, p. 57.

[3] Laerte E. Ottaiano, Nippon-tô: a espada japonesa, São Paulo, Esperança, 1987, p. 19.

[4] O outro esporte olímpico de origem oriental é o tae kwon do, de origem coreana.

JAPÃO POP

De país acostumado a assimilar características do Ocidente, o Japão passou a influenciar povos além de suas fronteiras. Aqui não se trata de tecnologia – embora não haja hoje em dia quem negue essa presença no cotidiano dos que andam de carro, usam computador ou tiram fotografias –, mas, sim, de bens culturais. Desde pelo menos a década de 1970, podemos dizer sem sombra de dúvida: o Japão é *pop*.

Algumas vezes, as influências japonesas são sutis; em outras, bem óbvias. Não é difícil reconhecer a inspiração samurai nos filmes da famosíssima saga de ficção científica *Guerra nas estrelas*, no fundo, uma velha história de roupa nova. Os elementos são vários: a força do império, a saga do jovem chamado a enfrentar tormentos e provações que, depois, retorna com uma bênção para a comunidade, o velho conselheiro mestre de espada, a arte da luta combinando técnicas marciais e desenvolvimento espiritual etc.[1]

Aqui, selecionamos alguns elementos das muitas influências culturais japonesas de três áreas bem representativas: brinquedos/personagens infantis, culinária e estilo de vida.

POKÉMONS, GODZILLA E HELLO KITTY

Vimos que, no desejo de promover a educação primária à japonesa, foi dada grande importância à confecção de brinquedos centrados na criança no Japão. Bem-sucedidos, os japoneses foram capazes de divulgá-los e influenciar a infância também em outras partes do mundo. O início dessa influência data da década de 1920, mas ela se tornou forte, de fato, depois da Segunda Guerra Mundial.

Entre os japoneses, a predisposição em oferecer às crianças brinquedos atrativos e educativamente mais adequados estimulou-os a criar uma diversidade de produtos destinados a permitir que a criança explorasse com liberdade "seus próprios interesses e curiosidades". Ao mesmo tempo, desenvolveu-se no Japão um movimento de criação de parques de diversão para crianças. Um deles, planejado por psicólogos infantis japoneses em 1917, incluía zoológico, piscina, horta, gangorras, escorregadores e um ringue de sumô.

340 | Os japoneses

As crianças japonesas podem optar entre os tradicionais brinquedos feitos de latão colorido e os muitos produtos vendidos em lojas especializadas em personagens da mídia.

Por volta de 1920, junto com as novas ideias sobre infância, sugiram, para os japoneses, oportunidades econômicas internacionais. E o Japão tornou-se um exportador de brinquedos. Antes, bem no início da era Meiji, os japoneses tinham sido importadores de brinquedos europeus. Com os problemas causados pela Primeira Guerra Mundial às manufaturas europeias, os japoneses aproveitaram para ingressar com produtos seus no mercado mundial; suas exportações de brinquedos triplicaram nesse período.

Quando a concorrência europeia retomou fôlego, os japoneses tiveram que reforçar a criatividade. A Nintendo, empresa nascida em 1889, foi uma das indústrias que se esforçaram nesse sentido.

Em termos de concepção de brinquedos, os fabricantes japoneses estavam mais próximos dos norte-americanos que dos europeus: tentavam encarar as crianças como crianças, e não como miniatura de adultos. Os brinquedos europeus daquela época, como os populares soldadinhos, costumavam ser orientados para preparar os garotos para as atividades adultas. O Japão, de 1920 em diante, fez sucesso com os

O Godzilla pode ser considerado o primeiro personagem mundial do Japão pós-guerra.

consumidores infantis apelando para a fantasia. Depois da Segunda Guerra Mundial, os japoneses adquiriram, junto com os Estados Unidos, uma posição relevante no mercado global exportador para o gosto infantil.

> O Japão manteve com facilidade essa posição, como líder do desenho imaginativo (alguns diriam explorador) de brinquedos e produtos para crianças, mesmo quando a manufatura se mudou para centros de trabalho mais barato como a China. [...] Sua rapidez em aproveitar oportunidades para vender para crianças é uma parte fascinante de sua história de ajustamento, e acabou se tornando um elemento significativo na globalização da infância. A mudança promovida pelo Japão tornou mais complexo o retrato da história mundial moderna da infância, antes traduzido em termos estritamente ocidentais.[2]

Quem não ouviu falar nos Pokémons ou em Godzilla? Gostando ou não, são personagens que marcaram a vida de mais de uma geração dentro e fora do Japão. Os mais velhos viram *Godzilla* e acabam conhecendo os Pokémons através dos filhos. Nas últimas décadas, os heróis vindos do Japão se rivalizam em popularidade com os de Walt Disney, Hanna Barbera ou Marvel. É um ramo da indústria de entretenimento genericamente conhecido como *japop*,[3] ou a cultura *pop* japonesa.

É um setor que tomou vulto na medida em que, junto com os desenhos, revistas e filmes de longa metragem, os heróis se tornaram palpáveis ao se transformarem em bonecos de plástico, estampando camisetas, mochilas, copos, capas de cadernos etc.

Antes mesmo dos heróis coloridos de plástico, as meninas já se deliciavam em colecionar papéis de carta e cadernos estampados com a Moranguinho ou a Hello Kitty, talvez mesmo sem saber que eram originárias do Japão.

Com esses personagens que fazem parte do cotidiano de crianças e jovens, o Japão apresenta uma outra face do seu *made in japan*, composta de heróis e vilões, frutinhas e bichinhos que fazem parte de seu universo.

O Japão do pós-guerra entra no mundo do consumo pela porta dos eletrônicos, dos automotores e também pela porta do entretenimento.

Que jovem dos anos 1980 não teve – ou desejou ter – um *Walkman*, ancestral do moderno iPod? Que criança não preencheu um álbum com figurinhas autocolantes? Tanto o *Walkman* como as tais figurinhas tornaram-se ícones do contemporâneo: eles são práticos, de fácil manuseio, de identificação imediata e, sobretudo, acessíveis. O primeiro ficou associado à ideia de liberdade pelo jovem que, pela primeira vez, pode ouvir alto a música que gosta sem incomodar o vizinho. As figurinhas da gatinha com o laço vermelho na cabeça, por serem autocolantes, são manuseadas do jeito de cada criança. Os adultos, por sua vez, se veem livres de sons que não gostam, ou de ter que preparar decoração para festas de aniversário, por exemplo: basta comprar o *kit* Moranguinho (ou Power Rangers, no caso dos meninos). O importante é exibir a imagem do acesso aos bens de consumo.

O *Discman* é da segunda geração de aparelhos de som individuais, depois dos *Walkman*. Ambos são ícones da liberdade e da individualidade dos jovens de todo o mundo.

A fórmula pulverizada em milhares de famílias é semelhante para o Japão a partir do fim da guerra. Houve uma necessidade de inserção no mundo que apagasse a humilhação da derrota. Logo após a guerra, o público japonês se encanta com o monstro Godzilla, uma vítima de radiação que ataca Tóquio dizimando inúmeros moradores da cidade. É uma crítica óbvia aos acontecimentos de Hiroshima e Nagasaki, ainda muito vívidos na memória dos japoneses. Alguns anos depois, o monstro japonês se defronta com King Kong na torre de Tóquio, outra alusão ao que estava ocorrendo em relação aos Estados Unidos no mundo econômico.

Os heróis National Kid, Jaspion, Ultraman e Power Rangers são bem parecidos. Samurai X e o Lobo Solitário contrastam com os heróis de fantasia e se reportam a personagens tipicamente japoneses.

Moranguinho e Hello Kitty exploram o mercado voltado para a fantasia das meninas, sem reduzi-las a imitação de adultas consumistas e de seios grandes.

Os japoneses exportaram para o mundo a mensagem da luta do bem contra o mal com Ultraseven, Jaspion, Changeman e a doce Hello Kitty.

Meninos e meninas dos anos 1970 e 1980 acompanharam as aventuras do Speed Racer, alusão à competitividade japonesa no setor automobilístico.

Power Rangers, personagens mais modernos, têm rapazes e moças como heróis numa época em que as meninas não se contentam em ser mais ajudante ou namoradinha do herói. As garotas sabem lutar lado a lado com os rapazes.

No desenho animado *Sailor Moon*, aspectos da cultura japonesa da "economia da bolha" (anos 1980), como o respeito ao passado e à hierarquia, são retratados nas aventuras das meninas pré-adolescentes "nascidas e criadas num Japão cuja prosperidade econômica parecia infinita, num ambiente de pleno emprego e com a crença de que o futuro seria ainda melhor".[4] Embora as personagens se vistam de maneira igual, usando saias curtas e cabelos tipo maria-chiquinha, e aparentem inocência e fragilidade, elas também são guerreiras. Lutam contra monstros (seriam os concorrentes do Japão

Qual menino não conhece as aventuras do Speed Racer
e dos Cavaleiros do Zodíaco?

no mundo econômico?) e os vencem. Cada uma representa a diversidade do sonho japonês: uma é estudiosa, a outra, uma boa dona de casa e a terceira, uma sacerdotisa xintoísta. O passado recente se revela quando elas se descobrem como reencarnações de guerreiras de um mundo mágico e, como sempre, têm uma protetora e guia a quem obedecem e devem respeito: a rainha Sailor Moon.

Nas aventuras de todos esses personagens, a mensagem da luta do bem contra o mal aparece muito nítida, sem nuances. Para o bem poder vencer, ele precisa lutar muito. É uma fórmula que os japoneses não se cansam de repetir, inspirando-se inclusive em sua própria história.

A sociedade do pós-guerra com a sua euforia pelo consumismo é um contraste vivo com a da parcimônia da geração pré-guerra. Com o acesso aos bens de consumo, os jovens e as crianças passaram a criar universos particulares, isolados pelos fones de ouvido, pelas dificuldades apresentadas nos *videogames*, cuja superação depende exclusivamente da pessoa que está jogando. Os próprios pais se isolam cada vez mais assistindo a programas na televisão, deixando de lado o coletivo.

Quando desenhos animados como *Os Cavaleiros do Zodíaco* ou *Pokémon* narram histórias de companheiros em busca dos seus objetivos, a mensagem intrínseca é do valor do coletivo, um reforço ao ideal japonês do associativismo (comentado no capítulo "Tipicamente japonês?").

A indústria de entretenimento japonesa procura, ainda hoje, adaptar-se ao público japonês de crianças e jovens, ensinando valores da ética que poderiam ter sido esquecidos diante da nova realidade do país. Por exemplo, com o *Game Boy*, o jogador fica isolado diante do aparelho que cabe em suas mãos, participando ativamente da saga dos Pokémons, sendo o responsável pelo destino do personagem escolhido no jogo, e as dificuldades precisam ser superadas uma a uma para atingir um objetivo; existem os conselheiros sempre mais velhos e experientes que são a referência para os personagens, seja na forma do dono do Pokémon ou do mestre do Cavaleiro do Zodíaco. A sua presença é o caminho seguro para superar os obstáculos. Na luta contra o mal só a conduta correta visando à justiça e ao bem é que cria vencedores. O inimigo precisa ser enfrentado e aniquilado mesmo que à custa da própria vida.

Se a ideia de lucro for deixada de lado e pensarmos apenas nas mensagens que estão por trás dos sucessos de mídia e vendas, podemos verificar que os jogos e desenhos da era do consumismo estão, de alguma forma, procurando transmitir os valores do *bushido*, o código samurai. No código é importante o processo de gestação do guerreiro, ou seja, o guerreiro só é guerreiro por ser merecedor do título. Para isso, ele tem um processo longo e penoso de preparação. Ninguém se torna samurai da

A ética samurai é difundida na série *Lobo Solitário*.

O desenho *Pokémon* foi conquistando o gosto do público infantil com seus personagens que, ao evoluírem, mudam de nome e de aparência. Começou com jogos de *Game Boy*, depois foi para a televisão, cinema, figurinhas autocolantes, revistas, miniaturas, refrigerantes, mochilas, cadernos... Uma avalanche de produtos ligados à marca dos amigos do Pikachu.

noite para o dia, da mesma forma que, por analogia, nenhum Pokémon evolui sem merecer e sem guardar respeito e obediência ao seu dono, o mesmo que um samurai da era pré-Tokugawa.

Em outros tempos, aconteceu algo semelhante. Quando na era Meiji os samurais deixaram de existir legalmente, a mensagem do *bushido* foi resgatada nos espaços das lutas marciais como o jiu-jítsu ou o judô. O corpo substitui a espada, que desde o início da era Tokugawa, no século XVII, deixara de ter utilidade. Porém, é através do uso do corpo que o praticante da luta marcial manifesta a sua maturidade. Não é a força física que importa, mas a união de preparo físico e espiritual que cria o vencedor. A luta em si, sem o equilíbrio das duas dimensões do ser humano, não faz sentido. Esse equilíbrio se manifesta na hierarquia dos lutadores. Eles portam faixas de cores diferentes que mostram a sua posição adquirida por mérito, depois de passar por provas que podem ser comparadas às dos Pokémons em cada momento de sua evolução. Por caminhos diferentes, tanto as crianças e jovens que jogam *Game Boy* ou que praticam alguma arte marcial recebem uma mensagem que os alerta para a questão do merecimento como forma para crescer. Nas lutas marciais, no ritual de reverência ao patrono da modalidade e ao adversário, antes do início de qualquer atividade, repete-se o sinal do respeito à hierarquia e ao oponente.

Por outro lado, é bom observar que nem todas as crianças brasileiras que torram o dinheiro dos pais com as caríssimas cartas do jogo de Pokémon necessariamente apreendem seu significado do mesmo modo que as crianças japonesas ou sabem jogar "direito" o jogo. Pokémon tem raízes profundas na cultura japonesa que não podem ser simplesmente transferidas sem referenciais completos e sem filtros culturais. No limite, podemos dizer que, em cada contexto, os brinquedos japoneses adquirem significados diferentes.

SUSHI E SASHIMI

Assim como o judô ganhou espaço no mundo esportivo mundial, a culinária japonesa vem tendo cada vez mais destaque no rol das contribuições que os japoneses propagaram pelo mundo na segunda metade do século XX. A culinária conhecida no mundo como japonesa, na realidade, não é exatamente a mesma da sua origem. Japoneses comem os pratos "típicos japoneses" como o *sushi* ou *sashimi*, mas numa escala consideravelmente menor que a imaginada pelos ocidentais.

A culinária é outro produto de exportação japonês.

O Japão conseguiu exportar para o mundo uma pequena amostra da sua culinária, com certos pratos que agradaram, que foram reconhecidos e aceitos. Junto com a tecnologia e a indústria do entretenimento, a culinária japonesa tornou-se um grande produto de exportação cultural.

Ela faz parte do conjunto de atitudes que se viu surgir no Ocidente com o culto ao corpo saudável, buscando a longevidade e, em consequência, uma boa alimentação. Com o número de japoneses ultrapassando a expectativa de vida dos ocidentais, tentou-se descobrir a chave para o fenômeno. A explicação, segundo os especialistas, está na alimentação. Não foram levados em conta fatores como a não participação em guerras ou o baixíssimo grau de ocorrências policiais. Os japoneses souberam divulgar, junto à mídia mundial, os benefícios da comida japonesa.

Os restaurantes japoneses se espalharam, difundindo o peixe cru e os seus complementos: *wasabi*, o gengibre curtido, a alga e, principalmente, o shoyu, o molho de soja. Essa "indústria" da culinária japonesa movimenta milhões de dólares por todo o mundo em nome da saúde de quem a consome. Ela dá chances para a criação dos *chefs*, que inovam tanto nos ingredientes, nos formatos e nos sabores que um japonês do passado dificilmente identificaria como típico. Mas, como nos outros tantos aspectos culturais do Japão do pós-guerra, a culinária também se modificou e se converteu em mais um ícone do país. Com a "nova culinária", o Japão deixa para trás o seu passado de penúria, da falta de alimentos que perdurou por séculos, e mostra ao mundo e a seus próprios cidadãos mais um avanço japonês do pós-guerra.

ESTILO ZEN

Na direção da vida saudável, os japoneses oferecem ao mundo uma face que aparentemente é uma crítica ao consumismo. Há hoje em dia uma redefinição genérica e pouco consistente do conceito de *zen* que engloba um conjunto de manifestações, todas voltadas para o bem-estar. Como essa corrente originária da religião budista está ligada ao desapego, essa faceta foi apropriada e se associou ao *clean* (limpo). É como se o novo significado de *zen* fosse uma barreira dentro do mundo moderno, uma tentativa de criar um oásis na loucura das grandes cidades voltando-se para aquilo que seria mais humano, menos apegado ao consumismo, uma filosofia de vida.

Uma casa com poucos móveis e pouca decoração integra o "espírito zen", que dá as costas para o material e valoriza o lado espiritual do homem.

Ela se manifesta, por exemplo, no despojamento da decoração das casas, sem muitos móveis, na valorização das pedras, das flores, das fontes e cascatas. A casa simples, a comida saudável e o banho de imersão (*ofurô*) compõem o triângulo para proporcionar a reposição das energias gastas pela vida moderna.

Em pouco tempo, o japonês *zen* ganhou espaços em institutos de estética que oferecem a massagem *shiatsu*, essa cada vez mais popular. Para dar reforço a todas essas práticas, disseminou-se ainda mais o uso de incensos (já famosos com o movimento *hippie*) e velas para "purificar" ambientes e pessoas.

Tudo isso, paradoxalmente, engendra pequenos e grandes negócios que tendem a se consolidar como lições que o Oriente, em especial o Japão, tem a oferecer para os ocidentais. Na verdade, é um "Oriente tipo exportação", um Japão que se assemelha muito ao do tempo das gueixas dos filmes de Hollywood ou a personagens como Mariko san do romance *Xogum*, de James Clavell, ainda coberto de exotismo como nos tempos em que os ocidentais os "encontraram". É um Japão superficial. Mais imaginado e fantasiado que captado em sua complexidade. Mas é um Japão *pop*.

NOTAS

[1] Ver Joseph Campbell, O poder do mito, São Paulo, Palas Athena, 1990.
[2] Peter N. Stearns, A infância, São Paulo, Contexto, 2006, pp. 193-4. Muitas das informações sobre os brinquedos japoneses foram tiradas desse livro.
[3] Uma excelente síntese se encontra em Cristiane A. Sato, Japop: o poder da cultura pop japonesa, São Paulo, NSP-Hakkosha, 2007.
[4] Laerte E. Ottaiano, Nippon-tô: a espada japonesa, São Paulo, Esperança, 1987, p. 104.

CRONOLOGIA

Período Jomon 13000 a.e.c. ao 4º século a.e.c. – Mesolítico

Período Yayoi 4º século a.e.c. ao 4º século e.c. – Neolítico
- por volta do ano 350 a.e.c., início da cultura do arroz.
- final do século 2º e.c. ou início do 3º século e.c., a rainha Himiko ou Pimiko, a "filha do sol", se torna a líder de uma confederação de mais de trinta reinos.
- reino de Yamato e a existência de um chefe supremo entre o século 3º ou 4º.

Período Kofun 4º séc. e.c. ao 6º séc. e.c.
- introdução da escrita chinesa através da Coreia.
- introdução do confucionismo através da Coreia.

Período Asuka 552-710
- 552 – introdução do budismo através de Paekche (reino coreano).
- 604 – Constituição dos 17 Artigos do príncipe regente Shotoku.
- 645 – Reforma Taika ou a Grande Mudança.
- 702 – código Taiho.
- 708 – primeiras moedas japonesas.

Período Nara 710-794
- 710 – capital em Nara.
- 712 – compilação dos Registros de assuntos antigos.
- 720 – compilação das Crônicas do Japão.
- 743 – regulamentação dos *shoen*.

Período Heian 794-1185
- 794 – capital muda para Heian (Kyoto)
- por volta de 1000 – publicação das *Histórias de Genji*, de Murasaki Shikibu.
- 1158-1185 – Guerras Gempei entre os Minamoto e os Taira.
- 1185 – batalha naval de Danno-ura. Pelos sete séculos seguintes, o poder imperial se enfraquece e o domínio passa a ser dos samurais.

Período Kamakura 1185-1333
- 1192 – estabelecimento do xogunato em Kamakura.
- 1232 – Código Joei.
- 1274 – 1ª tentativa de invasão mongol.
- 1281 – 2ª tentativa de invasão mongol.
- 1333 – queda do xogunato de Kamakura.

Período Muromachi 1333-1573
- 1334 – o imperador retoma o poder em Kyoto.
- 1338 – início do xogunato Ashikaga.
- entre os séculos XII e XIII – introdução do *zen*-budismo.
- 1397 – é construído em Kyoto o *Kinkakuji* (Pavilhão de Ouro).
- 1467 – início das Guerras de Onin (guerras feudais).
- 1543 – chegada dos portugueses ao Japão
- 1549 – chegada de Franciso Xavier a Kagoshima.
- 1560 – batalha de Okehazama vencida por Oda Nobunaga.
- 1573 – queda do xogunato Ashikaga.

Período de Reunificação do Japão 1573-1615

Oda Nobunaga
- 1575 – batalha de Nagashino com o uso de armas de fogo.
- 1582 – Oda Nobunaga morre em Kyoto.

Toyotomi Hideyoshi
- 1563 – censo fundiário (*kenchi*).
- 1583 – batalha de Shizugatake – derrota dos filhos de Nobunaga.
- 1588 – início do processo de expulsão dos católicos.
- 1592 – conquista de Seul na Coreia.
- 1598 – retirada da Coreia e morte de Toyotomi Hideyoshi.

Era Tokugawa ou Período Edo 1615-1868
- 1600 – batalha de Sekigahara.
- 1602 – primeiro dicionário japonês-português.
- 1603 – O imperador recebe o título de xogum.
- 1615 – final do sítio ao castelo de Osaka contra o filho de Hideyoshi.
- 1622-1638 – perseguição aos cristãos.
- 1638 – expulsão dos comerciantes estrangeiros.
- 1639 – início da política de isolamento do Japão.
- 1854 – chegada do comodoro Perry.

Período Meiji 1868-1912
- 1854 – tratado de amizade com os Estados Unidos, Grã-Bretanha e com império russo.
- 1857 – primeira representação diplomática estrangeira – Estados Unidos da América.
- 1868 – restauração do poder imperial.
- 1868 – Edo passa a se chamar Tóquio.
- 1869 – capitulação dos feudos rebeldes ao poder imperial.
- 1869 – implantação do sistema de telégrafos.
- 1870 – adoção do calendário gregoriano.
- 1870 – adoção de sobrenomes familiares.
- 1870 – início da emigração para o reino do Havaí.
- 1871 – adoção do padrão ouro.
- 1872 – abolição dos feudos e criação das províncias – permissão para o arrendamento de terras.
- 1872 – decretada a educação compulsória.
- 1873 – regulamentação para a Reforma dos Impostos Territoriais.

- 1873 – aproximação dos conglomerados Mitsui e Mitsubishi com o governo.
- 1873 – fundação do primeiro Banco Nacional.
- 1874 – criação do Ministério do Interior.
- 1876 – extinção dos samurais.
- 1878 – criação da Bolsa de Valores de Tóquio.
- 1879 – criação do Ministério do Trabalho.
- 1881 – criação do Ministério da Agricultura e Comércio.
- 1881 – fundação do Partido Liberal e do Partido Progressista.
- 1882 – fundação do Banco do Japão.
- 1889 – promulgação da Constituição do Império do Grande Japão.
- 1890 – primeira eleição para a Dieta Japonesa.
- 1890 – Edito da Educação.
- 1894 – Lei de Preservação da Paz.
- 1895 – Tratado de Comércio, Navegação e Amizade com o Brasil.
- 1895 – Guerra Sino-Japonesa.
- 1895 – ocupação de Taiwan pelo Tratado de Shimonoseki.
- 1896 – promulgação do Código Civil.
- 1900 – Lei de Ordem Pública e Polícia.
- 1904 – início das contendas contra o império russo em torno da Manchúria e Coreia.
- 1905 – fim da Guerra Russo-Japonesa – Tratado de Portsmouth.
- 1908 – início da emigração para o Brasil.
- 1910 – anexação da Coreia.
- 1912 – morte do imperador Meiji.

Era Taisho 1912-1926
- 1914 – declaração de guerra à Alemanha; entrada na Primeira Guerra Mundial.
- 1918 – revoltas provocadas pela alta dos preços do arroz.
- 1920 – pelo Tratado de Versalhes, anexação das ilhas do norte do Pacífico, Marshall, Marianas e Carolinas.
- 1921 – fundação do Partido Comunista Japonês.
- 1923 – grande terremoto de Kanto que atinge Tóquio.
- 1924 – os Estados Unidos fecham definitivamente a entrada de imigrantes japoneses em seu território.
- 1925 – início de entradas maciças de imigrantes japoneses no Brasil.
- 1925 – aprovação do sufrágio universal masculino a homens com mais de 25 anos.
- 1926 – morte do imperador Taisho.

Era Showa 1926-1989
- 1932 – incidente na Manchúria; criação do governo Manchukuo.
- 1933 – saída da Liga das Nações.
- 1937 – dois massacres às populações chinesas de Xangai e Nanquim.
- 1938 e 1939 – duas tentativas fracassadas de atacar os soviéticos.
- 1940 – norte-americanos deixam de vender petróleo aos japoneses.
- 1940 – dissolução dos partidos políticos.
- 1941 – ocupação da parte sul da Indochina.
- 1941 – ataque a Pearl Harbor.
- 1941 – criação da Grande Esfera da Coprosperidade da Ásia Oriental.
- 1941 – japoneses atacam Hong Kong.

- 1942 – ataque a Luzon e Manila.
- 1942 – ataque a Malásia, Singapura, Birmânia (Mianmar) e Indonésia.
- 1942 – derrota na batalha de Midway contra os norte-americanos.
- 1942 – declaração de guerra do Brasil ao Japão.
- 1943 – derrota na batalha Guadalcanal contra os norte-americanos.
- 1944 – derrota na batalha de Iwo Jima contra os norte-americanos.
- início de 1944 – os B-29 lançam bombas sobre a capital japonesa.
- 1944 – os norte-americanos invadem Okinawa.
- 1944 – primeiras incursões dos aviadores kamikazes no mar das Filipinas.
- agosto de 1945 – União Soviética invade a Manchúria.
- 6 de agosto de 1945 – os Estados Unidos lançam bomba atômica sobre Hiroshima.
- 9 de agosto de 1945 – os Estados Unidos lançam bomba atômica sobre Nagasaki.
- 14 de agosto de 1945 – rendição japonesa.
- 1945-1952 – ocupação norte-americana.
- 1946 – o imperador renuncia à sua condição divina.
- 1946 – promulgação da Constituição.
- 1947 – dissolução dos conglomerados econômicos *zaibatsu*.
- 1951 – Tratado de Paz de São Francisco.
- 1951 – controle norte-americano sobre as ilhas Okinawa.
- 1951 – criação do Banco de Fomento do Japão.
- 1951 – 1º Programa de Racionalização.
- 1954-1957 – Jimmu *boom* – 1ª fase do "milagre japonês".
- 1956 – entrada nas Nações Unidas.
- 1956 – relações diplomáticas com a União Soviética.
- 1956 – 2º Programa de Racionalização.
- 1958-1961 – Iwato *boom* – 2ª fase do "milagre japonês".
- 1963 – Lei de Base das Pequenas Empresas.
- 1963 – Lei de Promoção e Atualização das Pequenas Empresas.
- 1964 – Jogos Olímpicos em Tóquio.
- 1965-1970 – Izanagi *boom* – 3ª fase do "milagre japonês".
- 1965 – relações diplomáticas com a Coreia do Sul.
- 1972 – retorno das ilhas Okinawa ao Japão.
- 1972 – relações diplomáticas com a China.
- 1973 – primeira crise do petróleo.
- 1978 – segunda crise do petróleo.
- 1980 – maior produtor global de automóveis.
- 1980 – início da economia da bolha.
- 1983 – assinatura do Acordo Iene-Dólar.
- 1985 – assinatura do Acordo de Plaza.
- 1985 – início da emigração brasileira para o Japão.
- 1986-1990 – Heisei *boom*.
- 1989 – morte do imperador Hiroito Showa.
- 1989 – início da era Heisei.
- 1990 – início da recessão econômica; estouro da bolha e a década perdida.
- 1995 – terremoto de Kobe.

BIBLIOGRAFIA

ANDERSON, Alun M. *Science and Technology in Japan*. Essex: Longman, 1986.
BAMBA, Nobuya. *Japanese Diplomacy in a Dilemma*. New Light on Japan's China Policy – 1924-1929. Kyoto: Minerva Press, 1978.
BANCO INTERAMERICANO DE DESARROLLO. *Cuando Oriente llegó a América*. Contribuciones de inmigrantes chinos, japoneses y coreanos. Washington, 2004.
BEASLEY, W. G. *The Modern History of Japan*. Tokyo: Charles Tuttle Company, 1986.
_____. *The Rise of Modern Japan*: political, economic and social change since 1850. New York: St. Martin's Press, 1995.
BEFU, Harumi. *Japan*: An Anthropological Introduction. Tokyo: Charles E. Tuttle Company, 1971.
BURGUIÈRE, André et al. *Histoire de la famille*. Paris: Armand Colin, 1986, 3 v.
BURUMA, Ian. *Inventing Japan*: 1853-1964. New York: The Modern Library, 2004.
CAMPBELL, Joseph. *O poder do mito*. São Paulo: Palas Athena, 1990.
CHANCELLOR, Edward. *Salve-se quem puder*: uma história da especulação financeira. São Paulo: Companhia das Letras, 2001.
COMISSÃO DE ELABORAÇÃO DA HISTÓRIA DOS 80 ANOS DA IMIGRAÇÃO JAPONESA NO BRASIL. *Uma epopeia moderna*. 80 Anos da Imigração Japonesa no Brasil. São Paulo: Hucitec/Sociedade Brasileira de Cultura Japonesa, 1992.
CORREIA, Leonardo B. *Crescimento econômico e comércio internacional*: Japão, um estudo de caso. São Paulo: Pesquisa PIBIC-PUC, 2005.
DALE, Peter. *The Myth of Japanese Uniqueness*. London/Sydney: Croom Helm/The Nissan Institute for Japanese Studies-University of Oxford, 1986. (Croom Helm Studies Series)
DEIABOURG, Yves. *Honda san*. São Paulo: Cultura, 1993.
DENOON, Donald et al. (eds.). *cultural Japan*: Paleolithic to Postmodern. Cambridge: Cambridge University Press, 2001.
DERRUAU, Max. *O Japão*. São Paulo: Difusão Europeia do Livro, 1970.
DEZEM, Rogério. *Matizes do "amarelo"*: a gênese dos discursos sobre os orientais no Brasil (1878-1908). São Paulo: Humanitas, 2005.
DORE, Ronald. *Shinohata*: a portrait of a Japanese village. New York: Pantheon Books, 1978.
_____. Asian crisis and the future of the Japanese Model. *Cambridge Journal of Economics*, 1998.
DUNN, C. J. *Everyday Life in Traditional Japan*. Tokyo: Tuttle Publishing, 1972.
EMBREE, John F. *Suye Mura*. A japanese village. Chicago: The University of Chicago Press, 1964.
KIKUMURA-YANO, Akemi (ed.). *Encyclopedia of Japanese Descendants in the Americas*: An Illustrated History of the Nikkei. Walnut Creek: AltaMira, 2002.
FONTENELE REIS, Maria Edileuza. *Brasileiros no Japão*: o elo humano das relações bilaterais. São Paulo: Kaleidos Primus, 2001.
FUKUTAKE, Tadashi. *Man and Society in Japan*. Tokyo: Tokyo University Press, 1962.
GOODE, William J. *A família*. São Paulo: Pioneira, 1964.
GRUN, Bernard. *The Timetables of History*: A Horizontal Linkage of People and Events. New York: Touchstone Book, 1982.
HATTNER, Henrique. Revisitando o "milagre" japonês. *Revista Espaço Acadêmico*, n. 28, set. 2003. Disponível em <www.espacoacademico.com.br>.

Hobsbawan, Eric. *A era dos extremos*: o breve século XX – 1914-1991. São Paulo: Companhia das Letras, 2006.
Hyoe, Murakami et al. *Politics and Economics in Contemporary Japan*. Tokyo: Kodansha International Ltd., 1983.
Ibuse, Masaji. *Chuva negra*. São Paulo: Marco Zero, 1988.
Iwao, Sumiko. *The Japanese Woman*. Cambridge: Harvard University Press, 1993.
Jornal do Commercio. *O perigo japonês*. Rio de Janeiro, 1942.
Kalland, Anne. *Fishing Villages in Tokugawa Japan*. London: Nordic Institute of Asian Studies. London: Curzon Press, 1995.
Kiritani, Elisabeth. *Vanishing Japan*: Traditions, Crafts & Culture. Tokyo: Charles E. Tuttle Company, 1995.
Kosakai, Yoshiteru. *Hiroshima Peace Reader*. Hiroshima: Hiroshima Peace Center Foundation, 2002.
Kregel, J. A. Krugman on the Liquidity trap, why inflation won't bring recovery in Japan? *Economia Niterói*, 2000.
Kurosawa, Akira. *Relato autobiográfico*. São Paulo: Estação Liberdade, 1993.
Landes, David S. *A riqueza e a pobreza das nações*. Rio de Janeiro: Campus, 1998.
Lévi-Strauss, Claude. *L'Anthropologie face aux problèmes du monde moderne*. Tokyo: The Simul Press, Inc., 1988.
Lima, Oliveira. *No Japão*: impressões da terra e da gente. São Paulo: Topbooks/NEC do Brasil, 1997.
Livingston, Jon et al. *Imperial Japan 1800-1945*. New York: Pantheon Books, 1983.
Mondaini, Marco. Ação kamikase: os homens-bomba japoneses na Segunda Guerra Mundial. In: Pinsky, Jaime; Pinsky, Carla B. (orgs.). *Faces do fanatismo*. São Paulo: Contexto, 2004.
Moritani, Masanori. *Japanese Technology*: getting the best for the least. Tokyo: The Simul Press, 1982.
Morton, W. Scott. *Japan its History and Culture*. New York: McGraw-Hill, 1984.
Mouer Ross, Sugimoto Yoshio. *Images of Japanese Society*. London: Routledge & Kegan, 1986.
Moulder, Frances. *Japan, China and the Modern World Economy*: Toward a Reinterpretation of East Asian Development ca. 1600 to ca. 1918. Cambridge: Cambridge University Press, 1979.
Nakamura, Takafusa. *Desenvolvimento econômico do Japão moderno*. Tóquio: Ministério dos Negócios Estrangeiros do Japão, 1985.
Nippon. *The land and its people*. Nippon Steel Human Resources Develpment Co. Ltd., 1993.
Ohnuki-Tierney, Emiko. The Emperor of Japan as Deity. *Ethnology*, v. XXX (3), 1991, pp. 199-215.
_____. *The Rice as Self*: japanese identity through time. Princeton: Princeton University Press, 1993.
Onoda, Hiroo. *Os trinta anos de minha guerra*. São Paulo: Empresa Jornalística S. Paulo Shimbun, s. d.
_____. *Pensamento japonês*. São Paulo: Escuta, 1991.
Ottaiano, Laerte E. *Nippon-tô*: a espada japonesa. São Paulo: Esperança, 1987.
Para, Andy D. *Living in Japan*. Tokyo: ASK Co. Ltd., 2001.
Pinsky, Jaime. *As primeiras civilizações*. São Paulo: Contexto, 2001.
Reischauer, Edwin O. *Histoire du Japon et des Japonais*. Paris: Seuil, 1973.
Ryutaro, Komiya. *The Japanese Economy, Trade, Industry and Government*. Tokyo: University of Tokyo Press, 1990.
Saito, Cristiane A. *Japop*: o poder da cultura pop japonesa. São Paulo: NSP-Hakkonsha, 2007.
Saito, Osamu. Population and the Peasant Family Economy in Proto-Industrial Japan. *Journal of Family History*, 8 (1),1983, pp. 30-54.
Sakurai, Célia. *Romanceiro da imigração japonesa*. São Paulo: Sumaré/Fapesp, 1993.
_____. Primeiros polos da imigração japonesa no Brasil. *Revista USP* – Dossiê Brasil/ Japão, n. 27, 1995, pp. 32-45.
_____. Imigração japonesa para o Brasil: um exemplo de imigração tutelada. In: Fausto, B. (org.). *Fazer a América*: a imigração em massa para a América Latina. São Paulo: Edusp, 1999, pp. 201-38.
_____. De los primeros inmigrantes a los dekasegui in Cuando Oriente llegó a América. Contribuciones de inmigrantes chinos, japoneses y coreanos. *Banco Interamericano de Desarrollo*. Brasil/Washington, 2004, pp. 135-60.
_____; Araujo, Braz José de. Descendentes de japoneses entre os professores da USP. *Cadernos de Política Comparada*, série Japão, n. 2, 1987, pp. 95-108.
Satoshi, Kamata. *Japão*: a outra face do milagre. São Paulo: Brasiliense, 1985.
Seko, Miki. Housing Finance in Japan. In: Noguchi, Yukio; Poterba, James M. (orgs.). *Housing Markets in the United States and Japan*. Chicago: The University of Chicago Press, 1994.

SETTI, Luiz Paulo Lindenberg. *A revolução samurai*. São Paulo: Massao Ohno/ Aliança Cultural Brasil-Japão, 1991.

SHIVELY, Donald H.; MCCULLOUGH, William H. *The Cambridge History of Japan*. Cambridge: Cambridge University Press, 1999, 6v.

SMITH, Robert. The Japanese Rural Community: norms, sanctions and ostracism. *American Anthropologist*, v. 63, 1961, pp. 522-33.

_____; BEARDSLEY, Richard K. (eds.). *Japanese Culture*: its development and characteristics. Chicago: Aldine Publishing Company, 1966.

SMITH, Warren W. Jr. *Confucianism in Modern Japan*. Tokyo: The Hokuseido Press, 1973.

STEARNS, Peter N. *A infância*. São Paulo: Contexto. 2006.

_____. *História das relações de gênero*. São Paulo: Contexto, 2007.

STORRY, Richard. *A History of Modern Japan*. London: Penguin Books, 1986.

TAKATOSHI, Ito; IWAISAKO, Tokuo. *Explaining Asset bubbles in Japan*. National Bureal of Economic Research, working paper 5358, 1995.

TANAKA, Yoshio. *Japan as it is*. Tokyo: Gakken, 1985.

TERUHISA, Horio. *Educational Thought and Ideology in Modern Japan*: State Authority and Intellectual Freedom. Tokyo: Tokyo University Press, 1988.

THE ASAHI Shimbun Japan Almanac, 2005.

TOBATA, Seiichi. *The Modernization of Japan*. Tokyo: Institute of Asian Economic Affairs, 1966.

TODAY'S JAPAN. Japan Travel Bureau Inc., 1997.

TSURUTANI, Taketsugu. *Political Change in Japan*. New York: David McKey Company, 1977.

TOTA, Pedro. Segunda Guerra Mundial. In: MAGNOLI, Demétrio (org.). *História das guerras*. São Paulo: Contexto, 2006.

WHITAKER, R. H.; KUROSAWA Yoshitaka. Japan's crisis: evolution and implications. *Cambridge Journal of Economics*, 1998.

YAKABE, Katsumi et al. *Relações trabalhistas no Japão*: características fundamentais. Rio de Janeiro: Consulado Geral do Japão, 1976.

YAMAGUCHI, Momoo; KOJIMA, Setsuko. *A Cultural Dictionary of Japan*. Tokyo: The Japan Times, 1989.

YAMASHIRO, José. *Okinawa*: uma ponte para o mundo. São Paulo: Cultura, 1983.

_____. *Japão passado e presente*. São Paulo: Ibrasa, 1986.

_____. *História dos Samurais*. São Paulo: Aliança Cultural Brasil-Japão/Massao Ohno, 1987.

YOSHIKAWA, Hiroshi. *Japan's Lost Decade*. Tokyo: The International House of Japan, 2001.

ICONOGRAFIA

Capítulo "Flores de cerejeira, povo do sol nascente"
Pág. 12: Imagem superior: bandeira oficial do Japão. Imagem inferior: bandeira da Marinha japonesa usada durante a Segunda Guerra Mundial. *Pág. 13:* Imagem superior: Lago Kawaguchi-ko e monte Fuji, Parque Nacional Fuji-Hakone-Izu. Imagem inferior: Guilherme Braz de Araujo Sakurai, 2005. *Pág 15:* Fotos de Guilherme Braz de Araujo Sakurai. *Pág. 17:* Imagem superior: Guilherme Braz de Araujo Sakurai, 2005. Imagens inferiores: ©JNTO – Organização Nacional de Turismo Japonês. *Pág. 19:* Foto de Guilherme Braz de Araujo Sakurai, 2005. *Pág. 21:* Gráfico de uso da terra no Japão (2002), Ministério da Terra, Infraestrutura e Transportes do Japão. *Pág. 23:* Mapa político do Japão, ©JNTO – Organização Nacional de Turismo Japonês. *Pág. 24:* Grous japoneses no lago Akan, ©JNTO – Organização Nacional de Turismo Japonês. *Pág. 27:* Imagem superior, kaiten-sushi, sushi bar com esteira rolante para os pratos, ©JNTO – Organização Nacional de Turismo Japonês. Imagem inferior, mercado de Tsukiji Jogai, nos arredores do Mercado Atacadista de Tóquio, no distrito de Tsukiji, ©JNTO – Organização Nacional de Turismo Japonês. *Pág. 29:* Distância de Tóquio até outras capitais do mundo. Ministério da Educação, Cultura, Esportes, Ciência e Tecnologia do Japão. *Pág. 30:* Águas termais ao ar livre de Okutsu Spa, em Okayama, ©JNTO – Organização Nacional de Turismo Japonês. *Pág. 34:* Guilherme Braz de Araujo Sakurai, 2005. *Pág. 36:* Guilherme Braz de Araujo Sakurai, 2005. *Pág. 39:* Fotos de Guilherme Braz de Araujo Sakurai, 2005. *Pág. 41:* Imagem superior, Guilherme Braz de Araujo Sakurai, 2005. Imagem inferior, ponte de "Nijubashi" do Palácio Imperial, em Tóquio, ©JNTO – Organização Nacional de Turismo Japonês. *Pág. 42:* Guilherme Braz de Araujo Sakurai, 2005. *Pág. 44:* Guilherme Braz de Araujo Sakurai, 2005.

Capítulo "O caminho dos deuses e dos homens"
Pág 53: Imagem superior, quimono de algodão do século XV, Museu Nacional de Tóquio. Imagem inferior: Guilherme Braz de Araujo Sakurai, 2005. *Pág. 57:* Imagem da esquerda, pedras lascadas, Museu de Arqueologia da Universidade Meiji. Imagem da direita, *haniwa*, uma estatueta com a representação de uma mulher, Museu Nacional de Tóquio. *Pág. 63:* Túmulo do período Kofun, Museu de Antropologia, Universidade Meiji. *Pág. 65:* Imagem superior, cidade de Myajima. Imagem inferior, Guilherme Braz de Araujo Sakurai.

Capítulo "Japão medieval"
Pág. 68: Guilherme Braz de Araujo Sakurai, 2005. *Pág. 71:* Templo Todaiji em Kioto, Guilherme Braz de Araujo Sakurai, 2005. *Pág. 72:* Esquema de administração do Japão sob a Reforma Taika, adaptado de Edwin O. Reischer, 1973. *Pág. 81:* Pintura do século XVI atribuída a Tosa Mitsuyoshi (1539-1613). *Pág. 83:* Esquema de governo na época do xogunato Minamoto, adaptado de Edwin O. Reischer, 1973. *Pág. 87:* Jardim do Templo Ryoanji, em Kyoto, ©JNTO – Organização Nacional de Turismo Japonês. *Pág. 93:* Guilherme Braz de Araujo Sakurai, 2005.

Capítulo "Unificação do Japão"
Pág. 100: Oda Nobunaga, imagem em domínio público. *Pág. 102:* Castelo de Osaka, Guilherme Braz de Araujo Sakurai, 2005. *Pág. 105:* Armadura de samurai dada a Yasuharu Wakizaka por Hideyoshi Toyotomi, Museu do Castelo de Osaka.

Capítulo "O xogunato Tokugawa"
Pág. 112: Mausoléu de Ieyasu Tokugawa, Guilherme Braz de Araujo Sakurai. *Pág. 114:* Castelo de Himeji, Guilherme Braz de Araujo Sakurai, 2005. *Pág. 115:* Maquete em miniatura, Museu Edo-Tokyo. *Pág. 117:* Fotos de Guilherme Braz de Araujo Sakurai, 2005. *Pág. 119:* Imagem da esquerda, Bunraku, Museu Nacional do Teatro do Japão. Imagem da direita, Bunshichi, Museu Nacional do Teatro do Japão.

Capítulo "Nova ordem e reencontro com o Ocidente"
Pág. 127: Maquete da casa de comércio Mitsui, Museu Edo-Tokyo.

Capítulo "Rumo à modernização"
Pág. 135: Richard Gordon Smith, século XIX. *Pág. 137:* Guilherme Braz de Araujo Sakurai, 2005. *Pág. 140:* Richard Gordon Smith, século XIX. *Pág. 144:* Richard Gordon Smith, século XIX. *Pág. 149:* Bandeiras usadas no Japão. *Pág. 150:* A constituição Meiji, adaptado de Edwin O. Reischer, 1973. *Pág. 153:* Tampa de bueiro em Yokohama, Guilherme Braz de Araújo Sakurai, 2005. *Pág. 155:* Richard Gordon Smith, século XIX.

Capítulo "Grande Guerra, expansão e crise"
Pág. 171: Réplica da torre Ryoun kaki, Museu Edo-Tokyo. *Pág. 177:* Arquivo pessoal da família Shibata.

Capítulo "Segunda Guerra Mundial"
Pág. 187: Arquivo pessoal da família Senoi. *Pág. 189:* Arquivo pessoal da família Shibata.

Capítulo "Pós-guerra"
Pág. 198: Forças Armadas dos Estados Unidos. *Pág. 200:* Parque da Paz em Hiroshima, Guilherme Braz de Araujo Sakurai, 2005.

Capítulo "*Made in Japan*"
Pág. 206: Fotos de Guilherme Braz de Araujo Sakurai, 2005. *Pág. 207:* Guilherme Braz de Araujo Sakurai, 2005. *Pág. 210:* Guilherme Braz de Araujo Sakurai, 2005. *Pág. 211:* Museu Edo-Tokyo. *Pág. 213:* Imagem inferior à direita, Salão de Automóveis da Toyota – AMLUX Tóquio, ©JNTO – Organização Nacional de Turismo Japonês. *Pág. 215:* Guilherme Braz de Araujo Sakurai, 2007. *Pág. 216:* Fotos de Guilherme Braz de Araujo Sakurai, 2005. *Pág. 219:* Diego Jock, 2007. *Pág. 221:* Guilherme Braz de Araujo Sakurai, 2005. *Pág. 227:* Guilherme Braz de Araujo Sakurai, 2005. *Pág. 229:* Guilherme Braz de Araujo Sakurai, 2005. *Pág. 232:* Diego Jock, 2007.

Capítulo "Japoneses no mundo"
Pág. 237: JICA – Museu da Imigração Japonesa (Japanese Overseas Migration Museum). *Pág. 241:* Capa do livro *Farewell to Manzanar*, de Jeanne Wakatsuki Houston e James D. Houston, 1973. *Pág. 243:* ICA – Museu da Imigração Japonesa (Japanese Overseas Migration Museum). *Pág. 249:* Fotos de Sebastião Maria de Souza. *Pág. 251:* Capa do livro *A ofensiva japonesa no Brasil*, de Carlos de Souza Morais, s/d. *Pág. 254:* Imagem superior, arquivo pessoal da família Senoi. *Pág. 257:* Imagem à esquerda, Sebastião Maria de Souza. Imagem à direita, Guilherme Braz de Araújo Sakurai. *Pág. 258:* Museu Histórico da Imigração Japonesa no Brasil.

Capítulo "Tipicamente japonês?"
Pág. 263: Alfabetos *hiragana* e *katakana*, *Kanji&Kana*: a handbook and dictionary of the Japanese writing system, de Wolfgang Hadamitzky e Mark Spahn, 1987. *Pág. 264:* Guilherme Braz de Araujo Sakurai, 2005. *Pág. 266:* Richard Gordon Smith, século XIX. *Pág. 267:* Página 539 do *Dicionário português-japonês romanizado*, de Shiguesu Sakane e Noemia Hinata, 1986. *Pág. 272:* Imagem superior, peça de Noh "Takigi". Imagem inferior à esquerda, teatro de marionetes *bunraku* em Osaka. Imagem inferior à direita, show de dança Miyako Odori, em Kyoto. Todas as imagens ©JNTO – Organização Nacional de Turismo Japonês. *Pág. 274:* Guilherme Braz de Araujo Sakurai, 2005. *Pág. 275:* Guilherme Braz de Araujo Sakurai, 2005. *Pág. 277:* Imagem superior, ©JNTO – Organização Nacional de Turismo Japonês. Imagem inferior, Guilherme Braz de Araujo Sakurai, 2005. *Pág. 279:* Passo a passo da confecção de um quimono de seda. Kinu Garou, Yamato Original Collection. *Pág. 280:* Guilherme Braz de Araujo Sakurai, 2005. *Pág. 282:* Produtos regionais de Himeji e Kurashiki, Secretaria do Turismo de Himeji e Parque Kurashiki Tivoli. *Pág. 284:* Guilherme Braz de Araujo Sakurai, 2005. *Pág. 287:* Imamura Buraku. *Pág. 288:* Guilherme Braz de Araujo Sakurai, 2005. *Pág. 290:* Imagem superior à esquerda, Richard Gordon Smith, século XIX. Imagem superior à direita e imagem inferior, Guilherme Braz de Araujo Sakurai, 2005.

Capítulo "Estrutura familiar"
Pág. 294: Arquivo pessoal da família Shibata. *Pág. 298:* Richard Gordon Smith, século XIX. *Pág. 299:* Imagem superior, Richard Gordon Smith, século XIX. Imagem inferior, arquivo pessoal da família Senoi. *Pág. 301:* Richard Gordon Smith, século XIX.

Capítulo "Vida privada"
Pág. 306: Capa do livro *Sayonara*, de James A. Michener, 1990. *Pág. 307:* Imagem superior, Museu Edo-Tokyo. Imagem inferior, Guilherme Braz de Araujo Sakurai, 2005. *Pág. 319:* Arquivo pessoal da família Senoi. *Pág. 321:* Imagem superior, Guilherme Braz de Araujo Sakurai, 2005. Imagem inferior, ©JNTO – Organização Nacional de Turismo Japonês. *Pág. 324:* Guilherme Braz de Araujo Sakurai, 2005.

Capítulo "Samurais"
Pág. 328: Kendô, ©JNTO – Organização Nacional de Turismo Japonês. *Pág. 329:* Capa do livro *Os trinta anos de minha guerra*, de Hiroo (Niroo) Onoda, s/d. *Pág. 336:* As duas imagens, ©JNTO – Organização Nacional de Turismo Japonês.

Capítulo "Japão *pop*"
Pág. 340: Foto à esquerda de Guilherme Braz de Araujo Sakurai. Foto à direita de Célia Sakurai. *Pág. 343:* Diego Jock, 2007. *Pág. 344:* Imagem inferior à direita, Hello Kitty, Olívia Papa, 2007. *Pág. 345:* Capa da revista *Animação*, nº 3, 1995. *Pág. 347:* Capa do livro *Lobo solitário*, de Kazuo Koike e Goseki Hojima, 1990. *Pág. 348:* Capa do livro ilustrado *Pokémon 2*, 2000. *Pág. 350:* Imagem superior, Shufunotomo. Imagem inferior à esquerda, tempurá, ©JNTO – Organização Nacional de Turismo Japonês. Imagem inferior à direita, sukiyaky, ©JNTO – Organização Nacional de Turismo Japonês. *Pág. 352:* Susumu Koshimizu.

A AUTORA

Célia Sakurai é mestre em Ciência Política pela USP e doutora em Ciências Sociais pela Unicamp. Especialista em história da imigração japonesa no Brasil, foi pesquisadora do Idesp e em diversas instituições de pesquisa em São Paulo. Autora de diversos livros e artigos sobre imigração japonesa, é colaboradora no Museu Histórico da Imigração Japonesa no Brasil.

AGRADECIMENTOS

Este livro foi um desafio. Gostaria de assinalar que o projeto estava previsto para ser desenvolvido por mim e por meu marido, Braz José de Araujo. Infelizmente ele faleceu antes de começarmos o trabalho. O desafio estava posto. Tive que superar a dor e procurar cumprir o compromisso assumido. Queria agradecer muito aos meus editores, Carla e Jaime Pinsky, pela confiança e pela extrema compreensão e paciência. Carla em especial, uma interlocutora perspicaz e sensível, que soube dosar profissionalismo e amizade. A vocês, o meu *giri*, a dívida à japonesa.

Quero registrar a ajuda fundamental da Fundação Japão pela bolsa concedida entre dezembro de 2005 e janeiro de 2006. Fiz uma viagem ao Japão especialmente para "sentir os cheiros, ver as cores e olhar as pessoas". A Fundação Japão, apesar do projeto talvez inusitado, acolheu o meu pedido; deixo aqui os meus profundos agradecimentos.

Agradeço a Leonardo Correia pela gentileza de passar preciosas informações de sua pesquisa.

As famílias Senoi (através da Meire) e Shibata (através de Hirumi) foram fundamentais ao emprestar fotos que ilustram diversos capítulos deste livro.

É costume dos autores agradecerem aos familiares pelo apoio. Eu também o faço. Minha mãe esteve sempre presente quando precisei de sua ajuda. Só a sua presença me deu segurança para enfrentar todas as dificuldades. Minha irmã Emília foi o melhor ombro amigo que eu poderia ter. Ela me ajudou em todos os sentidos me consolando, me dando broncas, me ajudando a ver que sempre há novos caminhos na nossa frente. Sem ela eu certamente não conseguiria terminar este livro.

Quero me dirigir ao meu filho de forma especial. Não escrevo só como a mãe às vezes impaciente e sem tempo, que nos últimos meses transformou o nosso escritório num cenário pós-tsunami atolado de livros e papéis. Não é só isso. Quando vi Guilherme extasiado diante do grande Buda em Kamakura ou dizendo que gostaria de passar o dia no jardim de um templo na cidade de Sendai, percebi que, mesmo para os muito jovens, o Japão não é só Harajuku ou os eletrônicos de Akihabara (muitos dos quais nem sei para que servem). Gui, você me mostrou dois lados do Japão e me ajudou muito a pensar sobre as complexidades do país com seus comentários sempre argutos e a sua incansável presença. Você, com o jeito que é todo seu, soube ser solidário e amigo, mesmo diante do impasse que é viver com a perda de seu pai. Você nem imagina o quanto seu entusiasmo foi importante para a elaboração desta obra e a continuação de nossas vidas. Eu gostaria de pedir licença a você, para juntos dedicarmos este livro à memória do Braz.